Invertir y ganar
en
LA BOLSA

Si está interesado en recibir información sobre libros empresariales, envíe su tarjeta de visita a:

Gestión 2000
Departamento de promoción
Comte Borrell, 241
08029 Barcelona
Tel. 93 410 67 67
Fax 93 410 96 45
e-mail: info@gestion2000.com

Y la recibirá sin compromiso alguno por su parte.

Invertir y ganar en LA BOLSA

Patricia Crespo

 **GESTIÓN 2000**

Quedan rigurosamente prohibidas, sin la autorización escrita de los titulares del «Copyright», bajo las sanciones establecidas en las leyes, la reproducción total o parcial de esta obra por cualquier medio o procedimiento, comprendidos la reprografía y el tratamiento informático, y la distribución de ejemplares de ella mediante alquiler o préstamo públicos.

© Patricia Crespo, 1999
© de la presente edición Ediciones Gestión 2000, SA, Barcelona, 2002

ISBN: 84-8088-769-9
Dep. Leg.: B-18.392-2002
Fotocomposición: gama, sl
Impreso por Romanyà-Valls, SA; Capellades (Barcelona)
Impreso en España - *Printed in Spain*

Índice

1. PRESENTACIÓN 9

2. LA BOLSA 11
   2.1. ¿Qué es la Bolsa? 11
      2.1.1. La Bolsa y el sistema financiero 11
      2.1.2. Títulos negociados en la Bolsa 14
      2.1.3. La Bolsa frente a otros mercados oficiales 15
      2.1.4. Agentes que intervienen en la Bolsa 18
   2.2. Funciones de la Bolsa 19
   2.3. Características de la Bolsa 22
   2.4. La Bolsa en el mundo, estructura de los mercados de valores 24

3. ACTIVOS QUE SE NEGOCIAN EN BOLSA 29
   3.1. Clases y características generales 29
   3.2. Deuda pública a medio/largo plazo 33
   3.3. Deuda pública a corto plazo 39
   3.4. Obligaciones privadas 45
   3.5. Activos empresariales a corto plazo 54
   3.6. Acciones 59
      3.6.1. Clases de acciones 59
      3.6.2. Derechos y obligaciones que otorgan a sus propietarios 60
      3.6.3. Valoración de las acciones 62
   3.7. Fondos de inversión 65
      3.7.1. Clasificación de los fondos de inversión 69
      3.7.2. Criterios de selección de un fondo de inversión 80
   3.8. Otros tipos de inversión colectiva: sociedades de inversión mobiliaria (SIM) 82

4. FORMAS DE OPERAR EN BOLSA 87
 4.1. Operaciones al contado 87
 4.2. Operaciones a plazo 88
 4.3. Operaciones a crédito 89
 4.4. «REPOS» u operaciones de dobles 92
 4.5. Opciones 94
   4.5.1. Características de las opciones 95
     4.5.1.1. Tipos de opciones 95
     4.5.1.2. Activos subyacentes 97
     4.5.1.3. Fecha de vencimiento 98
     4.5.1.4. Precio de ejercicio 100
 4.6. Futuros 106
   4.6.1. Orígenes y crecimiento de los mercados de futuros 113
   4.6.2. Tipos de contratos de futuros 114
   4.6.3. Ventajas/inconvenientes de la contratación de futuros 121
 4.7. Ampliaciones y reducciones de capital 121
   4.7.1. Tipos de ampliación de capital 122
   4.7.2. Mecánica de la ampliación de capital 122
 4.8. Obligaciones convertibles 128
 4.9. Ofertas públicas de adquisición de valores mobiliarios (OPAs) 128
   4.9.1. Tipos de OPAs 129
   4.9.2. Mecánica de las OPAs 130

5. PROCESO DE CONTRATACIÓN EN BOLSA 135
 5.1. Títulos que cotizan en Bolsa 135
   5.1.1. Requisitos de admisión a cotización 135
   5.1.2. Documentación de las acciones 138
 5.2. Cómo se compran y venden los títulos-valores 138
   5.2.1. Mercados de corros 140
   5.2.2. Mercado electrónico o continuo 142
   5.2.3. El segundo mercado 146
   5.2.4. Liquidación de las operaciones bursátiles 146
 5.3. Vigilancia y supervisión oficial del mercado 147
 5.4. Los intermediarios del mercado 148
   5.4.1. Facultades de los intermediarios 149

6. ¿QUÉ HACER PARA EMPEZAR A OPERAR EN
   BOLSA? 151
   6.1. Importancia de la información 151
   6.2. Análisis fundamental: 155
        6.2.1. Análisis del clima bursátil 155
        6.2.2. Análisis fundamental de los valores 163
               6.2.2.1. Método de los ratios 167
               6.2.2.2. Decisión de la inversión: resumen de
                        criterios 176
               6.2.2.3 Procedimiento en la aplicación del
                        análisis fundamental 180
   6.3. Análisis técnico 182
        6.3.1. Gráficos 184
               6.3.1.1. Tipos de gráficos 184
               6.3.1.2. Interpretación de los patrones de los
                        gráficos 188
        6.3.2. Indicadores estadísticos 206
   6.4. Análisis técnico versus análisis fundamental 210

7. ÍNDICES BURSÁTILES 213
   7.1. Elaboración de un índice bursátil 213
   7.2. Tipos de índices bursátiles 216
   7.3. Algunos índices bursátiles 218

8. EL PERFIL DEL INVERSOR EN BOLSA 223
   8.1. Preparación de la inversión en Bolsa 223
   8.2. El perfil del inversor en Bolsa 226
   8.3. Tipos de inversores 227
        8.3.1. Según su forma de operar 227
        8.3.2. Según su capacidad financiera y
               conocimientos 229

GLOSARIO DE TÉRMINOS 231

BIBLIOGRAFÍA 251

1
Presentación

La bolsa es una gran alternativa para el ahorro de particulares e instituciones. Les permite obtener una rentabilidad importante frente a otros tipos de mercados oficiales aunque sea a costa de asumir, posiblemente, un mayor riesgo.

Muestra de la creciente importancia de la Bolsa a nivel mundial es la existencia hoy en día de millones de pequeños y grandes ahorradores dispuestos a colocar una parte de sus excedentes en los mercados bursátiles. La Bolsa, pues, es cada vez más un elemento imprescindible para el funcionamiento regular del sistema financiero de una economía capitalista.

Con el presente libro se pretende aportar los conocimientos esenciales que engloban la marcha del mercado bursátil, así como presentar las principales técnicas para invertir en él.

En el siguiente capítulo se ofrece una descripción general de la Bolsa, su funcionamiento, tipos de activos que en ella se negocian y agentes que intervienen. También se resumen las funciones y características principales que la definen y se hace un repaso de su historia.

En el capítulo 3 se describen con más detalle los títulos-valores objeto de compraventa en el mercado bursátil y en el capítulo 4 se estudian los distintos tipos de operaciones que con más frecuencia suelen realizarse.

El capítulo 5 analiza los requisitos que han de cumplir las empresas que quieran cotizar en bolsa y se describe el procedimiento de cotización oficial. Además, se trata el tema de la vigilancia y supervisión oficial del mercado y el de los intermediarios del mismo.

El capítulo 6 presenta las distintas técnicas para el análisis de las acciones de una empresa. Se pretende responder a la pregunta: ¿qué hacer para comenzar a operar en bolsa? Para ello se recogen las principales fuentes de información que el mercado pone en manos de los inversores así como las principales herramientas que los analistas bursátiles utilizan para comprender dicho mercado y prever su futuro. Se estudian las técnicas del análisis fundamental y del análisis técnico y se presenta una comparación final acerca de sus ventajas y limitaciones.

El capítulo 7 se dedica a los tipos de indicadores que se utilizan para seguir la evolución de las bolsas: los índices bursátiles.

En el capítulo 8 se trata de definir el perfil del inversor en bolsa, teniendo en cuenta que no existe una descripción universal de éste. Se distingue básicamente entre dos tipos de inversores: según su forma de operar y según su capacidad financiera y conocimientos.

Finalmente, se facilita una bibliografía y un glosario de los principales términos bursátiles con la finalidad de obtener una mejor comprensión de los distintos temas tratados a lo largo del libro.

2
La Bolsa

El principal objetivo de este capítulo es que el lector adquiera una visión general de la Bolsa. Como punto de partida se ofrece una descripción del mercado bursátil, su funcionamiento, los tipos de activos que en él se negocian y los agentes que intervienen. A continuación se resumen las múltiples funciones de la Bolsa, primero de forma global y después clasificándolas según afecten a uno u otro tipo de participantes en el mercado. Tras esta clasificación se presentan las características fundamentales de las bolsas y como punto final se introduce la historia sobre sus orígenes en el mundo, así como en la estructura general de los mercados de valores.

2.1. ¿QUÉ ES LA BOLSA?

2.1.1. *La Bolsa y el sistema financiero*

La Bolsa, también denominada mercado de valores, es uno de los mercados del sistema financiero donde de forma organizada se reúnen periódicamente profesionales para la negociación de valores públicos o privados.

Un sistema financiero es aquel que pone en contacto, a través de un mercado, a dos tipos de agentes económicos: los agentes económicos con superávit de fondos (oferentes de dinero) y los agentes económicos con déficit de fondos (demandantes de dinero), siendo los activos financieros la mercancía objeto de intercambio (ver figura 2.1). Así pues, un sistema financiero se compone de los mercados, de los activos y de las instituciones mediadoras cuya

Figura 2.1. Relación entre oferentes y demandantes de dinero a través del mercado financiero

función básica es poner en contacto a los participantes del mercado. Los activos financieros son títulos emitidos por los agentes económicos demandantes de dinero y se constituyen como un pasivo para éstos. Se trata de un medio de mantener riqueza para quienes los poseen. Por lo tanto, activos y pasivos financieros son las dos caras de una misma moneda (inversión-financiación). Según la fuente de emisión de estos títulos hablaremos de valores públicos (emitidos por entidades públicas) o privados (emitidos por entidades privadas).

Los mercados financieros son objeto de múltiples criterios de clasificación. Si atendemos a la fase de negociación de los activos podemos distinguir entre dos tipos: mercados primarios y mercados secundarios:

– El mercado primario (ver figura 2.2), también llamado mercado de emisiones, es aquel en el que tiene lugar la colocación de los activos primarios (acciones, obligaciones, etc.) del emisor al inversor a cambio del dinero con el que el primero puede financiarse. Así pues, un activo financiero es objeto de una sola negociación en el mercado primario. Una vez que estos activos han sido emitidos, pueden ser objeto de compraventa en el mercado secundario siempre que cumplan con la condición de ser negociables legalmente (las entidades deben estar admitidas a cotizar en Bolsa).

– El mercado secundario (ver figura 2.3), también denominado bolsa de valores, es aquel en el que los adquirentes de los activos los compran a sus propietarios, que ahora no tienen por qué coincidir con el emisor de los mismos, como en el caso del mercado primario. Los activos negociados se denominan, pues, activos financieros secundarios, definidos como aquellos que ya han sido emitidos con anterioridad. En este mercado

La Bolsa

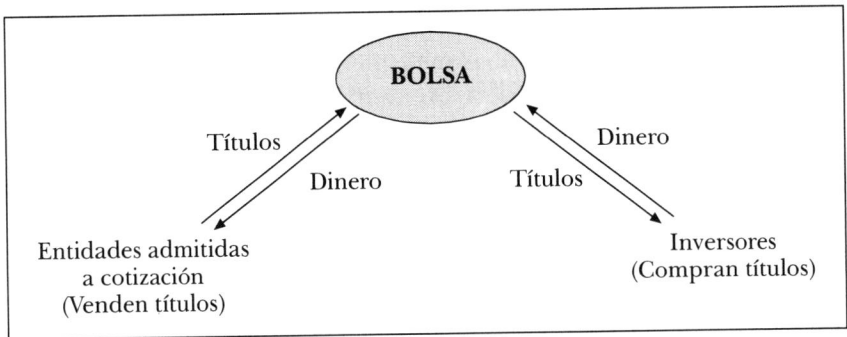

Figura 2.2. Funcionamiento del mercado primario

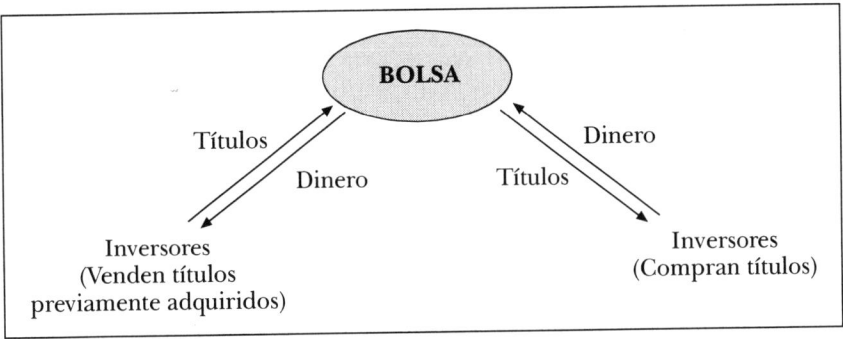

Figura 2.3. Funcionamiento del mercado secundario

no existe ninguna financiación, no hay un traspaso de recursos hacia la inversión productiva, como ocurre en el mercado primario, donde son las entidades admitidas a cotización las que directamente reciben los fondos de los oferentes de capital. En el siguiente apartado veremos cuáles son las principales funciones de este mercado que justifican su existencia e importancia.

Ambos mercados están totalmente relacionados y se precisa de su correcto desarrollo para que la Bolsa funcione óptimamente. Podríamos decir que el mercado secundario realiza una serie de funciones de soporte al mercado primario. Éstas serán tratadas especialmente en el apartado 2.2, pero merece la pena destacar que el mercado secundario:

- Sirve a las empresas para marcar un precio de referencia en el caso que decidan realizar una nueva emisión de activos financieros, con la finalidad de obtener más financiación.
- Proporciona liquidez al mercado primario mediante la posibilidad de desinversión que ofrece.

2.1.2. Títulos negociados en la Bolsa

En referencia al tipo de activos negociados en Bolsa son básicamente obligaciones, derechos de suscripción, *warrants* y, sobre todo, las acciones (ver capítulo 3 para definiciones más extensas y ejemplos).

- Las **acciones** son títulos-valor que constituyen una parte proporcional del capital social de la empresa que las ha emitido, y representan una participación de su poseedor en el mismo. Suponen, por su volumen de negociación, el más importante de los activos que se pueden comprar y vender en la Bolsa. Se denominan *renta variable* porque su rentabilidad no está fijada de antemano sino que depende de los resultados de la empresa que representan (ver 3.6).
- Los **derechos de suscripción** son objeto de negociación en las operaciones de ampliación de capital (ver capítulo 4, punto 4.7). Una vez aprobada la operación de ampliación de capital de nuevas acciones comienza un período denominado «mercado de los derechos de suscripción» en el que aparece a favor del accionista el «derecho de suscripción» para suscribir nuevas acciones. Así los accionistas tienen dos opciones, o bien comprar las nuevas acciones en proporción al número de acciones poseídas antes de la ampliación de capital, o bien vender en bolsa sus derechos en el caso de que no les interese adquirir más acciones.
- Las **obligaciones** constituyen parte de un préstamo solicitado por las entidades que las han emitido, son títulos representativos de deuda. Se puede distinguir entre dos grandes grupos de obligaciones: obligaciones del Estado y obligaciones privadas. Las primeras son deuda pública emitida por el Estado, mientras que las otras son emitidas por empresas privadas, general-

mente no financieras, aunque en ciertos casos también pueden hacerlo bancos, cajas de ahorros y empresas estatales. Dentro de este segundo grupo existen distintos tipos: obligaciones clásicas, obligaciones convertibles, obligaciones con *warrants*, obligaciones cupón cero, obligaciones indiciadas, obligaciones subordinadas, obligaciones internacionales, etc. (ver 3.4).

– Finalmente, los **warrants** son instrumentos financieros incorporados a cierto tipo de bonos, pero negociables de forma separada. El propietario del *warrant* adquiere el derecho a comprar o vender un determinado número de acciones de la compañía emisora a un precio y plazos predeterminados (ver 3.4).

2.1.3. *La Bolsa frente a otros mercados oficiales*

La Bolsa se presenta como una gran alternativa para el ahorro de particulares e instituciones ya que permite, dentro de los diferentes tipos de mercados oficiales (mercados bancarios, monetarios, de renta fija, de divisas, de derivados, etc.), intentar obtener la mayor rentabilidad aunque ello sea a cambio de sufrir un mayor riesgo.

– El **mercado bancario** es aquel donde bancos y cajas de ahorros constituyen el mecanismo mediante el cual se traspasan los recursos de los ahorradores a los inversores.

– En el **mercado monetario** se realizan las operaciones de crédito a corto plazo. Se trata de un conjunto de mercados cuyos participantes son grandes instituciones e intermediarios financieros especializados y en el que el objeto de negociación es el intercambio de dinero o activos financieros próximos a éste. En la figura 2.4-a se presenta un ejemplo de los activos que pueden negociarse en este tipo de mercados. Se trata de los pagarés de empresa (ver 3.5). También se muestra un extracto de periódico referente a los depósitos interbancarios (ver figura 2.4-b).

– En el **mercado de divisas** los activos objeto de negociación están denominados en moneda distinta a la nacional, e incluso las divisas, monedas extranjeras, son objeto directo de negociación. El tipo de cambio jugará aquí un papel fundamental. En la figura 2.5 se presentan algunos ejemplos.

SUBASTAS DE PAGARÉS
ÚLTIMAS

Emisor	Plazo	Demanda	Adjud.	T. marg.	T. medio	Subasta	Emisión
Hispamer	3 meses	9,00	6,000	3,060	3,050	27/01	29/01
Hispamer	6 meses	8,00	5,000	3,030	3,022	27/01	29/01
Hispamer	9 meses	1,00	1,000	2,980	2,980	27/01	29/01
Hispamer	12 meses	21,50	21,500	3,000	3,000	27/01	29/01
Telefónica	3 meses		5,409	3,016	3,016	26/01	01/02
Telefónica	6 meses		3,005	2,960	2,960	26/01	01/02
Telefónica	9 meses		64,308	2,946	2,946	26/01	01/02
Telefónica	12 meses		6,010	2,950	2,950	26/01	01/02
Junta de Andalucía	3 meses	108,3	5,000	2,989	2,989	26/01	03/02

PRÓXIMAS

Emisor	Fecha subasta	Plazos de emisión	Fecha emisión
Telefónica	28/01/99	3, 6, 12 y 18 meses	1/02/99
Generalitat Cataluña	28/01/99	4, 6 y 11 años	4/02/99

Notas
– Emisor: entidad que emite el activo financiero, en este caso el pagaré.
– Plazo: vencimiento del activo.
– Demanda: peticiones del público.
– Adjud.: adjudicaciones realizadas.
– T. marg.: tipo que decide el emisor y permite desestimar ciertas demandas.
– T. medio: tipo calculado a partir de los precios y cantidades adjudicadas.
– Subasta: fecha de la subasta.
– Emisión: fecha de la emisión.

Figura 2.4-a. Mercado monetario
Fuente: *Cinco Días*. 28, enero 1999

DEPÓSITOS INTERBANCARIOS

27 enero	Tipo medio	Var. en el día	Hace un mes	Hace un año
Día a día	3,22	0,08	2,25	4,81
Semana	3,15	– 0,03	2,58	5,03
1 mes	3,13	– 0,01	3,28	4,91
3 meses	3,08	0,00	3,36	4,71
6 meses	3,02	0,00	3,25	4,52
Un año	2,99	0,00	3,29	4,52

Notas
– Los depósitos interbancarios hacen referencia a los realizados entre entidades bancarias.
– Pueden ser: día a día, semana, 1 mes, 3 meses, 6 meses, 1 año.
– Tipo medio: se calcula a partir de las cantidades y precios negociados.

Figura 2.4-b. Mercado monetario
Fuente: *Cinco Días*. 28, enero 1999

CAMBIOS IRREVOCABLES EN LA UEM

1 euro			Pesetas
166,386	pesetas		85,0718
1,95583	marcos alemanes	1 marco alemán	4,12462
40,3399	francos belgas	1 franco belga	4,12462
6,55957	francos franceses	1 franco francés	25,3654
200,482	escudos portugueses	1 escudo portugués	0,82993
1.936,27	liras italianas	100 liras italianas	8,59313
2,20371	florines holandeses	1 florín holandés	75,503
0,797564	libras irlandesas	1 libra irlandesa	211,267
5,94573	marcos finlandeses	1 marco finlandés	27,9842
13,7603	chelines austríacos	1 chelín austríaco	12,0918

CAMBIO DE TIPOS OFICIALES

1 euro			Pesetas
1,153	dólares EE UU	1 dólar EE UU	144,32
131,910	yenes japoneses	1 yen japonés	1,26
321,850	dracmas griegos	1 dracma griego	0,52
7,436	coronas danesas	1 corona danesa	22,38
8,882	coronas suecas	1 corona sueca	18,73
0,697	libras esterlinas	1 libra esterlina	238,79
8,599	coronas noruegas	1 corona noruega	19,35
36,464	coronas checas	1 corona checa	4,56
1,608	francos suizos	1 franco suizo	103,46
1,753	dólares canadienses	1 dólar canadiense	94,94
1,831	dólares australianos	1 dólar australiano	90,86
2,159	dólares neozelandeses	1 dólar neozelandés	77,05

Notas
– Cambios de la UEM. Por una parte se muestra la equivalencia de 1 euro en las distintas monedas pertenecientes a la UEM y por otra, la equivalencia en ptas. de las mismas monedas.
– Cambio de tipos oficiales. Se extiende la información anterior a otras monedas.

Figura 2.5. Mercado de divisas
Fuente: *Cinco Días*. 28, enero 1999

– El **mercado de renta fija** posee como objeto de negociación los activos de renta fija, títulos que representan deudas y tienen una retribución constante, fijada o no de antemano.
– Finalmente, definimos el **mercado de derivados** donde los activos objeto de negociación son los productos derivados tales como: futuros, opciones, etc. (ver capítulo 4).

2.1.4. *Agentes que intervienen en la Bolsa*

En la Bolsa intervienen varios tipos de agentes, personas físicas o jurídicas (ver figura 2.7):

- Oferentes de capital (ahorradores): empresas o particulares interesados en colocar sus excedentes líquidos con la finalidad de obtener una determinada rentabilidad.
- Demandantes de capital (inversores): engloban a las empresas privadas e instituciones públicas tales como: el Estado, ayuntamientos, diputaciones, empresas públicas, etc.
- Finalmente, están los intermediarios, que tienen como misión fundamental dar agilidad al sistema haciendo de puente de enlace entre las ofertas de los vendedores de valores y las demandas de los compradores (ver capítulo 5). En España, la Ley del Mercado de Valores determina dos tipos de intermediarios: los miembros del mercado autorizados para el negocio de transacciones y aquellos que no son miembros del mercado. Éstos, a pesar de no tener facultad de contratación, pueden realizar diversas funciones: recibir y gestionar órdenes del mercado bursátil, mediar en la colocación de nuevas emisiones, ser depositarios de títulos, otorgar créditos relacionados con la compraventa de activos, etc. Los miembros autorizados para contratar son las sociedades de valores y bolsa y las agencias de valores y bolsa. Otros posibles intermediarios son: bancos, cajas de ahorros, sociedades gestoras de fondos, etc.

Así pues, a este lugar de encuentro de inversores se le considera mercado secundario, oficial y reglamentado, en el que se compran y venden valores admitidos a contratación pública y negociación oficial. Cualquier inversor que posea un dinero y esté dispuesto a adquirir acciones de alguna sociedad anónima ya ofertadas públicamente, puede acudir a la Bolsa para comprarlas a aquellos propietarios que deseen venderlas. De esta manera, la Bolsa cumple una función de transferencia de exceso de liquidez desde unos agentes económicos (los ahorradores) a otros (los inversores), siendo ésta una de sus principales funciones (ver 2.2). Seguramente si la Bolsa no ofreciese esta posibilidad, los sujetos económicos difícilmente estarían dispuestos a adquirir previamente tales valores. Y del mis-

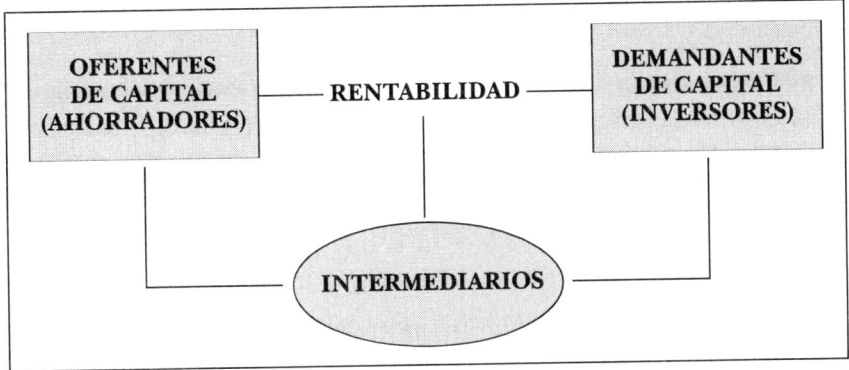

Figura 2.7. Personas que intervienen en la Bolsa

mo modo, si no estuviesen motivados a colocar sus excedentes de liquidez a disposición de los demandantes de capital, la mayoría de los grandes proyectos económicos no serían viables.

Actualmente hay en todo el mundo millones de pequeños y grandes oferentes de capital (ahorradores) que quieren colocar su dinero en los mercados bursátiles. Esta euforia o popularidad de las acciones genera unos efectos muy positivos sobre la circulación de los activos financieros ya que les proporciona liquidez y a la vez reduce sus costes de transacción. A pesar de ello, éstas no son las principales razones por las que el inversor acude a la Bolsa. Éste desea simplemente el mayor beneficio bajo el mínimo riesgo posible, aunque vamos a ver que no siempre es así, pues dependerá del perfil del inversor (ver capítulo 8).

2.2. FUNCIONES DE LA BOLSA

La Bolsa tiene múltiples funciones, aunque su actividad gira fundamentalmente alrededor de dos:

– Promover el ahorro y que éste sea canalizado hacia las entidades que precisan financiación con el objetivo de llevar a cabo proyectos de inversión que de otra forma no podrían desarrollar. Para que este intercambio de fondos sea posible se necesita que las entidades emisoras de los valores sean admitidas a

cotización. La negociación se dará en el mercado primario (ver 2.1).
- Proporcionar liquidez a los inversores. El inversor puede recuperar el dinero invertido cuando tenga necesidad. Para ello, ha de acudir a la Bolsa y vender los títulos previamente adquiridos. Esta función de la Bolsa se consigue a través del mercado secundario (ver 2.1).

Otras funciones de la Bolsa como organización son:

- Garantizar la seguridad jurídica y económica de los contratos acordados.
- Suministrar información oficial de los precios y cantidades negociadas.
- Fijar el precio de los títulos-valores mediante la ley fundamental de la oferta y la demanda.
- Actuar de indicador de la evolución económica del país.

Especificando un poco más y centrándonos en los dos agentes principales que intervienen en el mercado, inversores y empresas, podríamos hacer la siguiente clasificación:

a) Funciones que realiza la Bolsa para el inversor:

- Le permite el acceso a las actividades rentables de las grandes empresas.
- Ofrece liquidez a la inversión en valores, a través de un lugar donde se pueden comprar o vender títulos.
- Permite un poder político en las empresas en las que invierte sus ahorros ya que la adquisición de acciones ordinarias le da el derecho (entre otros) a votar en la Junta General de Accionistas de las empresas en cuestión.
- Le ofrece la posibilidad de diversificación de su cartera ampliando el campo de su estrategia de inversión ante opciones alternativas ya mencionadas, como el mercado de derivados, el mercado monetario, el mercado bancario, etc.

b) Respecto a las funciones que realiza la Bolsa para la empresa:

- Le facilita la obtención de fondos a largo plazo que permiten a la empresa llevar a cabo actividades rentables o determinados proyectos que de otra forma no se desarrollarían por falta de

financiación. Además, esta financiación supone un menor coste que el que el empresario soportaría por otras vías.
- Los títulos cotizados en Bolsa suelen tener ventajas fiscales para la empresa.
- Le ofrece a la empresa una publicidad gratuita que de otra manera le supondría unos gastos considerables. La entidad es objeto de aparición en prensa u otros medios de comunicación (televisión, radio, etc.) ante cualquier cambio importante en su funcionamiento o estructura que pueda afectar a sus propietarios (poseedores de títulos). Además, existe un seguimiento continuo (diario) de la cotización.

Así pues, vemos como la cotización en Bolsa supone importantes ventajas para las empresas, pero también existen ciertos inconvenientes a tener en cuenta:

- Primero de todo, se precisa una serie de condiciones para poder entrar en cotización, no todas las empresas pueden hacerlo (ver capítulo 5).
- La emisión de acciones puede suponer una pérdida de poder para los fundadores de la empresa. De todos modos, esto es muy relativo porque dependerá del grado de atomización de las participaciones de los nuevos accionistas y del porcentaje que posean los accionistas fundadores sobre el total del capital de la empresa. Si por ejemplo un 49% del capital social está en manos de los fundadores, éstos podrían llegar a perder el control en el caso de que el 51% restante estuviese en manos de un único accionista principal. Sin embargo, raras veces se suele dar un caso como éste, puesto que el capital social que sale a bolsa tiende a repartirse entre un gran número de accionistas que adquieren modestas participaciones respecto a las de los fundadores. Así pues, a pesar de no poseer el 50% del capital social de la empresa los fundadores pueden seguir teniendo el control bajo un 49% o un porcentaje inferior siempre que el resto del capital esté repartido entre un gran número de participantes. Ahora bien, la propiedad de acciones implica la posesión de ciertos derechos, como ya se ha mencionado anteriormente, sobre la empresa en la que se participa. Estos son: *derechos políticos*, entre los que aparece la posibilidad de participar en la Junta General de accionistas y en la gestión de la

entidad mediante la ejecución del derecho de voto; y *derechos económicos*, que comprenden la posibilidad de recibir dividendos, los derechos preferentes de suscripción, la transmisión de acciones (venta) y el derecho al valor liquidativo. Este último implica que en el momento en que la empresa se liquide, lo que queda se reparte proporcionalmente entre los accionistas. Es pues la posesión de estos derechos lo que reduce el poder de los fundadores.

- Las acciones pueden pasar a ser propiedad de personas desconocidas por los accionistas fundadores. En el momento en que son objeto de cotización en el mercado de valores cualquier oferente de capital puede acceder a ellas. Si se trata de una empresa donde previamente existía un conocimiento de todos los participantes, considerándose esto como un activo de valor en la entidad, la cotización en Bolsa puede generar un cambio importante y no siempre positivo.
- Las empresas que cotizan en Bolsa ofrecen una mayor transparencia, de manera que todo el público en general puede tener acceso a cualquier información relativa a su evolución y actividades. Ello hace que tengan un control más agudo y deban vigilar cada uno de sus movimientos.

2.3. CARACTERÍSTICAS DE LA BOLSA

Podríamos distinguir cuatro características que permiten al mercado bursátil distinguirse del resto:

- En principio, al menos en teoría, se trata de un *mercado perfecto*. La consideración de la Bolsa como un mercado perfecto se debe al cumplimiento de tres requisitos básicos:
  - Cada inversor conoce el mejor precio al que puede comprar o vender.
  - Cualquier participante tiene el mismo acceso a la información relevante.
  - Ningún operador tiene la potestad de poder influir en los precios de los valores.
    Cabe remarcar, sin embargo, que en la práctica no se trata de un mercado totalmente perfecto debido a ciertas circunstan-

cias que lo impiden, tales como la posible existencia de información privilegiada. Si los participantes en el mercado no poseen el mismo acceso a la información relevante, entonces la Bolsa deja de ser un mercado perfecto puesto que los integrantes que en ella operan dejan de estar en igualdad de condiciones. El uso de dicha información privilegiada puede llevar a operaciones de arbitraje cuyo objetivo consiste en la obtención de beneficios. Un ejemplo sería el siguiente: supongamos una empresa que en los próximos meses va a realizar una adquisición importante dentro de su mismo sector. Para tratar algo más concreto, imaginemos una entidad bancaria española que va a tomar el control de otra entidad, también bancaria, en otro país europeo, siendo las dos de una importancia considerable en ambos países. En principio creemos que la adquisición provocará una subida en la cotización de las acciones de la entidad española. Si ciertos agentes poseen esta información antes que se conozca públicamente (información privilegiada) el mejor negocio que pueden hacer es comprar dichas acciones antes de que la entidad española proceda a la adquisición de la otra y venderlas cuando ya se haya producido la adquisición y el supuesto incremento de valor de los títulos. Estos agentes habrán utilizado la información privilegiada y obtendrán unos beneficios a su favor mediante una sencilla operación de arbitraje como la descrita. Así pues, en términos generales, el arbitraje, es una operación consistente en comprar y vender simultáneamente activos a fin de obtener un beneficio aprovechando ciertas ineficacias del mercado. Estas transacciones pueden tener lugar en diferentes mercados, con diferentes clases de activos o con un mismo activo con distintos vencimientos.

- Considerado un *mercado libre*. Jurídicamente es una institución regida por una sociedad anónima y donde el Estado sólo debe ejercer funciones de supervisión, de manera que colaboren al buen funcionamiento del mismo.
- Actúa como un *mercado eficiente*. Ello permite que la nueva información disponible se refleje inmediatamente en los cambios. De ahí las continuas oscilaciones en los precios de los valores.
- Es un *mercado transparente*. Esta característica permite al público en general la posibilidad de conocer todas las propuestas de negocio existentes en el mercado.

2.4. LA BOLSA EN EL MUNDO, ESTRUCTURA DE LOS MERCADOS DE VALORES

El origen de las modernas bolsas de mercancías puede situarse a finales del siglo XV en las ferias medievales de Europa Occidental. Los comerciantes asistentes a las ferias medievales llevaban a cabo la compraventa de mercancías sin verlas o a lo sumo una muestra de las mismas. Posteriormente se da un contacto más regular y compradores y vendedores se reúnen en días y lugares concretos, ya sean cafés, calles u otros. Más tarde, el núcleo de comerciantes o corredores procede a una cierta institucionalización de dicho mercado que tras sucesivas modificaciones es el que ha llegado hasta nuestros días. A destacar, sin embargo, que estas modificaciones han afectado más a la forma que al fondo del funcionamiento de las bolsas.

Concretando en las bolsas de valores, su desarrollo corre paralelo a la aparición y difusión de las sociedades anónimas y a la emisión de títulos de deuda pública. El término «Bolsa» surgió en Brujas (Bélgica), de la mano de la familia de banqueros Van der Bursen. Estos organizaron un mercado de títulos-valores en las salas de su palacio. En 1460 se creó la Bolsa de Amberes, la primera institución bursátil moderna. En 1570 se creó la Bolsa de Londres, junto a la aparición de un gran número de compañías comerciales dedicadas al comercio exterior. En aquellos tiempos buena parte de las transacciones se efectuaban en los cafés de la City londinense. En 1773 se organizó la profesión de corredor de valores mobiliarios, y en el mismo año un grupo de ellos adquirió un local denominado Stock Exchange para efectuar allí las transacciones. La evolución fue similar en Nueva York, al reunirse en 1792 una serie de comerciantes y corredores y fundar el New York Stock Exchange. En Francia, las primeras transacciones sobre efectos públicos se remontan a 1719. La Bolsa fue suprimida en 1793 pero reabierta en 1796. En España existía desde el siglo XII la profesión de corredor en Barcelona, y en 1652 una Casa de Contratación en Madrid. Sin embargo, hasta 1831 no se reguló la Bolsa de Comercio de Madrid, y posteriormente la Bolsa de Bilbao, en 1890, la Oficial de Barcelona en 1915, y la de Valencia en 1981.

Al principio de su evolución histórica, los corredores y comerciantes eran los que fijaban las normas de regulación con fines fiscales o para establecer unas normas mínimas que garantizasen los intereses de los inversores frente a las empresas y corredores y viceversa. En la actualidad, la vigilancia y supervisión del mercado sigue otras pautas (ver capítulo 5).

En nuestros días, las bolsas más importantes (ranking según el volumen de capitalización bursátil) son: en un primer grupo destacable, Nueva York, Tokio y Londres; en un segundo grupo, Alemania, París, Suiza, Toronto y Hong Kong, seguidas de otras como las de Amsterdam e Italia. En la figura 2.8 se presenta una tabla con datos referentes a la capitalización bursátil en 1997 de las principales bolsas europeas en comparación con la de Nueva York.

A nivel de país, podemos distinguir dos grandes tendencias en cuanto a las relaciones que mantienen las diferentes bolsas que en

	N.º empresas cotizadas (1)	Capitalización a 31-12-97 (millones de $)	Capitalización media (millones de $)
Austria	101	37.280	369,1
Bélgica	138	138.938	1.006,8
Alemania	700	825.233	1.178,9
Francia	740	676.311	913,9
Portugal	148	38.954	263,2
Países Bajos	199	468.897	2.356,3
Finlandia	124	73.322	591,3
España	384	233.679	608,5
Irlanda	83	49.371	594,8
Luxemburgo	56	33.892	605,2
Italia	235	344.665	1.466,7
Total euro	**2.908**	**2.920.542**	**1.004,3**
Suecia	245	264.711	1.080,4
Dinamarca	237	93.766	395,6
Reino Unido	2.046	1.996.225	975,7
Total Unión Europea	**5.436**	**5.275.244**	**970,4**
Nueva York	2.271	8.879.631	3.910,0
Nasdak	5.033	1.737.510	345,2

(1) De la bolsa más importante.

Figura 2.8. Capitalización bursátil
Fuente: Servicio de estudios "La Caixa", informe mensual, diciembre 1998

ellos operan. Hay países como Francia en los que se ha implantado una única bolsa (la de París) eliminándose casi totalmente el resto, mientras que otros como Estados Unidos, Japón o Alemania han interconectado todas sus bolsas integrándolas en un único mercado nacional. A nivel mundial, existe esta tendencia hacia la unificación mediante la integración de todas las bolsas más relevantes. Es por este motivo que el triángulo Nueva York-Tokio-Londres está teniendo cada vez mayor peso. La idea es que todas las bolsas del mundo puedan operar conjuntamente formándose precios únicos, ya que en la actualidad cada Bolsa marca su precio, existiendo pequeñas diferencias de cotización.

Existen países en los que las bolsas son instituciones públicas y los intermediarios autorizados a la participación en el mercado se nombran oficialmente. Ésta fue la situación de España hasta el año 1989. Actualmente son las agencias y sociedades de valores las que tienen la autorización para contratar en las bolsas españolas. En España, las bolsas (Madrid, Bilbao, Barcelona y Valencia) son sociedades anónimas controladas por el poder público. En la figura 2.9 se muestra un esquema de la estructura del mercado bursátil en España a modo de ejemplo.

Figura 2.9. Estructura del mercado bursátil en España

Distinguimos básicamente tres integrantes en el mercado bursátil: el propio mercado en sí, con su correspondiente organización interna; la entidad encargada de la liquidación de los valores, entre otras funciones; y la institución encargada de la supervisión y buen funcionamiento del mercado (ver capítulo 5). A pesar de la existencia de un esquema general, cada mercado tiene sus peculiaridades y resulta difícil establecer una estructura común a todos ellos. Podríamos hablar de un fondo común pero de una forma variable aunque con tendencia a la estandarización.

En capítulos posteriores se profundizará en los temas relacionados con los intermediarios del mercado bursátil y el proceso de vigilancia y supervisión en el mismo.

3
Activos que se negocian en Bolsa

En este capítulo se presenta un análisis de los valores que se pueden negociar en la Bolsa. Se parte de una clasificación general y después se entra en un estudio más detallado de los distintos activos: deuda pública a medio/largo plazo, deuda pública a corto plazo, obligaciones privadas, activos empresariales a corto plazo y acciones. Todos ellos se podrían englobar bajo la etiqueta de «inversión individual o privada» frente a la «inversión colectiva», donde los fondos de inversión son el producto central, existiendo también otros tipos de inversión colectiva como las sociedades de inversión mobiliaria. A lo largo de este capítulo se intentará ofrecer una descripción, lo más precisa posible, de cada uno de estos valores que son objeto de compraventa en el mercado bursátil.

3.1. CLASES Y CARACTERÍSTICAS GENERALES

Los activos financieros son títulos emitidos por los agentes económicos con déficit (demandantes de dinero) constituyendo un medio de mantener riqueza para quienes lo poseen. Se trata de un activo para los oferentes de dinero y de un pasivo para los demandantes de dinero. Activos y pasivos financieros son pues las dos caras de una misma moneda (inversión – financiación).

Antes de entrar en las distintas clasificaciones posibles de los activos financieros se presentan las principales funciones y características de los mismos.

Las principales funciones asignadas a los activos financieros son dos:

- Canalizar el ahorro entre los diferentes agentes económicos, de los que están en condición de superávit a los que precisan fondos.
- Generar una transferencia de riesgos del emisor de los activos al receptor de los mismos. Esto es así porque los activos constituyen un compromiso de pago que será sensible a las oscilaciones positivas o negativas de la actividad del emisor de dicho activo. Este está transfiriendo parte del riesgo derivado de su acto de inversión.

En referencia a las características principales de los activos financieros:

- Liquidez: poseen una gran facilidad de conversión en dinero líquido gracias a la existencia de un mercado que les permite operaciones de compraventa.
- Riesgo: existe una posibilidad de que el emisor de los activos no cumpla con lo pactado, el pago del principal y los intereses. A destacar que no se entiende por riesgo de un activo el derivado de las oscilaciones de su cotización en el mercado. Así, en el caso de los activos emitidos por empresas privadas el riesgo se asociará a la capacidad de solvencia de sus actividades. En referencia a los activos emitidos por el Estado, por ejemplo, el riesgo será mínimo debido a la garantía que este ofrece.
- Rentabilidad: se refiere a la capacidad del activo de producir intereses u otros rendimientos para el adquirente como contrapartida por su cesión de fondos y por su asunción de riesgos.

Los activos financieros se pueden clasificar atendiendo a distintos criterios. La figura 3.1 muestra un cuadro resumen de todos ellos:

a) Según la rentabilidad:

- Títulos de renta fija: son aquellos que dan derecho a percibir un interés fijo calculado como un porcentaje sobre el nominal. Así pues, el pago de intereses está previamente fijado y no se hace depender de los resultados de la compañía

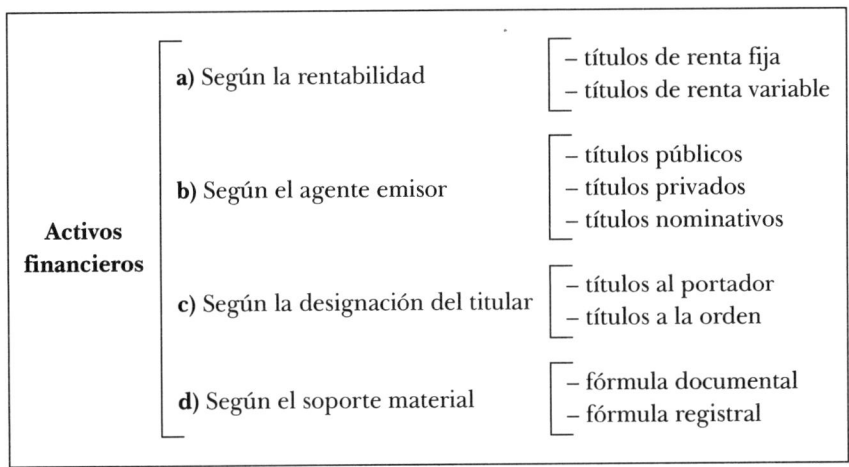

Figura 3.1. Clasificación de los activos financieros

que lo emite. Es el caso de los bonos, las obligaciones y la deuda del Estado.
- Títulos de renta variable: su retribución no es fija, depende del volumen de beneficios que obtenga la sociedad emisora. Es el caso de las acciones, cuya retribución son los dividendos y ganancias de capital. Las participaciones en fondos de inversión son también ejemplos de este tipo de títulos.

La rentabilidad es función de la liquidez y del riesgo:

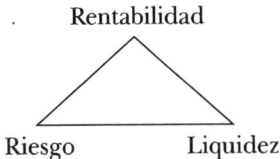

Cuanto mayor sea la liquidez del activo menor rentabilidad producirá y cuanto más riesgo asociado conlleve mayor será la rentabilidad exigida para renunciar a ese riesgo asumido. Así pues, a mayor liquidez menor rentabilidad y a mayor riesgo mayor rentabilidad. La rentabilidad de una inversión financiera puede considerarse como una recompensa para el poseedor de los activos y no sólo por renunciar a la liquidez, sino también porque el tenedor soporta un riesgo adicional. Nos referimos al riesgo de que el emisor de los títulos pueda no cumplir con las condiciones fijadas en la emisión, en concreto, no devolver el dinero cuando llegue el vencimiento.

En general, se debe procurar una diversificación de la cartera mediante combinaciones de tipos de activos que generen carteras eficientes que a largo plazo llevan a la obtención de una mayor rentabilidad con una menor exposición al riesgo. La idea consiste en combinar activos que incluyan acciones, obligaciones, letras del Tesoro, inmuebles, etc.

b) Atendiendo al agente emisor:

- Títulos públicos: son los emitidos por entes de la Administración pública. Las letras del Tesoro y las obligaciones del Estado son algunos ejemplos.
- Títulos privados: son los emitidos por las empresas privadas. Es el caso de las acciones, pagarés de empresa, pagarés de entidades de crédito y las participaciones en los fondos de inversión.

c) Según como se designe al titular:

- Títulos nominativos: se emiten a favor de una persona determinada que consta como el titular. Si se tiene que transmitir el título entonces se ha de notificar expresamente dicho cambio a la entidad emisora.
- Títulos al portador: su titular es el portador de los mismos.
- Títulos a la orden: se emiten a favor de una persona determinada como en el caso de los nominativos pero se pueden ceder a otra persona sin notificación expresa a la entidad emisora. Es el caso de las letras de cambio.

d) Según el soporte material que los sustenta:

- Fórmula documental: si los activos financieros se emiten sobre un papel.
- Fórmula registral: si la emisión conlleva la inmaterialidad de los títulos (anotaciones en cuenta), que es la tendencia actual de todos los activos. Se controlan informáticamente. Actualmente los viejos títulos en papel son una parte minúscula del mercado y van retirándose progresivamente.

Otras clasificaciones de los activos financieros que podrían realizarse son: atendiendo a su grado de liquidez o también según la tipología de mercado en el que se negocian. Sin embargo, en estos tipos de clasificación nos podemos encontrar con mayores problemas de delimitación, en el primer caso porque existe cierta dificultad en el establecimiento del orden preciso para activos muy cercanos en cuanto a su proximidad al dinero y en el segundo porque la frontera existente entre mercados se hace cada vez más difusa en cuanto a su definición. Veamos a qué nos referimos. En bolsa, se suele dividir los títulos, atendiendo a la contratación, en cinco grupos básicamente (cuyas características se explicarán de forma más detallada en los siguientes apartados):

- Deuda pública a medio/largo plazo: bonos y obligaciones del Estado u otros organismos oficiales, etc.
- Deuda pública a corto plazo: pagarés del Tesoro, letras del Tesoro.
- Obligaciones privadas.
- Activos empresariales a corto plazo: pagarés de empresa, pagarés de entidades de crédito, etc.
- Acciones.

Atendiendo al tipo de mercado, todos ellos se contratan en el denominado «mercado de capitales», excepto los activos financieros a corto plazo, que se negocian en el «mercado de dinero». Ahora bien, debido a la aparición de una extensa gama de nuevos instrumentos financieros tales como las operaciones con productos derivados u otras (ver capítulo 4), la delimitación entre uno y otro mercado es cada vez menos clara, con lo que la elaboración de una clasificación concreta atendiendo a este criterio resulta de difícil realización, tal y como se ha comentado anteriormente.

Seguidamente, se explican cada uno de los grupos de activos mencionados.

3.2. DEUDA PÚBLICA A MEDIO/LARGO PLAZO

La deuda pública a medio y largo plazo está constituida por títulos de renta fija correspondientes a deudas emitidas por el Estado u otras instituciones públicas (organismos oficiales, comunidades autónomas, ayuntamientos, empresas públicas, etc.). Los bonos y las obligaciones son, dentro del endeudamiento a medio y largo plazo, una parte sustancial de esta deuda pública.

El encargado de emitir deuda pública es el Tesoro, fijando sus características y decidiendo la frecuencia de su salida al mercado. Por su parte, el Banco Central del país actúa como agente del Tesoro encargándose de todas las operaciones: emisiones, pagos, amortizaciones, etc.

En la actualidad, los activos emitidos por el Estado se resumen en tres: letras del Tesoro (ver 3.3) como medio de financiación a corto plazo, y bonos y obligaciones del Estado como instrumentos de financiación a medio y largo plazo. En la figura 3.2 se presenta un ejemplo ilustrativo de la emisión de dichos activos por parte del conjunto de las administraciones públicas en el caso español, con importes expresados en millones y precios en tanto por ciento. La distinción entre bonos y obligaciones del Estado reside en su plazo de vida, según se encuentre entre dos y cinco años o sea superior a este plazo, respectivamente. Normalmente, los bonos suelen emitirse a tres y cinco años y las obligaciones a diez y quince años. Veamos a continuación de forma más detallada las características de ambos.

Bonos del Estado

Son títulos de renta fija emitidos al portador, representados mediante anotaciones en cuenta, con un nominal mínimo prefijado, plazo de amortización entre tres y cinco años y pago de intereses por anualidades vencidas (también puede tener un carácter semestral pero su utilización no es muy común).

En el caso de España, desde 1987 se emiten por un procedimiento de subasta mensual parecida a la utilizada en las letras del Tesoro (ver 3.3). Existe una petición mínima para poder participar en una de las subastas y se debe desembolsar un determinado porcentaje sobre el nominal que se solicite. Después de la subasta, se abre un período de suscripción al público en base al precio medio ponderado resultante de la misma.

Obligaciones del Estado

Son deuda pública emitida por el Estado, con unos vencimientos entre diez y quince años, un nominal mínimo prefijado y un pago de intereses por anualidades vencidas. Se emiten generalmente mediante subasta mensual con unas características similares a las de los bonos. No existen diferencias jurídicas con estos, sólo de plazo.

El mercado de bonos y obligaciones del Estado tiene las siguientes características (en la figura 3.3 se presenta un esquema de los mercados de deuda pública):

- La emisión de ambos activos se lleva a cabo en el mercado primario mediante subastas.
- El Tesoro establece un calendario a principios de año a través de una subasta mensual donde se reciben todas las peticiones. Tras ello, el Tesoro adjudica el precio y el volumen demandado.
- El mecanismo de subasta es por tramos, al principio de cada emisión el Tesoro fija el cupón que pagarán los títulos en las tres próximas subastas.
- El funcionamiento es el siguiente: se calcula un precio medio ponderado y otro marginal. Las solicitudes que se sitúen entre ambos precios se adjudican al precio del oferente; las que estén por encima del ponderado se adjudican a dicho precio; y las que sean a precios inferiores al marginal se rechazan.
- En el caso de que el objetivo de colocación se cubra en su totalidad, las entidades preferentes tienen la posibilidad de solicitar una segunda vuelta donde pueden recibir hasta tres peticiones con un tipo inferior al tipo medio calculado en la subasta.
- Existen dos formas de operar en el mercado secundario dependiendo del agente participante (Tesoro público, Banco Central, instituciones financieras o inversores finales): operaciones entre titulares de cuenta en el Sistema de Anotaciones y operaciones entre estos y los particulares o «terceros», es decir, familias y empresas que no son titulares de cuenta.
    - Por cuenta propia, en el caso de entidades financieras titulares de cuenta en la Central de Anotaciones. Se trata de un servicio perteneciente al Banco Central que gestiona, por

1. BONOS Y OBLIGACIONES DEL ESTADO

Emisión					Número operac.	Importe contratado	Precio (ex-cupón)			Rendto. interno medio	Anterior precio medio (fecha)
							Medio	Máximo	Mínimo		
ES0000011496-2	B	EST	7,30	30.07.97	1	3.000	100,440	100,440	100,440	5,79	100,450 (03/03/97)
ES0000011405-2	B	EST	11,45	30.08.98	9	8.000	107,691	107,760	107,650	5,78	107,698 (03/03/97)
ES0000011520-2	B	EST	9,90	31.10.98	22	15.900	106,110	106,240	106,030	5,83	106,207 (03/03/97)
ES0000011462-2	B	EST	8,30	15.12.98	2	1.500	103,930	103,930	103,930	5,87	104,110 (03/03/97)
ES0000011553-2	B	EST	9,40	30.04.99	10	4.985	106,941	106,980	106,750	5,84	107,148 (03/03/97)
ES0000011504-2	B	EST	7,40	30.07.99	6	6.820	103,388	103,570	103,320	5,82	103,483 (03/03/97)
ES0000011587-2	B	EST	7,80	31.10.99	17	16.840	104,687	104,870	104,540	5,80	104,668 (03/03/97)
ES0000011249-2	O	EST	12,25	25.03.00	6	4.300	116,992	117,000	116,950	5,95	116,826 (03/03/97)
ES0000011611-2	B	EST	6,75	15.04.00	77	53.770	101,689	101,820	101,320	5,89	101,743 (03/03/97)
ES0000011538-2	B	EST	10,10	28.02.01	20	11.300	113,780	114,150	113,490	6,08	113,972 (03/03/97)
ES0000011561-2	B	EST	8,40	30.04.01	27	14.623	108,105	108,550	107,820	6,11	108,107 (03/03/97)
ES0000011355-2	O	EST	11,30	15.01.02	14	8.556	120,665	120,930	120,230	6,22	120,698 (03/03/97)
ES0000011603-2	B	EST	7,90	28.02.02	72	40.100	106,848	107,200	106,500	6,25	106,926 (03/03/97)
ES0000011371-2	O	EST	10,30	15.06.02	7	3.305	117,165	117,330	117,000	6,34	117,358 (03/03/97)
ES0000011413-2	O	EST	10,90	30.08.03	5	3.000	122,008	122,540	121,600	6,59	122,626 (03/03/97)
ES0000011421-2	O	EST	10,50	30.10.03	30	21.600	119,963	120,430	119,600	6,66	120,795 (03/03/97)
ES0000011488-2	O	EST	8,00	30.05.04	1	1.500	107,500	107,500	107,500	6,64	108,494 (03/03/97)
ES0000011512-2	O	EST	10,00	28.02.05	8	4.200	119,315	119,570	119,000	6,78	119,937 (03/03/97)
ES0000011546-2	O	EST	10,15	31.01.06	10	3.897	121,572	121,780	121,250	6,83	121,894 (03/03/97)
ES0000011579-2	O	EST	8,80	30.04.06	89	56.350	112,716	113,428	112,160	6,87	112,777 (03/03/97)
ES0000011629-2	O	EST	7,35	31.03.07	124	74.025	102,588	103,000	101,950	6,92	102,304 (03/03/97)
ES0000011470-2	O	EST	8,20	28.02.09	8	7.300	108,795	108,900	108,400	7,08	108,908 (03/03/97)
ES0000011595-2	O	EST	8,70	28.02.12	8	4.110	114,005	115,000	113,240	7,14	114,417 (03/03/97)
Totales					573	368.891					

2. DEUDA DE OTRAS ADMINISTRACIONES Y ORGANISMOS PÚBLICOS

Emisión					Número operac.	Importe contratado	Precio (ex-cupón)			Rendto. interno medio	Anterior precio medio (fecha)
							Medio	Máximo	Mínimo		
ES0000090219-2	B	AND	7,00	25.11.99	1	500	102,444	102,444	102,444	5,98	102,942 (28/02/97)
ES0001353095-2	B	NAV	8,50	19.12.01	1	130	108,229	108,229	108,229	6,43	109,550 (07/02/97)
ES0001352063-2	O	GAL	9,30	30.11.03/08	1	200	112,527	112,527	112,527	6,89	115,236 (22/01/97)
ES0224260002-2	O	CSI	8,75	28.12.03	1	500	110,341	110,341	110,341	6,79	110,439 (26/12/96)
ES0000090201-2	O	AND	8,75	26.08.04	1	250	110,171	110,171	110,171	6,94	111,737 (03/03/97)
ES0200130245-2	O	ICO	8,75	02.12.05	3	1.200	110,792	110,792	110,792	7,03	112,828 (03/03/97)
ES0000090235-2	O	AND	7,25	23.04.07	1	300	99,692	99,692	99,692	7,17	100,975 (03/03/97)
Totales					9	3.080					

Notas
– Importes expresados en millones de ptas. y precios en tanto por ciento.
– Emisión. Indica el tipo de emisión de que se trata: B= bonos, O= obligaciones, EST = Estado, y la fecha y hora de dicha emisión.
– Número de operaciones. Número de compras/ventas realizadas.
– Importe contratado. Volumen comprado/vendido (millones de ptas.).
– Precio (ex-cupón). Precio del activo antes de pagarse el cupón. El cupón es un certificado que acompaña al bono y le da derecho a recibir los intereses devengados en las fechas establecidas para ello.
– Rendimiento interno medio. Rentabilidad que ofrece el activo.

Figura 3.2. Emisión de bonos y obligaciones por parte de las administraciones públicas
(Fuente: Banco de España, Boletín de la Central de Anotaciones, año 9/n.º 2144/ 4 marzo 1997)

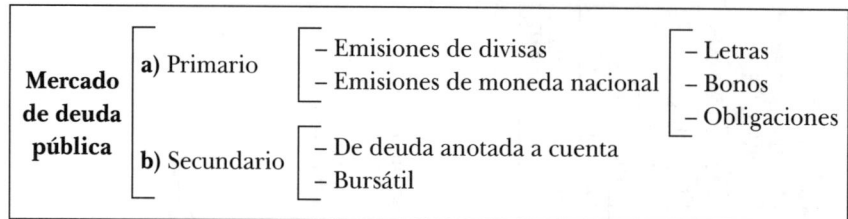

Figura 3.3. Esquema de los mercados de deuda pública

cuenta del Tesoro, las emisiones y amortizaciones de los títulos de deuda pública incluidos en el sistema de anotaciones en cuenta.
- Por cuenta propia y ajena, en el caso de las gestoras, pudiendo ser:
  - con capacidad plena: pueden realizar todo tipo de operaciones con sus clientes.

    Este mercado entre titulares y terceros se basa sobre todo en las operaciones *repo* (ver capítulo 4) más que en las compraventas simples. En este tipo de operaciones se da una compra con pacto de recompra. El comprador de un título de deuda pública se obliga a revenderlo a la misma persona a un precio convenido. Esto implica que el vendedor en una operación de dobles está obligado a recomprar el activo al plazo y precios convenidos.
  - con capacidad restringida: sólo pueden llevar a cabo operaciones con sus clientes como comisionistas. A estas entidades no se les permite poseer ninguna anotación en nombre propio.

Para finalizar este apartado, se presenta una lista de características referentes a la deuda pública a medio/largo plazo:
- Generalmente proporciona ventajas fiscales que hacen incrementar su rentabilidad.
- Ofrecen seguridad (mínimo riesgo) porque cuentan con la garantía del Estado o de la entidad pública que las haya emitido.
- Ofrecen un tipo de interés que suele ser algo inferior al tipo ofrecido por los títulos de renta fija emitidos por entidades privadas. Sin embargo, las dos características anteriores, no

extensibles a la deuda privada, compensan esta menor retribución.
- Si la clasificamos en función del plazo de reembolso, puede ser temporal o perpetua. En el primer caso su último vencimiento se fija de antemano y en el segundo nunca se reembolsa el principal. Básicamente, en la deuda temporal el plazo de reembolso es finito mientras que la deuda perpetua tiene infinitos términos.
- Existe deuda pública interior y exterior. Interior cuando se emite dentro del propio país y exterior cuando se emite fuera, pero en ambos casos el emisor es el mismo. Así, el Estado alemán puede decidir emitir deuda en el propio país, Alemania, pero también tiene la posibilidad de emitir deuda alemana en Francia, por ejemplo.

En la figura 3.4 se presenta un extracto de periódico relativo al mercado de deuda del Estado anotada en España.

3.3. DEUDA PÚBLICA A CORTO PLAZO

Como se comentaba en el apartado 3.1, mientras que el segmento de emisión de títulos a largo/medio plazo por parte del Tesoro se ubica en el mercado de capitales, el de deuda pública a corto plazo lo hace en el mercado monetario o de dinero.

La emisión de la deuda pública a corto plazo se realiza mediante el sistema de subasta ya descrito en el caso de la deuda pública a largo plazo, siendo ahora de tipo quincenal en lugar de mensual.

Los dos activos más utilizados son: los pagarés del Tesoro y las letras del Tesoro. Estos últimos constituyen las emisiones de deuda pública del Estado a corto plazo más importantes en cuanto a su volumen relativo.

Pagarés del Tesoro

Se trata de títulos de deuda pública a corto plazo emitidos al descuento, es decir, se compran a un precio inferior a su valor nominal

MERCADO DE DEUDA DEL ESTADO ANOTADA
BONOS Y OBLIGACIONES (COMPRAVENTA SIMPLE AL CONTADO)

Emisión		Amort.	Próx. cupón	Cupón cor. ptas./mill.	Último		Núm. oper.
					Prec. med.	Fecha	
O	7,50	30/07/01	30/01/99	12.839,67	108,48	30/12/97	
O	10,75	30/01/99	30/01/99	18.403,53	105,55	12/03/98	
O	12,25	25/03/00	25/03/99	63.767,12	112,16	1/10/98	1
O	11,30	15/01/02	15/01/99	80.183,56	123,08	30/09/98	
O	10,30	15/06/02	15/06/99	30.476,71	122,39	1/10/98	5
O	10,90	30/08/03	30/08/99	9.556,16	130,90	1/10/98	3
O	10,50	30/10/03	30/10/98	96.657,53	129,79	30/09/98	
B	10,25	30/11/98	30/11/98	85.650,68	100,85	1/10/98	1
B	8,30	15/12/98	15/12/98	65.945,21	100,78	30/09/98	
O	8,20	28/02/09	28/02/99	48.301,37	132,35	1/10/98	2
O	8,00	30/05/04	30/05/99	27.178,08	120,55	1/10/98	1
B	7,40	30/07/99	30/07/99	12.722,60	102,92	30/09/98	
O	10,00	28/02/05	28/02/99	58.940,11	133,13	1/10/98	6
B	9,90	31/10/98	31/10/98	90.863,01	100,37	29/09/98	
B	10,10	28/02/01	28/02/99	59.439,15	114,74	1/10/98	3
O	10,15	31/01/06	31/01/99	67.573,97	138,16	1/10/98	1
B	9,40	30/04/99	30/04/99	39.660,27	103,07	1/10/98	2
B	8,40	30/04/01	30/04/01	35.441,10	111,86	1/10/98	4
O	8,80	30/04/06	30/04/99	37.128,77	129,79	1/10/98	4
B	7,80	31/10/99	31/10/98	71.589,04	104,33	30/09/98	
O	8,70	28/02/12	28/02/99	51.246,58	138,62	1/10/98	1
B	7,90	28/02/99	28/02/99	46.534,25	113,38	1/10/98	22
B	6,75	15/04/00	15/04/99	31.253,42	104,67	1/10/98	9
O	7,35	31/03/07	31/03/99	37.052,05	122,18	1/10/98	9
B	5,00	31/01/01	31/01/99	33.287,67	103,22	1/10/98	57
B	5,25	31/01/03	31/01/99	34.952,05	106,02	1/10/98	95
O	6,00	31/01/08	31/01/99	39.945,21	113,25	1/10/98	230
O	6,15	31/01/13	31/01/99	40.943,84	114,24	1/10/98	27
O	6,00	31/01/29	31/01/00	=	109,67	1/10/98	40
O	5,15	30/07/09	30/07/00	=	102,64	1/10/98	25
B	4,25	30/07/02	30/07/00	=	98,80	1/10/98	8
B	4,50	30/07/04	30/07/00	=	99,27	1/10/98	4

Notas
– Emisión. Informa sobre el tipo de deuda: O (obligaciones), B (bonos) y el tipo de interés al que se emite dicha deuda.
– Amortización. Se presenta la fecha de amortización del activo.
– Próximo cupón. Se presenta la fecha en la que el adquirente de la deuda recibirá e próximo cupón.
– Cupón corrido. Interés acumulado.
– Último. Informa sobre el precio medio de la deuda a una determinada fecha.

Figura 3.4. Mercado de deuda del Estado anotada
(Fuente: *La Gaceta del Viernes*, Mercados. 2, octubre 1998)

que se recibe en el vencimiento. Sus plazos son de seis, doce y dieciocho meses.

Se pueden materializar como anotaciones en cuenta o como títulos a la orden.

Alcanzaron una gran popularidad en España, donde fueron antecesores de las letras del Tesoro, pero razones técnicas y fiscales (en ocasiones fueron utilizados para mantener dinero negro) aconsejaron su desaparición. En los pagarés no se practica retención en el origen y además no se ha de anunciar a Hacienda la lista de inversores que los poseen. Podríamos hablar de títulos fiscalmente opacos.

Letras del Tesoro

Son emitidas al descuento sobre su valor nominal que se recibe al vencimiento, y con un plazo que generalmente es de un año o inferior a este (tres o seis meses). El beneficio que se obtiene es la diferencia entre el valor nominal y el precio que se pagó en un principio por la letra. A continuación se analiza la relación existente entre el precio y la rentabilidad de la letra.

El precio y la rentabilidad de la letra se relacionan de la siguiente forma:

$$P = 100 / (1 + (r * d / 36000))$$

P = precio en porcentaje del nominal
r = tipo de interés en tanto por ciento. Tipo efectivo anual equivalente, base año de 360 días
d = días hasta el vencimiento

Ejemplo: si el precio de una Letra a 1 año en la emisión es de 926.000 ptas., el tipo de interés que nos da es:

$$92,6 = 100 / (1 + (r * 365 / 36000))$$
$$r = (100 - 92,6)(36000 / 365 * 92,6)$$
$$r = 7,88\,\%$$

A destacar que (1.000.000 − 926.000) / 926.000 es un 7,99%, superior al tipo de interés r. Esto es así porque lo que se ha calculado antes considera sólo la rentabilidad que se produce en los primeros 360 días, no en 365 como es en realidad. La relación existente es:

$$1 + r^* = 1 + r(365/360), r = r^*(360/365)$$

por lo que siempre estaremos subestimando la rentabilidad real de la letra.

Algunas características a destacar de este tipo de activos:

- Se representan como anotaciones en cuenta.
- Existe una inversión mínima, que en el caso español por ejemplo se aproxima al millón de ptas. y en el caso norteamericano a los 10.000 dólares.
- Como consecuencia de la necesidad del Estado de financiar el déficit público ofrecen unos tipos de interés cercanos o iguales a las ofertas privadas, por lo que su rentabilidad resulta bastante atractiva para los inversores. Suele ser superior a la de los pagarés.
- Poseen ventajas fiscales, puesto que como no hay pago de intereses no se ha de practicar retención en el origen, pero se ha de comunicar a Hacienda la lista de los tenedores con la finalidad de poder realizar un seguimiento de dichos propietarios.
- Su seguridad es máxima al tener la garantía del Estado.
- Poseen un elevado grado de liquidez de manera que son de fácil conversión en dinero. A pesar de que existe un activo mercado secundario, su rentabilidad original no está asegurada si no se mantienen hasta su vencimiento. En el caso de que se vendan antes, se corre el riesgo de tener que hacerlo a un precio menor al que se adquirió debido a las oscilaciones en el tipo de interés de mercado.
- Las peticiones pueden ser de dos tipos:
  - competitivas: el oferente de capital solicita una cantidad concreta de títulos a un precio determinado (demandas por un precio y cantidad).
  - no competitivas: en este caso no existen condiciones, sólo se indica el total de dinero que se quiere invertir sin señalar qué se está dispuesto a pagar. Su precio es el promedio de las ofertas competitivas que sean aceptadas al final.

Veamos un caso de subasta de Letras para que quede más claro el mecanismo (extensible también al caso de bonos y obligaciones del Estado). Por ejemplo, imaginemos que el Banco de España ya ha recibido las siguientes demandas para letras a 1 año, que se resumen en:

Precio	Volumen solicitado (miles de millones de ptas.)	
90,51	0,2	
90,52	50,3	
90,53	25,3	
90,54	20,3	
90,55	20,7	
90,56	100,2	
90,57	115,8	
90,58	100,1	
90,59	250,2	
90,6	0,1	566,4

Precio marginal = 90,56
Precio medio ponderado y redondeado = 90,579

El Banco de España elabora la curva de demanda de letras. En este caso ha decidido emitir 566.400 millones de ptas. en letras. Esto implica desestimar las demandas que estén por debajo de 905.600 ptas. por letra. Este es el precio marginal de emisión (el *Stop out price*). Antes de la subasta, el Tesoro tiene implícito un objetivo sobre este tipo de interés marginal. La decisión de cuántas letras emitir depende tanto de las necesidades inmediatas de financiación como del tipo de interés marginal que desee el Tesoro, por lo que a su vez el precio de las letras depende tanto de fuerzas de mercado como de la política monetaria. Ahora bien, el precio marginal no es lo que pagan los agentes que consiguen letras en la subasta. Antes se debe calcular el ya mencionado Precio Medio Ponderado y Redondeado: multiplicamos los precios y las cantidades adjudicadas, sumamos y dividimos entre la cantidad emitida. Se cogen tres decimales, redondeando por exceso, en nuestro caso, 90,579. En definitiva, ¿qué pagaremos por las letras?

– si $P_{marginal} < o = P_{ofertado} < P_{medio}$, pagamos $P_{ofertado}$

– si $P_{ofertado} > o = P_{medio}$, pagamos P_{medio}

En el caso de existir peticiones no competitivas, estas siempre se asignan y se les aplica el Precio Medio Ponderado y Redondeado.

- Al igual que los bonos y obligaciones del Estado, la letras del Tesoro también pueden ser objeto de operaciones de dobles o *repos* (ver capítulo 4).

A modo de resumen la siguiente tabla presenta las características principales de las letras del Tesoro comparándolas con los bonos y obligaciones del Estado en el caso español:

	Letras del Tesoro	Bonos y obligaciones del Estado
Plazo	3, 6 y 12 meses	Bonos 3 y 5 años, Oblig. 10 y 15 años
Nominal	1.000 euros	1.000 euros
Interés	Al descuento	Cupón anual
Método de emisión	Subasta	Tramos (subasta mensual)

Figura 3.5. Características principales de los instrumentos básicos de deuda pública

En la figura 3.6 se acompaña un extracto de periódico referente a distintas subastas de deuda del Estado en España.

ÚLTIMAS SUBASTAS DE DEUDA DEL ESTADO

	23 dic.	Importe	T/i marginal	T/i medio
Letras 6 meses	16 dic	129,500	2,849	2,814
Letras 1 año	9 dic	155,948	3,006	2,967
Letras 18 meses	9 dic	128,768	3,068	3,041
Bonos 3 años	1 dic	91,763	3,537	3,532
Bonos 5 años	2 dic	64,975	3,85	3,846
Obligac. 10 años	1 dic	158,262	4,322	4,313
Obligac. 15 años	2 dic	188,277	4,681	4,654
Obligac. 30 años	3 nov	19,975	5,446	5,443

Notas
– Datos en millones de ptas. y porcentajes.
– Las dos últimas columnas informan sobre el tipo de interés marginal (precio marginal) y el tipo de interés medio (precio medio ponderado y redondeado).

Figura 3.6. Subastas de deuda del Estado
(Fuente: *Cinco Días*. 24, diciembre 1998)

3.4. OBLIGACIONES PRIVADAS

Se trata de valores de renta fija que se emiten a largo plazo con un período de amortización de cinco o más años. Son emitidas por empresas privadas no financieras aunque en ciertas ocasiones también bancos, cajas de ahorro y empresas estatales pueden hacerlo. El objetivo perseguido con el lanzamiento al mercado de estos títulos es captar grandes sumas de capital a un coste menor que si se utilizasen otras fuentes financieras como acudir a una entidad bancaria y pedir un préstamo, por ejemplo.

A diferencia de la deuda pública, los rendimientos que se obtienen con las obligaciones privadas suelen ser superiores. Los motivos son básicamente dos:

– contrarrestar el riesgo de insolvencia que se da en el caso del sector privado.
– contrarrestar la menor liquidez, debido a que su número es menor.

Podemos denominar a las obligaciones privadas de dos formas diferentes:

– obligaciones simples u ordinarias: sólo cuentan con la garantía general del patrimonio de la empresa que realiza la emisión.
– obligaciones garantizadas: además de la solvencia general del emisor poseen una seguridad adicional para el reembolso de dichos títulos. Ofrecen una garantía hipotecaria o garantía con aval (de una entidad bancaria, del Estado, etc.).

En general, las obligaciones admitidas a negociación en las diferentes bolsas son del primer grupo.

A continuación se presentan los principales tipos de obligaciones privadas:

– Obligaciones clásicas

Son títulos de renta fija no convertibles en acciones. Son los valores más convencionales y de habitual emisión en las distintas bolsas mundiales dentro del grupo de las obligaciones privadas. O bien pagan un tipo de interés fijo hasta su vencimiento, o el mecanismo para determinar la cantidad de cada cupón ya está prefijado. El cupón es el certificado que acompaña a la obligación y cuya presentación da derecho a recibir los intereses devengados en unas fechas establecidas para ello.

– **Obligaciones convertibles**

Este tipo de obligaciones incorporan el derecho a ser intercambiadas por un número determinado de acciones del emisor, en unos plazos y condiciones fijadas de antemano. La emisión de obligaciones convertibles es utilizada por las empresas como una alternativa a las ampliaciones de capital (ver capítulo 4). En España esta vía es de ejecución casi inmediata, puesto que los convertibles emitidos suelen ofrecer su primera opción de conversión entre los dos y los seis meses de su suscripción. En cambio, en los mercados internacionales esta opción no comienza, por regla general, hasta pasados seis años del lanzamiento de la emisión.

El obligacionista ejercerá la opción de conversión:

- si considera que el precio al que obtiene las acciones es inferior al de sus expectativas de cotización bursátil.
- cuando el precio de conversión es inferior al del mercado.

Por este motivo, las emisiones de obligaciones convertibles suelen incrementarse en una bolsa alcista, con expectativas de cotizaciones crecientes porque, bajo estas condiciones, el obligacionista ejerce la conversión y tiene sentido la emisión de este tipo de títulos.

El coeficiente de conversión (número de acciones que pueden obtenerse por cada una de las obligaciones) depende, en general, de la cotización de las acciones durante un cierto período anterior a la fecha de conversión, aplicándoles un descuento.

A continuación se presenta una lista de las ventajas e inconvenientes de este tipo de obligaciones tanto para el inversor como para la entidad inversora.

VENTAJAS PARA LA ENTIDAD EMISORA

- Se produce una mejoría en la estructura financiera de la empresa, puesto que los recursos ajenos (obligaciones) se trans-

forman en recursos propios (acciones). Transforma deuda en capital.
- Disminuyen los costes financieros, porque si el inversor opta por la conversión no hay que cumplir con los requisitos de las obligaciones: pagar intereses y devolver el capital. Por otro lado, el interés de las obligaciones o bonos suele ser más bajo que el del mercado. Así pues, en caso de no conversión, la empresa se financiará con deuda barata.
- Cuanto más inmediata es la conversión, los descuentos son mayores, de manera que menor es el número de acciones que pueden obtenerse con cada una de las obligaciones.

INCONVENIENTES PARA LA ENTIDAD EMISORA

- No se puede prever una política exacta de distribución de dividendos puesto que el número de acciones existente dependerá de los obligacionistas que ejerzan la opción de conversión.
- Se crea una incertidumbre al no poder calcular los intereses de las obligaciones. De nuevo, se desconoce el número de títulos que serán convertidos, o los fondos que habrán de ser devueltos por las amortizaciones.

VENTAJAS PARA EL INVERSOR

- Se les presenta la posibilidad de adquirir acciones a un precio inferior al del mercado.
- Poseen el derecho de suscripción de acciones en ampliaciones de capital.
- Menor exposición a los riesgos de la inflación. El precio de conversión es siempre inferior al del mercado de manera que se amortiguan los efectos de una posible inflación que provoque alzas en la cotización bursátil.

INCONVENIENTES PARA EL INVERSOR

- Al convertir las obligaciones en acciones, si estas son nuevas:
  - No pasan a cotización inmediatamente.
  - Los títulos tienen un menor precio de cotización porque, temporalmente, tienen menos derechos.
  - Poseen menor liquidez, porque su número es menor.
- No se puede tener dinero en breve por las razones enumeradas en el punto anterior.

Generalmente, el tipo de interés que ofrecen suele ser inferior al de las obligaciones ordinarias debido a que ofrecen la ventaja adicional de poder ser colocadas entre el público como acciones.

- Obligaciones con *warrants*

El *warrant* es un instrumento financiero que se incorpora a algunas obligaciones, pero que es negociable separadamente de ellas. Esto implica que pueda ser comprado o vendido en el mercado secundario, cotizando en las bolsas. Se trata de un tipo especial de opción de compra (nunca de venta) que ofrece al tenedor del mismo el derecho (no la obligación) a comprar un cierto número de acciones u obligaciones de la compañía emisora. Los precios y plazos están prefijados, y por regla general el precio de compra suele ser superior al que en ese momento se está negociando en el mercado. Si en el momento en que el *warrant* puede ejercitarse, el precio de las acciones es inferior o igual al precio prefijado, entonces dicho *warrant* carecerá de valor. Antes de ese momento, y ante la posibilidad de que el precio de las acciones suba, el valor de los *warrants* irá variando día a día reflejando las oscilaciones en el precio de las acciones. Si el precio de las acciones sube por encima del precio de ejercicio de los *warrants*, entonces el precio de éstos será igual a la diferencia entre ambos más una cantidad que intentará reflejar la probabilidad de un crecimiento adicional en el precio de las acciones.

Así pues, si las acciones del emisor tienden al alza, el inversor las adquirirá a un precio inferior al de mercado si ejerce el *warrant*. De esta manera está obteniendo una ganancia que le compensa por el menor cupón recibido por poseer las obligaciones. Sin embargo, si ocurre lo contrario y la tendencia de las acciones es a la baja, al inversor no le conviene ejercer el *warrant*. Para él es más positivo recibir el cupón de las obligaciones.

Las acciones que se entregan en el momento de ejecución de los *warrants* pueden ser, al igual que en el caso de las obligaciones convertibles, nuevas (procedentes de una ampliación de capital), o viejas (pertenecientes a la autocartera del emisor). El caso más común es el segundo.

En las obligaciones con *warrants* se suele establecer un período amplio durante el cual el inversor puede ejercer la opción (generalmente superior a un año). Así pues, no existe un período de tiempo concreto como en el caso de las obligaciones convertibles. Otra diferencia a destacar es que el precio de las acciones de la conversión es fijo. En las condiciones de emisión se especifican el número de acciones a las que da derecho de suscripción una obligación, el precio al que se pueden adquirir y la cláusula que permite obtenerlo en cada fecha.

En la figura 3.7 se presenta un resumen de las diferencias fundamentales entre las obligaciones convertibles y las obligaciones con *warrants*, y en la figura 3.8 se acompaña un extracto de periódico referente a la emisión de *warrants* sobre índices y acciones, en la Bolsa de Madrid.

– **Obligaciones cupón cero**

Este tipo de obligaciones se emiten con un gran descuento, es decir, con un precio muy inferior a su precio de amortización y no pagan ningún cupón. Únicamente se hace entrega del nominal en la fecha de vencimiento.

Su rendimiento se calcula según la diferencia entre el valor nominal del bono, que se recibirá en la fecha de su vencimiento, y el precio pagado en el momento de su compra. Al no percibirse un interés periódico, existe una prima de amortización cuya función es similar a la de un interés acumulado.

Su comportamiento en el mercado secundario difiere del de las obligaciones ordinarias. Las obligaciones cupón cero presentan in-

Característica	Obligaciones convertibles	Obligaciones con *warrants*
La ejecución de la opción de compra implica la amortización simultánea del título inicial.	SÍ	NO
Si se ejercita la opción y la acción es nueva hay un aumento neto de financiación.	NO	SÍ
El suscriptor mantiene la doble posición de prestamista y accionista.	NO	SÍ
El período de conversión es muy concreto.	SÍ	NO
El precio de las acciones de la conversión es fijo.	NO	SÍ

Figura 3.7. Diferencias entre obligaciones convertibles y obligaciones con *warrant*

WARRANTS
MERCADO CONTINUO Y BOLSA DE MADRID

		EMISIÓN			VALOR	CIERRE		
N.º títulos	Par.	Emisora	F. Emisión	F. Vto.	Suby.-Tipo / P. ejer.	P. Dem	P.Ofer.	Ult. Euros
SOBRE ÍNDICES								
334367	1 índice	Bancoval, S.A.	16-Jn-97	13-Ab-01	Ibex-Call 5.413,22			
255698	1 índice	Bancoval, S.A.	22-Ag-97	30-Jl-99	Ibex-Call 6.804,99		0,70	0,69
10000000	10x1	Société Générale	27-Mz-98	19-My-00	Ibex-Call 9.500,00	1,33	1,36	1,35
10000000	10x1	Société Générale	27-Mz-98	19-My-00	Ibex-Call 10.200,00	1,17	1,20	1,21
10000000	10x1	Société Générale	27-Mz-98	19-My-00	Ibex-Call 10.700,00	1,03	1,06	1,08
10000000	10x1	Société Générale	27-Mz-98	19-My-00	Ibex-Call 11.200,00	0,94	0,96	
10000000	10x1	Socété Générale	27-Mz-98	19-My-00	Ibex-Call 11.700,00	0,83	0,85	0,87
10000000	10x1	Société Générale	27-Mz-98	19-My-00	Ibex-Put 9.200,00	0,93	0,95	0,94
10000000	10x1	Société Générale	27-Mz-98	19-My-00	Ibex-Put 9.900,00	1,15	1,18	
10000000	10x1	Société Générale	27-Mz-98	19-My-00	Ibex-Put 10.600,00	1,42	1,46	
10000000	10x1	Société Générale	27-Mz-98	19-My-00	Ibex-Put 11.300,00	1,70	1,74	
25000000	10x1	Citibank NA Francfort	17-Sp-98	17-Mz-00	Ibex-Call 7.000,00	2,22	2,24	2,17
25000000	10x1	Citibank NA Francfort	17-Sp-98	17-Mz-00	Ibex-Call 8.000,00	1,82	1,84	
25000000	10x1	Citibank NA Francfort	17-Sp-98	17-Mz-00	Ibex-Call 9.000,00	1,47	1,49	1,30
25000000	10x1	Citibank NA Francfort	17-Sp-98	17-Mz-00	Ibex-Call 10.000,00	1,17	1,19	
25000000	10x1	Citibank NA Francfort	17-Sp-98	17-Mz-00	Ibex-Call 11.000,00	0,92	0,94	
25000000	10x1	Citibank NA Francfort	17-Sp-98	17-Mz-00	Ibex-Put 7.000,00	0,43	0,45	
25000000	10x1	Citibank NA Francfort	17-Sp-98	17-Mz-00	Ibex-Put 8.000,00	0,62	0,64	
25000000	10x1	Citibank NA Francfort	17-Sp-98	17-Mz-00	Ibex-Put 9.000,00	0,85	0,87	
25000000	10x1	Citibank NA Francfort	17-Sp-98	17-Mz-00	Ibex-Put 10.000,00	1,14	1,16	
25000000	10x1	Citibank NA Francfort	17-Sp-98	17-Mz-00	Ibex-Put 11.000,00	1,47	1,49	
SOBRE ACCIONES								
2500000	3,3x1	Société Générale	26-Mz-98	18-My-00	BBV-Call 15,81	0,78	0,80	0,78
2500000	3,3x1	Société Générale	27-Mz-98	19-My-00	BBV-Call 17,01	0,70	0,72	0,67
5000000	10x1	Société Générale	26-Mz-98	18-My-00	ELE-Call 25,24	0,51	0,52	0,52
5000000	10x1	Société Générale	27-Mz-98	19-My-00	ELE-Call 27,95	0,45	0,46	0,46
5000000	10x1	Société Générale	26-Mz-98	18-My-00	IBE-Call 16,23	0,27	0,28	
5000000	10x1	Société Générale	27-Mz-98	19-My-00	IBE-Call 17,43	0,24	0,25	0,25
2500000	10x1	Société Générale	26-Mz-98	18-My-00	REP-Call 50,49	0,85	0,87	0,87
2500000	10x1	Société Générale	27-Mz-98	19-My-00	REP-Call 55,29	0,68	0,70	0,69
2500000	5x1,01	Société Générale	26-Mz-98	18-My-00	SAN-Call 24,10	0,45	0,60	0,46
2500000	5x1,01	Société Générale	27-Mz-98	19-My-00	SAN-Call 26,16	0,38		0,38
5000000	10x1	Société Générale	26-Mz-98	18-My-00	TEF-Call 42,99	0,93	0,95	0,92
5000000	10x1	Société Générale	27-Mz-98	19-My-00	TEF-Call 45,94	0,83	0,85	0,83
10000000	10x1	Citibank NA Francfort	29-Oc-98	26-Ab-00	ELE-Call 18,03	0,87	0,89	
10000000	10x1	Citibank NA Francfort	29-Oc-98	27-Ab-00	ELE-Call 21,04	0,69	0,71	
10000000	10x1	Citibank NA Francfort	29-Oc-98	28-Ab-00	ELE-Call 24,04	0,53	0,55	
10000000	10x1	Citibank NA Francfort	29-Oc-98	26-Ab-00	ELE-Call 18,03	0,21	0,23	
10000000	10x1	Citibank NA Francfort	29-Oc-98	27-Ab-00	ELE-Call 21,04	0,32	0,34	
10000000	10x1	Citibank NA Francfort	29-Oc-98	28-Ab-00	ELE-Call 24,04	0,45	0,47	
5000000	1x1	Société Générale	04-Dc-98	17-Dc-99	ELE-Call 35,00	1,52	1,55	
5000000	1x1,02	Société Générale	04-Dc-98	17-Dc-99	TEF-Call 58,82	3,41	3,50	3,32
5000000	1x1	Société Générale	04-Dc-98	17-Dc-99	SAN-Call 30,00	0,90	0,92	0,93
5000000	1x1	Société Générale	04-Dc-98	17-Dc-99	REP-Call 65,00	2,77	2,84	2,85
5000000	1x1	Société Générale	04-Dc-98	17-Dc-99	BBV-Call 20,00	1,14	1,17	1,18
5000000	1x1	Société Générale	04-Dc-98	17-Dc-99	ARG-Call 30,00	2,97	3,05	

Figura 3.8. Emisión de *warrants* (Fuente: *La Gaceta del Sábado*, Mercados. 30, enero 1999)

NCIA %	CAMBIO ANTERIOR C. Euros	Fecha	CAMBIOS SESIÓN EUROS M. Pond.	Máx.	Mín.	VOLUMEN Títulos	Efectivo Euros	DATOS ANUALES % Rev.	Máx. Euros	Mín. Euros
	4,32	28-Dc-98							0,69	0,52
7,81	0,64		0,67	0,70	0,75	16.000	10.680.000		1,55 En	1,09 En
10,66	1,22	26-En-99	1,34	1,37	1,30	17.000	22.780.000	-0,61	1,55 En	1,09 En
14,15	1,06	25-En-99	1,16	1,21	1,14	10.000	11.570.000	4,86	1,47 En	0,91 En
13,68	0,95	22-En-99	1,08	1,08	1,05	6.000	6.450.000	2,68	1,26	0,68
	0,93	27-En-99						-2,06	1,16 En	0,76 En
14,47	0,76	28-En-99	0,84	0,87	0,83	53.900	45.340.000	1,95	1,02 En	0,72 En
-8,74	1,03	28-En-99	0,94	0,94	0,92	7.400	6.930.000	13,33	1,19 En	0,69 En
	1,21	28-En-99						11,23	1,32 En	0,93 En
	1,59	15-En-99						15,03	1,59 En	1,19 En
	1,77	18-En-99						4,06	1,98 En	1,44 En
3,83	2,09	27-En-99	5,42	2,17	2,17	2.000	10.850.000	4,35	2,39 En	1,87 En
								-100,00	1,26	1,26
=	1,30	19-En-99	3,25	1,30	1,30	16.700	54.275.000	-3,87	1,31 En	1,26
	1,06	26-En-99						-6,68	1,37 En	0,78 En
	0,75	28-En-99						-15,68	1,26	0,72 En
	0,48	25-En-99						-1,40	1,26	0,34 En
	0,66	28-En-99						14,38	1,26	0,64 En
	0,91	15-En-99						18,29	1,26	0,68 En
	1,22	25-En-99						1.929,95	1,22 En	1,12 En
	1,26	08-En-99						-7,24	1,26 En	1,26 En
16,42	0,67	28-En-99	0,78	0,85	0,72	150.000	116.690.000	-2,41	0,98 En	0,56 En
4,69	0,64	28-En-99	0,69	0,74	0,65	121.300	83.240.000	-3,90	0,84 En	0,49 En
=	0,52	27-En-99	0,52	0,53	0,52	43.600	22.700.000	44,20	0,53 En	0,40 En
4,55	0,44	28-En-99	0,46	0,47	0,46	63.400	29.180.000	50,08	0,49 En	0,36 En
	0,28	28-En-99						-0,88	0,37 En	0,25 En
4,17	0,24	28-En-99	0,26	0,26	0,25	33.001	8.550.000	3,99	0,33 En	0,23 En
12,99	0,77	28-En-99	0,84	0,87	0,80	183.999	154.220.000	57,35	0,91 En	0,67 En
7,81	0,64	28-En-99	0,67	0,70	0,65	16.000	10.680.000	43,51	0,70 En	0,52 En
2,22	0,45	28-En-99	0,46	0,46	0,46	10.000	4.600.000	29,72	0,53 En	0,26 En
2,70	0,37	28-En-99	0,38	0,38	0,38	5.000	1.900.000	-2,74	0,43 En	0,22 En
8,24	0,85	27-En-99	0,89	0,95	0,87	27.500	24.480.000	21,48	1,05 En	0,68 En
12,16	0,74	28-En-99	0,82	0,85	0,79	26.250	21.620.000	27,87	1,05 En	0,58 En
	0,83	22-En-99						10,48	0,90 En	0,83 En
	0,73	20-En-99						23,94	0,73 En	0,62 En
	0,51	25-En-99						32,61	0,62 En	0,42 En
	0,31	15-En-99						-4,47	0,31 En	0,26 En
	0,45	22-En-99						2,58	0,45 En	0,40 En
	1,57	27-En-99						52,43	1,57 En	1,03 En
12,54	2,95	28-En-99	3,36	3,32	3,27	5.600	18.819.000		4,06 En	2,04 En
2,20	0,91	28-En-99	0,93	0,93	0,93	75.000	69.750.000	-4,12	1,06 En	0,39 En
10,47	2,58	27-En-99	2,81	2,85	2,79	14.000	39.300.000		3,32 En	1,79 En
19,19	0,99	28-En-99	1,08	1,19	1,06	177.400	191.630.000		1,70 En	0,84 En
	2,89	28-En-99							3,77 En	2,19 En

Notas de la figura 3.8.
– Emisión. Informa sobre el número de títulos emitidos, la entidad emisora, la fecha de la emisión y la fecha de vencimiento.
– Valor. Informa sobre el valor que define el warrant y el precio de ejercicio.
– Cierre. P. Dem. es el precio de la demanda y P.Ofer. es el precio de la oferta. Ult. Euros es el último precio registrado en euros y Ult. Ptas. es el último precio registrado en ptas.
– Diferencia. Marca la diferencia entre el cambio de cierre y el cambio anterior, en euros y en porcentaje.
– Cambio anterior. Informa sobre el cambio (precio) anterior en euros y la fecha de referencia.
– Cambios sesión euros. Informa sobre la media ponderada de los cambios que se han presentado en la sesión, así como del cambio máximo y del mínimo.
– Volumen. En número de títulos y en efectivo (euros).
– Datos anuales. Informa sobre el porcentaje de revalorización, el valor máximo y el mínimo (en euros).

crementos paulatinos de cotización con la finalidad de que se incorpore al precio la parte del siguiente pago de intereses que les correspondería si fuesen obligaciones ordinarias. En el momento próximo a producirse la amortización el precio de las obligaciones cupón cero tiende a alcanzar el cien por cien.

– Obligaciones indiciadas

Son aquellas cuyos cupones varían tomando como referencia un índice o parámetro: el coste de la vida, el de la Bolsa, etc. Éste se toma como referencia para poder calcular el interés de dichos activos. Sin embargo, la variación no tiene por qué ser total, puede ser parcial y corregir ciertos tipos de riesgo tales como la inflación o la subida de los tipos.

En definitiva, las obligaciones indiciadas son activos cuyo pago de intereses o valor de amortización está ligado a la evolución de un índice determinado y cuyo objetivo es proteger a sus compradores y emisores del riesgo que suponen las variaciones en el índice que se toma como referencia. Las variaciones de dicho índice sólo afectan a los intereses a percibir. El nominal del principal se mantiene inalterado.

Entre las ventajas para el emisor, destacar que le permite una mejor colocación de sus obligaciones entre el público.

Y como inconvenientes:

- Le supone un aumento del coste de emisión, al asumir riesgos que habitualmente son los inversores quienes los corren.
- Crea una incertidumbre en la planificación financiera de la empresa.

Podemos distinguir básicamente dos grandes tipos de obligaciones indiciadas:

- *Obligaciones indiciadas a tipos de interés*, es decir, aquellas que fijan sus cupones periódicamente con relación a un tipo de referencia a corto plazo.
- *Obligaciones indiciadas a un índice bursátil* (bonos bolsa), es decir, emisiones referenciadas a índices bursátiles, con el capital garantizado y los rendimientos ligados a la evolución del índice bursátil de que se trate entre las fechas de emisión y de amortización.

– **Obligaciones con cláusula de participación en beneficios**

Este tipo de obligaciones son consideradas como un activo mezcla entre las acciones y las obligaciones puesto que participan las características de ambos.

Se trata de obligaciones que, además de fijar una retribución de carácter fijo o cupón, permiten que los obligacionistas (bajo ciertas especificaciones marcadas en el contrato) participen en los resultados de la sociedad emisora de dichos activos. Esta última característica las acerca a las acciones.

– **Obligaciones subordinadas**

Se trata de obligaciones sobre las que otros tipos de deuda tienen preferencia en caso de liquidación de activos de la sociedad emisora para hacer frente a un eventual impago de la misma. Poseen una cláusula que especifica que en caso de que se liquide la entidad que emite, los poseedores de los títulos se colocan los últimos de los acreedores y los primeros respecto a los accionistas.

Este tipo de obligaciones sólo percibe rendimientos cuando la entidad emisora obtiene beneficios en su ejercicio. En caso de tener pérdidas, no existe la obligación de pagar intereses a los inversores.

– **Obligaciones internacionales**

Son las emitidas fuera del país del prestatario. Las emisiones internacionales de obligaciones, pongamos a España como ejemplo, se suelen clasificar como «eurobonos» o «bonos extranjeros». La distinción se concreta en el hecho de si su colocación se realiza de forma simultánea en varios países o en uno solo respectivamente.

Los *eurobonos* están denominados en una divisa distinta a la del país en que son emitidos. El dólar americano, la libra esterlina, el yen japonés, el franco francés y el euro son las principales monedas en las que se realizan emisiones de eurobonos. Son lanzadas por instituciones, de carácter público o privado, que tienen la máxima calificación posible, concedida por las agencias de *rating*.

Las *obligaciones internacionales* se emiten en un país por un prestatario extranjero, normalmente una entidad gubernamental de la máxima solvencia, en la moneda del país local, y se venden íntegramente en dicha nación. En la actualidad se ha desarrollado una terminología para hacer referencia a este tipo de emisiones, aludiendo a algún tópico del país donde se reúnen los fondos. Así las obligaciones o bonos emitidos en yenes por entidades japonesas se denominan bonos «Samurai», los emitidos en florines holandeses «Rembrandt», los emitidos en dólares americanos «Yankees», los emitidos en libras esterlinas «Bulldog» y los denominados en pesetas «Matador», entre otros.

En la figura 3.9 se acompaña un extracto de periódico referente a la emisión de bonos «Matador».

3.5. ACTIVOS EMPRESARIALES A CORTO PLAZO

Al igual que en el caso de los pagarés y las letras del Tesoro, los activos empresariales a corto plazo también se emiten en los mercados monetarios o de dinero. Así pues, el Estado no es la única entidad con capacidad para emitir en estos mercados aunque comparado con las emisiones de éste, el volumen de los activos empresariales a corto plazo es muy reducido.

Los activos empresariales a corto plazo más importantes son:

- Pagarés de empresa (los *commercial paper* en EEUU).
- Letras de empresa (similares a las *bankers acceptances* en EEUU).

Activos que se negocian en bolsa 55

BONOS MATADOR									
DESCRIPCIÓN VALOR				DATOS NEGOCIACIÓN					
Tipo	Emisor	Cupón	Fecha vto.	N.º op.	Volúmenes		Precio Medio	T.I.R. media	Durac. media
					Nominal	Efectivo			
Entre miembros									
Sin operaciones									
Entre terceros									
BM#	B.E.I.	7.50	09/03/01	1	100.00	112.58	108.290	3.843	2.15
BM	KOMMUNINVEST	8.65	07/06/01	1	34.00	38.82	111.350	4.066	2.36
BM	FINNISH E.C.	8.10	15/07/01	1	18.00	20.23	110.600	3.983	2.47
BM	S.E.K.	7.75	08/08/01	1	12.00	13.33	109.850	4.006	2.54
BM	S.N.C.F.	5.50	21/02/02	1	6.00	6.55			2.98
BM	D.N.I.B.	5.50	11/06/02	1	3.90	4.20			3.27
BM	LKB B-W BANK	7.38	06/11/06	1	100.00	125.89	119.250	4.486	5.98
BM	SUECIA	7.35	08/11/06	1	100.00	125.45	118.875	4.515	5.95
BM	EUROFIMA	10.68	03/11/15	1	100.00	174.06	164.300	4.990	9.53
Totales				9	473.90	621.11			
(#) Emisión admitida en otros mercados.									

Notas
– Descripción del valor. Informa sobre el tipo de bono que se está negociando (BM significa bono matador), el emisor de dicho bono, el cupón que se paga y la fecha de vencimiento.
– Datos de negociación. Ofrece información referente al número de operaciones, los volúmenes negociados, el precio medio del activo, su tasa interna de rentabilidad media (TIR) y su duración media (en años). La duración se define como el vencimiento medio ponderado de los flujos de pago de un bono, siendo las ponderaciones los porcentajes del valor actual de cada flujo de caja en el precio de dicho bono.

Figura 3.9. Bonos Matador
(Fuente: *La Gaceta del Viernes*, Mercados. 2, octubre 1998)

Pagarés de empresa

Este tipo de deuda nació en 1920 impulsada por la empresa norteamericana General Motors y su desarrollo ha sido importante en EEUU, Canadá y Gran Bretaña. En España, su nacimiento se remonta sólo a 1982.

Se trata de un tipo de deuda a corto plazo que incorpora una obligación de pago y que se emite por una empresa (normalmente no financiera) con una cláusula a la orden. Se negocian en la Bolsa a través de sus miembros, pero también pueden adquirirse por medio de entidades financieras mediadoras. El papel de dichas entidades (bancos, cajas de ahorro, sociedades mediadoras del mercado de dinero) es, generalmente, el de buscar clientes interesados en invertir en pagarés y ofrecer una garantía de liquidez al vencimiento de estos. La garantía se basa en la concesión a la empresa emisora de una línea de crédito en la que se cargan los pagarés a la fecha del vencimiento. En caso de que la empresa sufra importantes problemas de liquidez dicha línea de crédito se cancela de manera que la garantía de cobro sólo la ofrece la solvencia de la propia empresa emisora.

Al igual que en el caso de las obligaciones privadas, en ocasiones también se incluyen dentro de esta categoría no sólo los títulos emitidos por empresas privadas sino también los emitidos por compañías públicas e, incluso, entidades públicas no estatales como ayuntamientos y comunidades autónomas.

¿Por qué las empresas hacen uso de este tipo de deuda?

- Para obtener liquidez con el objetivo de financiar el activo exigible y hacer frente a un posible déficit temporal de tesorería.
- Para reducir el coste de su financiación mediante la captación directa de recursos a corto plazo de los ahorradores. Proporcionan a las empresas la posibilidad de acudir a la Bolsa con su propio papel, sin la necesidad del aval bancario.

Así pues, podríamos decir que la razón de su existencia es intensificar el proceso de desintermediación financiera para que demandantes de fondos y ahorradores puedan actuar de manera más directa aprovechando las ventajas de coste/precio de los recursos que se adquieren o se prestan.

Características de los pagarés de empresa:

- Se emiten mediante un descuento sobre su importe nominal y su rentabilidad se calcula por la diferencia entre el precio de compra y el valor nominal del pagaré que se recibe en la fecha de amortización.
- Aunque los vencimientos no son fijos existen emisiones «a la medida» (según las necesidades) con un plazo de vencimiento que puede oscilar entre los tres y los dieciocho meses.
- Se les aplica retención fiscal. Ello les supone enfrentarse con la competencia de la deuda emitida por el Tesoro en la que dicha retención no se practica.
- Al no poseer los mismos incentivos fiscales que la deuda del Estado deben ofrecer una mayor rentabilidad. Ahora bien,

para que al emisor le interese realizar este tipo de emisiones deberá soportar un tipo inferior al del coste de su financiación bancaria (préstamos con entidades de crédito, por ejemplo); en caso contrario se decidiría por esta segunda alternativa.

Podríamos pues decir que la rentabilidad que proporciona es similar a la de los otros activos financieros alternativos pero:
– algo superior a los valores públicos de similar plazo;
– algo inferior a los tipos de interés del mercado interbancario.
- Normalmente, no tienen ninguna garantía especial. Se colocan gracias a la confianza que deposita el inversor en la empresa emisora.
- La liquidez depende de la fluidez con que funcione el mercado secundario de dichos títulos, lo cual estará en función, a su vez, del volumen de papel en circulación de cada tipo de pagaré.

Notar que este tipo de activos mantiene un cierto paralelismo con las letras del Tesoro. Poseen las mismas características de amortización a corto plazo, emisión al descuento y seguridad en cuanto al reembolso del principal y al cobro de los rendimientos esperados. Esta última característica proviene del corto vencimiento de los títulos y del hecho de que los principales emisores de este tipo de valores suelen ser empresas de primera línea y solvencia.

En la figura 3.10 se presenta un extracto de periódico referente a la emisión de pagarés de empresa en España.

Letras de empresa

Se trata de documentos mercantiles que, normalmente, tienen su origen en operaciones comerciales. Se las conoce también como letras de cambio.

Incluyen una orden que obliga al librado (un cliente del banco, persona física o jurídica contra la que se gira la letra) a pagar al librador (persona que gira la letra), mediante una entidad bancaria, una determinada cantidad de dinero al vencimiento de la letra.

Características de las letras de cambio:

PAGARÉS DE EMPRESA													
Cód. Emisor	N.º op.	1 Mes			3 Meses			6 Meses			12 Meses >		
		Nom.	Efec.	TIR	Nom.	Efec.	TIR	Nom.	Efec.	TIR	Nom.	Efec.	TIR
Entre miembros													
PE ENDESA	10	1,000.0	996.1	4.32	3,509.0	3,475.6	4,19	1,000.0	978,5	3.96			
PE IBERDROLA	8	5,000.0	4,976.3	4.36	4,000.0	3,962.4	4,16						
Con terceros													
PE BANSALEASING	1										4.0	3.9	3.70
PE ENDESA	19				1,062.5	1,052.7	4.11	15.5	15.2	3.72	42.0	40.6	3.57
PE HIDROCANTAB.	1							1.0	1.0	3.27			
PE IBERDROLA	10	2,509.0	2,497.2	4.33	1,856.0	1,839.3	4.11						
PE MULTIAHORRO	7	2.0	2.0	4.12	23.0	22.8	3.85						
PE R.E.E.	1	3.0	3.0	4.25									
PE RENFE	1										1.0	1.0	3.60
PE S.FACTORING	1	2.0	2.0	4.20									
PE TELEFÓNICA	1										18.0	17.4	3.65
PE UNIÓN FENOSA	1										2.0	1.9	3.59
PE VALLEHERMOSO	1				50.0	49.6	4.20						
Totales	62	8,516	8,477		10,501	10,402		1,017	995		67	65	

Notas
– Cód. Emisor. Informa sobre el tipo de activo que se negocia (PE significa pagarés de empresa) y el emisor del mismo.
– N.º op. Número de operaciones realizadas.
– Se distingue entre pagarés a 1 mes, 3 meses, 6 meses y más de 12 meses. En cada caso se informa sobre el valor nominal y el valor efectivo del título, así como de la tasa interna de rentabilidad (TIR).

Figura 3.10. Pagarés de empresa
(Fuente: *La Gaceta del Viernes*, Mercados. 2, octubre 1998)

- Se emiten a la orden del banco.
- Suelen presentar períodos de vencimiento que van de los seis a los doce meses.
- Son muy similares a los pagarés en cuanto a formas de negociación y existencia de mercados organizados.
- Agentes que intervienen:
  - Emisores: una entidad financiera que hace la función de librador del título. Esta característica convierte a las letras de empresa en un instrumento de crédito con garantía bancaria.
  - Suscriptores: compradores, otras empresas o inversores particulares.
- Las letras de empresa se pueden colocar de dos formas diferentes:
  - Colocación directa: el propio banco es el que se encarga de colocar los títulos directamente entre sus clientes.

– Colocación bursátil: se lleva a cabo la firma de un contrato de adhesión entre la entidad bancaria y la Bolsa, por el que la primera entrega los efectos a la segunda para que se subasten al descuento.

3.6. ACCIONES

Se trata de títulos-valor que representan una parte proporcional del capital social de la empresa que las ha emitido. Las acciones son títulos de renta variable porque su rendimiento fluctúa.

3.6.1. Clases de acciones

En función de cómo se designe al titular las acciones pueden ser:

- Acciones al portador: su propietario es aquel que las posea. Son de fácil negociación porque no hay trámites de registro en la sociedad emisora.
- Acciones nominativas: son extendidas a nombre de una persona determinada y la sociedad emisora mantiene un registro de accionistas.

Las acciones también pueden ser:

- Ordinarias: no poseen derecho diferencial alguno, gozan de los derechos clásicos (ver 3.6.2).
- Privilegiadas: confieren derechos políticos (como un puesto en el consejo de la sociedad en cuestión, privilegios en la distribución de dividendos, etc.) a sus dueños.
- Sindicadas: no se pueden transmitir libremente, antes deben ser ofrecidas a los actuales accionistas. Sin embargo, para la cotización en bolsa, no puede haber limitaciones a la libre transmisión, por lo que no puede existir la sindicación estatutaria ni son admitidos los pactos de sindicación.
- Sin derecho a voto: se les priva de este derecho (ver 3.6.2) a cambio de otras ventajas de carácter económico que no poseen otras acciones de la misma sociedad. Además, al margen

del dividendo que pueden percibir al cierre de cada ejercicio se les garantiza un dividendo mínimo.

3.6.2. *Derechos y obligaciones que otorgan a sus propietarios*

Ser accionista significa ser socio o copropietario de la empresa de la que se poseen las acciones en cuestión. Ello implica para el inversor la posesión de los derechos fundamentales de un socio:

- Asistencia y voto en las juntas generales: para su ejecución el accionista tendrá que poseer el número indicado y previsto por los estatutos de la sociedad. El número de votos que posee el accionista es proporcional a la participación en el capital social. La sociedad puede decidir, sin embargo, la emisión de acciones sin voto bajo los límites previstos en la legislación.
- Participación en las decisiones tomadas en la junta general de accionistas a través del derecho a voto. Así pues, las acciones permiten participar en la gestión de las empresas en las que se invierte.
- Derecho al dividendo: en el caso de que la empresa haya obtenido beneficios y la junta general decida repartir una parte de los mismos a los accionistas entonces estos reciben las ganancias que les corresponden. Se puede distinguir entre el dividendo activo, el dividendo a cuenta y el dividendo complementario. El dividendo activo es el que la junta general de accionistas decide pagar a los accionistas (el acordado). El dividendo a cuenta es el que se paga antes de la mencionada junta. Y el dividendo complementario es la diferencia entre el acordado y el pagado a cuenta. Si embargo, una sociedad puede tener beneficios y sus estatutos estipular que se acumulen destinándolos a reservas. En este caso no hay reparto entre los accionistas.
    En la figura 3.11 se presenta información sobre los dividendos netos repartidos en distintos sectores de la economía española.
- Derecho preferente de suscripción: si una sociedad decide ampliar su capital con la emisión de nuevas acciones, los accionistas tienen preferencia a la hora de adquirirlas.
- Transmisibilidad: si las sociedades cotizan en Bolsa, las acciones se pueden transmitir sin ningún tipo de condición o res-

DIVIDENDOS NETOS POR SECTORES

	1996	1997	Ene-Nov 98	Diferencia (%) 98/97*
Bancos	181.402	195.002	226.008	23,28
Eléctricas	133.690	161.998	175.013	9,06
Alimentación	11.966	15.163	11.128	−14,08
Construcción	38.113	35.494	39.782	29,48
Inversión	9.585	22.459	25.839	13,85
Comunicaciones	76.623	86.008	97.901	13,83
Metal-Mecánica	19.831	22.384	34.044	64,51
Petroquímico	97.069	104.673	115.631	11,07
Varios	18.118	23.367	26.670	14,14
TOTAL SECTORES	**586.400**	**666.559**	**752.020**	**16,18**

(*) Esta variación está calculada sobre enero/noviembre de ambos años.

Notas
– Los datos están en millones de ptas.
– Se denominan dividendos netos a los que se les han deducido los impuestos.

Figura 3.11. Dividendos netos por sectores
(Fuente: *El País*, Negocios. 3, enero 1999)

tricción. Este no es el caso de las sociedades que no cotizan en el mercado bursátil, donde sí existe la posibilidad de condicionarse.

Estos son los principales derechos de los que goza el accionista respecto, la sociedad en la que participa. Otros de menor importancia (aunque pueden ser relevantes en determinadas circunstancias):

– Derecho de información.
– Derecho de separación de la sociedad.
– Derecho de impugnar acuerdos sociales.

En referencia a las obligaciones del accionista podríamos destacar dos:

– Pago: en el momento de la suscripción de las acciones está obligado a desembolsar la aportación a la que se comprometió.
– Responsabilidad: se hace responsable, en la medida del capital aportado, de las deudas y pérdidas de la sociedad.

3.6.3. *Valoración de las acciones*

Conocer el valor de cada tipo de acción es uno de los objetivos primordiales en las operaciones de compraventa que con ellas se realizan, ya que lo que se pretende es obtener una plusvalía con la inversión realizada. A continuación se presenta un ejemplo prático de cálculo de la rentabilidad de una operación de compraventa de acciones.

Compraventa de acciones

Supongamos que un inversor realiza las siguientes operaciones a lo largo de un ejercicio:

– 28 de marzo: compra de 160 acciones en Bolsa de la sociedad Bella Zinio S.A. a 2.725 ptas. por título.
– 28 de mayo: cobro de un dividendo complementario por acción de 36,45 ptas. brutas. Retención a cuenta del IRPF 25%.
– 28 de julio: venta de 160 acciones en Bolsa de la sociedad Bella Zinio S.A. a 3.250 ptas.

Los gastos de compra y venta en Bolsa se estiman en un 0,6% del efectivo de las respectivas operaciones.

Calcular la rentabilidad de la operación en términos absolutos, en base anual y como tasa interna (TIR).

SOLUCIÓN

Operaciones

– 28 de marzo: compra de 160 acciones a 2.725 ptas.
               gastos = 0,6%
– 28 de mayo: cobro de dividendos de 36,45 ptas. brutas
               retención = 25%
– 28 de julio: venta de 160 acciones a 3.250 ptas.
               gastos = 0,6%

28 de marzo: compra de acciones

$$\begin{array}{r} 160 * 2.725 = 436.000 \\ 0,006 * 436.000 = \underline{2.616} \\ 438.616 \end{array}$$

28 de mayo: cobro de dividendos

$$160 * 36{,}45 = 5.832$$
$$0{,}25 * 5.832 = \underline{(1.458)}$$
$$\phantom{0{,}25 * 5.832 = }4.374$$

28 de julio: venta de acciones

$$160 * 3250 = 520.000$$
$$0{,}006 * 520.000 = \underline{(3.120)}$$
$$\phantom{0{,}006 * 520.000 = }516.880$$

Rentabilidad

$$R = \frac{P'-P+dt}{P}$$

donde R: rentabilidad de la operación
P': precio de venta
P: precio de compra
dt: dividendos líquidos

$$R = \frac{516.880 - 438.616 + 4.374}{438.616} = \frac{82.638}{438.616} = 18{,}84\%$$

Rentabilidad anual:

$$0{,}1884 * (12/3) = 75{,}36\,\%$$

Tasa interna de rentabilidad (TIR):

$$TIR = (1 + 0{,}1884)^{12/3} - 1 = 99{,}45\,\%$$

¿Cómo puede el inversor rentabilizar su inversión en acciones?

La rentabilidad de las acciones se obtiene por diversas vías:

– Por dividendos: la sociedad acuerda repartir entre todos los socios una parte del beneficio que la sociedad obtiene. El importe de estos dividendos varía según el resultado obtenido. Como ya se ha mencionado en el apartado 3.6.2, la sociedad puede tener beneficios pero decidir no repartir dividendos. Todo dependerá de su política interna. La determinación de cómo se reparte el dividendo es una decisión a tomar por la

junta general ordinaria de cada sociedad: fijan la cuantía y la fecha en la que se llevará a cabo el pago. De todas maneras, el reparto de dividendos exige el cumplimiento de determinados requisitos legales.
- Por venta: la plusvalía obtenida al vender las acciones en el caso que hayan aumentado su valor (diferencia entre el precio al que se compra y el precio al que se vende). Al igual que en el caso anterior, tampoco ahora se puede prefijar la rentabilidad obtenida, puede ser positiva (si se vende a un precio superior al de compra) o negativa (si se vende a uno inferior).
- Por ampliaciones de capital y emisiones de obligaciones convertibles (ver capítulo 4): con la venta de los derechos de suscripción. Si se rechaza el derecho a la suscripción de nuevos valores, se obtiene un importe monetario que se considera una fuente de rentabilidad de las acciones.
- Por otras vías: la venta de opciones de compra de las acciones que se poseen, el préstamo de acciones, etc.

Las acciones poseen diversos valores:
- Nominal: aparece impreso en el título físico o anotado en cuenta. Se obtiene dividiendo el capital social por el número de acciones que posee la sociedad en cuestión.
- De mercado o bursátil: es el que alcanza la cotización bursátil en un momento determinado. Aparece como resultado de la ley de la oferta y la demanda y en su fijación intervienen diferentes factores tales como: la política de dividendos de la sociedad, las oportunidades de inversión, el rendimiento esperado, las expectativas de la sociedad, la información que existe sobre sus activos, evolución de la economía del país en el que opera la empresa en cuestión, etc.
- De liquidación: se calcula en el caso de sociedades en liquidación. Es el que se obtiene al dividir el patrimonio de la empresa (dinero que queda después de vender todos los activos y pagar las deudas) por el número de acciones en circulación.
- Real: lo que verdaderamente valen las acciones. Suma el patrimonio de la empresa, el material inmovilizado, etc. y lo divide por el número de acciones.
- Contable o en libros: se obtiene al dividir el patrimonio contable de la empresa por el número disponible de acciones en cir-

culación. Difiere bastante del valor real debido a que en los balances se suelen infravalorar una gran cantidad de valores.
- Futuro: lo que el inversor puede estimar que alcance una acción según sus expectativas y ante la información que posee.

En la figura 3.12 se presenta un extracto de periódico relativo a la cotización de acciones en las distintas plazas bursátiles mundiales: Nueva York, Tokio, Hong Kong, Estocolmo, Zurich, Sao Paulo, México, S. de Chile, Buenos Aires y Caracas. Los datos de las bolsas estadounidenses y latinoamericanas se tomaron a media sesión (20:00 h). El resto al cierre. En cada bolsa se expresan las cotizaciones en la correspondiente moneda del país.

3.7. FONDOS DE INVERSIÓN

Un fondo de inversión supone la puesta en común de un patrimonio perteneciente a una pluralidad de inversores, personas físicas o jurídicas, para su inversión en Bolsa.

Los partícipes en el fondo acreditan su posesión a través de unos certificados representativos de las participaciones en el mismo y les corresponde la parte de rendimientos producidos por el patrimonio puesto en común proporcionalmente a su número de participaciones.

Así pues, las participaciones de un fondo de inversión son los títulos que representan el derecho de propiedad de cada inversor en el patrimonio común del fondo. Dichas participaciones deben tener las mismas características para todos los partícipes.

El proceso de entrada en un fondo de inversión es el siguiente. El inversor compra una participación que le convierte en socio. A continuación, su gestión (administración y representación de los fondos de inversión) se lleva a cabo por parte de entidades especializadas denominadas «sociedades gestoras de instituciones de inversión colectiva». Sus funciones básicas son:

- Decidir y dirigir la política de inversiones.
- Calcular diariamente el valor de la participación (resultado de dividir el patrimonio global por el número de participacio-

NUEVA YORK

	Último (dólares)	Var. %		Último (dólares)	Var. %		Último (dólares)	Var. %
	Down Jones	9.000,23 -1,33		Gillette	53,06 3,03		NASDAQ	2.407,48 -1,07
	Fecha de Cierre		137	Goodyear Tire	48,75 -1,52		Fecha de Cierre: 27/01/1999	
	3M	74,50 -1,81		GTE	66,13 -0,19		3 Com	45,25 -4,42
101	Abott Labs.	45,75 0,41	139	Hewlett Packard	72,88 0,34		ADT Telecom	38,06 -3,94
	Airtouch	96,56 0,00		Home Depot	60,06 3,00		Altera	56,88 -3,19
	Alcoa	82,00 -1,50		Honeywell	67,56 -0,55		Amazon	125,00 8,61
103	Alliedsignal	39,81 -0,62	142	IBM	179,25 -3,43		Amer. Power	50,13 -1,84
	Allstate Corp.	35,38 0,89	143	Int. Paper	41,19 -4,22		Amgen	115,81 2,72
	Amer. Home Prods.	55,06 5,51	144	Johnson&Johnson	83,19 0,83		Apllied Mat.	56,88 -2,88
	American Online	161,94 4,48	150	JP Morgan	100,94 -3,18		Apple	40,25 -0,62
	American Express	99,56 -2,15		Lilly	91,63 2,37		Ascend	86,31 1,66
	American Internl.	98,00 -0,32		Lucent	112,94 ,267		Bed Bath	32,88 -1,13
	Ameritech Corp.	64,56 -1,53	145	McDonalds	79,13 0,24		Biogen	94,81 2,87
	Anheuser Busch	69,81 3,04		Medtronic	72,56 2,29		Biomet	36,00 -3,84
	Assoc. First Cap	39,88 -2,00	147	Merck	144,63 0,43		BMC Software	46,56 -1,19
	ATT	86,25 -0,72		Mobil	87,63 -1,06		Chancellor	56,06 -1,70
109	Bankamerica	62,88 -3,18		Morgan Stanley	82,19 -2,52		Chiron	22,78 2,39
	Bankone	49,38 -3,42	151	Motorola	71,19 -0,52		Cintas	76,00 0,00
	Bell Atlantic	56,00 0,79		Northern Telecom	60,81 4,06		Cisco	103,38 -3,50
	Bellsouth	43,50 -7,82	153	Pepsico	40,19 126		Citrix	88,13 1,22
113	Boeing	35,06 0,18	154	Pfizer	122,31 1,82		Comcast	66,00 -0,05
	Bristol Myers	127,06 3,62	155	Philip Morris	46,31 -4,02		Compuware	65,56 -1,22
116	Caterpillar	44,75 -0,83	157	Protec & Gamble	86,94 1,61		Concord	37,56 -5,35
117	Chase Manhattan	72,94 -1,77		SBC Comm.	53,88 -0,23		Costco	77,75 5,51
119	Chevron	76,25 -4,09		Sears Roebuck	41,38 -0,30		Dell Computer	88,25 -0,28
	Citigropu	54,31 -2,14		Sprint	81,50 -2,61		Ericsson	25,19 2,81
122	Coca Cola	64,06 2,40		Texas Instruments	95,50 -2,68		Fiserv	48,44 2,79
124	Compaq	47,06 -4,44	164	Time Warner	62,88 -3,92		Genzyme	52,69 4,33
128	Du Pont	53,50 -0,70		Tyco International	71,69 -0,86		HBO	30,75 0,00
129	Eastman Kodak	64,31 -2,93	167	Union Carbide	77,06 2,96		Immunex	149,69 4,68
	EMC	102,00 0,25		United Technologies	116,13 -0,96		Intel	133,06 -2,83
130	Exxon	71,06 -1,64		US West	59,88 0,00		Intuit	83,94 -3,19
	First Union	52,19 -8,54		Wal Mart Stores	85,00 1,72		KLA Tecnor	53,25 -2,63
	Ford Motor	60,06 -2,83		Walt Disney	32,75 -5,24		Level 3	48,56 -3,60
	Freddie Mac.	59,00 -1,15		Warner Lambert	72,25 4,52		Linear Tech.	97,63 -2,92
	Gap	61,31 -3,35		Waste Management	49,69 -1,61		Maxim	53,00 -0,18
135	General Electric	102,06 0,06	172	Wells Fargo	35,00 -2,27		MCI Worldcom	77,63 -0,40
136	General Motors	93,31 2,26	174	Xerox	116,69 0,32		Microsoft	168,88 -1,57
							Netscape	68,34 3,85
							Network Ass.	53,69 -2,22
	ÍNDICE DOWN JONES			ACCIONES CONTRATADAS			Nextel	29,69 -4,43
	65 acciones	2.849,04 -1,39		Volumen	861.464.200,00		Nordstorm	38,19 -0,89
	30 industriales	9.200,23 -1,33		Alzas	1.302,00		Novell	20,25 0,00
	20 transportes	3.089,10 -1,60		Bajas	1.232,00		Oracle	51,19 -3,19
	15 servicios públicos	303,82 -1,36		Sin cambios	417,00		Panamsat	39,75 -5,36
							Parametric	13,50 -2,26
							Paychex	45,00 -3,10
							Peoplesoft	23,00 -5,16
							Qualcomm	59,63 -0,63
	VALORES DEL IBEX EN NUEVA YORK						Quintiles	49,38 6,47
		(DÓLARES/ADR)			PESETAS*	EUROS*	Qwest Comm.	58,50 4,23
	Valores	Último	Precedente		Último	Último	Staples	40,44 1,57
462	Argentaria	51,63	53,00		3.754,89	22,57	Starbucks	49,00 -3,69
023	BBV	14,25	14,25		2.072,92	12,46	Sun Microsys.	105,44 -1,11
024	BCH	11,38	11,44		1.654,70	9,94	Tele-Comm	63,75 -1,64
051	Endesa	27,94	28,00		4.064,01	24,43	Tellabs	86,38 1,62
102	Repsol	51.13	52,63		7.582,51	45,57	USA Networks	34,19 -1,67
103	Santander	18,15	19,00		2.727,52	16,39	Xilinx	80,00 -3,19
116	Telefónica	134,00	138,13		6.497,56	39,05	Yahoo	331,75 -5,55

* Datos por acción tras ajustar el número de títulos que incluye cada ADR.   Fuente de las Bolsas de EE UU: Bloomberg.

Figura 3.12. Dividendos netos por sectores
(Fuente: *El País*, Negocios. 3, enero 1999)

Activos que se negocian en bolsa 67

Figura 3.12. Dividendos netos por sectores *(continuación)*

TOKIO		
Último (yenes)		Var. %
Nikkei	14.450,06	-1,33
Fecha de Cierre: 27/01/1999		
Acom	6.860,00	-0,87
Advantest	9.170,00	1,55
Ajinomoto	1.355,00	4,39
Asahi Bank	498,00	0,00
Asahi Glass	699,00	-2,10
B. Tokyo-Mitsub.	1.356,00	-1,02
Bridgestone	2.570,00	0,20
Canon	2.505,00	-0,79
Chubu Elec. Pow.	2.130,00	0,00
Dai Ichi Kangyo	678,00	-1,45
Dai Nippon P.	1.660,00	-3,71
DDI	480.000,00	-1,84
Denso	2.265,00	2,96
East Japan Rail	702.000,00	3,69
Fanuc	4.010,00	1,52
Fuji Bank	493,00	-0,81
Fuji Photo F.	4.260,00	0,24
Fujitsu	1.520,00	1,80
Hitachi	785,00	1,95
Honda Motor	4.210,00	1,20
Ito Yokado	7.590,00	0,13
Kansai El. Pow.	2.350,00	2,17
Kao Corp.	2.370,00	1,07
Kirin Brew.	1.440,00	0,14
Kyocera	5.950,00	1,02
Mats. Elec. Ind.	1.901,00	-0,21
Mats. Elec. Works	1.172,00	-0,68
Matsushita Comm.	5.200,00	0,78
Mitsub. Estate	1.076,00	2,97
Mitsub. Heavy	436,00	1,63
Mitsub. Trust	924,00	-0,11
Mitsubishi Corp.	659,00	1,86
Mitsubishi Elec.	411,00	0,24

	Último (yenes)	Var. %
Mitsui	679,00	2,11
Murata	5.370,00	4,68
NEC Corp.	1.147,00	2,14
Nintendo	10.150,00	-0,10
Nippon Steel	205,00	-0,49
Nissan Motor	428,00	-4,04
Nomura	1.032,00	2,69
NTT	930.000,0	1,53
NTT Data	589.000,00	-0,34
Osaka Gas	345,00	-1,43
Sakura Bank	281,00	2,18
Sankyo	2.390,00	0,63
Sanwa Bank	1.082,00	0,65
Secom	9.150,00	-0,76
Sekisui House	1.167,00	0,52
Seven Eleven	8.820,00	1,26
Sharp	1.121,000	2,00
Shin Etsu Chem.	2.910,00	-0,85
Shizuoka Bank	1.427,00	-1,38
Sony	8.060,00	2,03
Sumitomo Bank	1.430,00	1,20
Sumitomo E.	1.315,00	-0,45
Taisho Pharm.	3.180,00	-0,94
Takeda Ch.	4.200,00	0,00
TDK	9.420,00	2,84
Tohoku Elec. Pow.	1.928,00	-0,21
Tokai Bank	556,00	-1,59
Tokyo Elec. Pow.	2.520,00	0,40
Tokyo Electronic	5.340,00	0,76
Tokyo M & F	1.327,00	-1,12
Toppan Printing	1.364,00	-1,87
Toshiba	752,00	0,27
Toyota Motor	2.985,00	2,23
West Japan Rail	523.000,00	1,16
Yamanouchi Ph.	3.580,00	-2,19

SAO PAULO		
Último (reales)		Var. %
Bovespa	7.687,14	0,55
Fecha de Cierre: 27/01/1999		
CERJ	0,19	-5,00
Coelba	33,00	-2,94
Coelce	3,20	3,23
Electrobras	22,30	-3,88
Petrobras	114,50	-0,01
Telebras	115,00	0,88
Telesp	171,00	0,59

MÉXICO		
Último (pesos mexicanos)		Var. %
Mexbol	3.822,69	1,51
Fecha de Cierre: 27/01/1999		
Cemex	24,70	3,78
Cifra	11,28	-0,18
Grup BBV	1,06	0,00
Televisa	122,50	1,66
Telemex	24,80	0,41

S. DE CHILE		
Último (pesos chilenos)		Var. %
Índice General	3.527,81	0,71
Fecha de Cierre: 27/01/1999		
B. Santiago	7,40	1,37
BHIF	343,00	-23,78
Telecom. Chile	2.540,00	2,42
Enersis	256,00	-2,66
Endesa	190,00	-4,04

BUENOS AIRES		
Último (pesos argentinos)		Var. %
MERVAL	368,62	1,91
Fecha de Cierre: 27/01/1999		
Astra	1,18	0,00
Banco Francés	5,45	0,55
Banco Galicia	2,85	4,02
Banco Río Plata	4,34	-0,23
Gas Natural	1,50	-5,06
Pérez Companc	4,15	1,47
Telecom Argentina	4,80	1,70
Telefónica Argentina	2,46	2,29
YPF	30,30	6,28

CARACAS		
Último (bolívares)		Var. %
IBVC	4.095,73	2,60
Fecha de Cierre: 27/01/1999		
Banco Provincial	588,00	1,38
Elec. Caracas	208,00	6,12
Telef. Venezuela	1.310,00	1,95

HONG KONG		
	Último	Var. %
Hang Seng	9.719,66	2,21
Fecha de Cierre: 27/01/1999		
Amoy Properties	5,45	6,86
Bank East Asia	11,35	5,58
Cathay Pac Air	7,85	-0,63
Cheung K. Infras	55,50	2,30
Cheung Kong	15,15	1,68
China Res. Ent.	9,90	7,61
China Telecom	14,20	2,90
Citic Pacific	14,55	9,81
CLP Holdings	36,20	1,97
First Pacific	4,85	6,01
Great Eagle	7,90	3,95
Guangdong	1,02	-1,92
Hang Lung	7,50	4,17
Hang Seng Bank	67,50	3,45
Henderson Inv.	4,00	0,63
Henderson Land	34,30	3,94

	Último	Var. %
HG Electric	22,65	1,34
HG & China Gas	9,30	1,64
HG Telecom	12,65	0,40
HK & Shangai Hotel	5,00	3,09
Hopewell	3,48	2,96
HSBC	195,00	1,30
Hutchison	56,25	1,35
Huysan Develop	9,55	4,37
New World Dev.	15,95	3,57
Shangai Ind.	12,35	5,11
Shangril-la Asia	5,45	4,81
Sino Land	3,85	4,05
Sun Hung Kai Pro.	51,25	2,91
Swire Pacific	33,70	1,51
Television Broad.	20,90	-0,48
Wharf	9,50	5,56
Wheelock	5,30	3,92

Fuente de las bolsas asiáticas: Bloomberg.

Fuente: Bloomberg.

Figura 3.12. Dividendos netos por sectores *(continuación)*

ESTOCOLMO								
Último (coronas)		Var. %	Último (coronas)		Var. %	Último (coronas)		Var .%
OMX	700,17	1,08	Foreningssparbank	206,50	0,24	Svenska Cell	167,00	3,09
Fecha de Cierre: 27/01/1999			H & N	685,00	1,48	Scania	236,00	-0,21
ABB A	72,00	-3,36	Investor	351,00	-0,57	Skandia Forsak	119,50	3,46
ABB B	71,50	-3,38	Kinnevik	177,00	-1,39	Skandi Enskil	84,50	0,00
AGA	100,50	0,50	Ericsson	192,50	3,22	Svenska Han	317,00	0,96
Autoliv	284,50	0,00	Modo	201,00	11,05	Skanska	225,00	1,81
Astra A	168,50	-1,46	Nordbanken	54,00	0,94	SKF	98,00	3,70
Astra B	167,00	-1,48	Nokia (SDR)	1.115,00	1,36	Stora Enso A	64,50	8,40
Atlas Copco A	162,50	1,88	Pharmacia	434,00	0,81	Stora Enso B	67,00	8,94
Atlas Copco B	161,00	1,26	Sandvik A	139,50	1,46	Trelleborg	75,50	2,03
Electrolux	126,00	3,28	Sandvik B	138,50	1,10	Volvo	210,50	-0,94
ZÚRICH								
Último (céntimos de CHF)		Var. %	Último (céntimos de CHF)		Var. %	Último (céntimos de CHF)		Var. %
SMI	7.030,20	-0,63	EMS Chemie	8.170,00	0,25	SGS	1.180,00	0,86
Fecha de Cierre: 27/01/1999			Holderbank	1.458,00	-2,80	Sulzer	759,00	1,61
ABB	1.495,00	0,95	Nestlé	2.565,00	-1,99	Swatch B	745,00	0,68
Ausuisse	1.530,00	2,00	Novartis b.	2.620,00	-2,42	Swatch reg.	186,25	1,78
Baloise	1.327,00	-0,82	Novartis r.	2.620,00	-1,80	Swiss Life	1.047,00	2,65
Ciba	112,00	1,36	Roche	18.200,00	0,41	Swisscom	610,00	-0,16
Clariant	702,00	-2,50	Sairgroup	302,00	-2,27	UBS	429,50	-0,23
Crédite Suisse	217,50	2,11	Schw. Rueckver	3.460,00	-1,45	Zurich Allied	1.019,00	-0,59

nes). El valor liquidativo de la participación puede definirse, más precisamente, como el cociente entre el patrimonio neto y el número de participaciones, siendo el patrimonio neto el resultado de restar al valor total del activo las partidas acreedoras y gastos reglamentariamente establecidos, como las comisiones de gestión y depósito.

– Conseguir el buen funcionamiento del fondo.

Por otra parte, todo fondo de inversión debe asignar un «banco depositario», cuyas funciones son:

– Asumir la vigilancia y tutela de todas las operaciones que el fondo realiza.
– Custodiar los títulos integrantes de su cartera.
– Recibir de los participantes los importes de sus inversiones.
– Controlar los activos líquidos que legalmente debe poseer el fondo.
– Supervisión y vigilancia de la sociedad gestora.

En la figura 3.13 se presenta un esquema de un fondo de inversión.

Activos que se negocian en bolsa

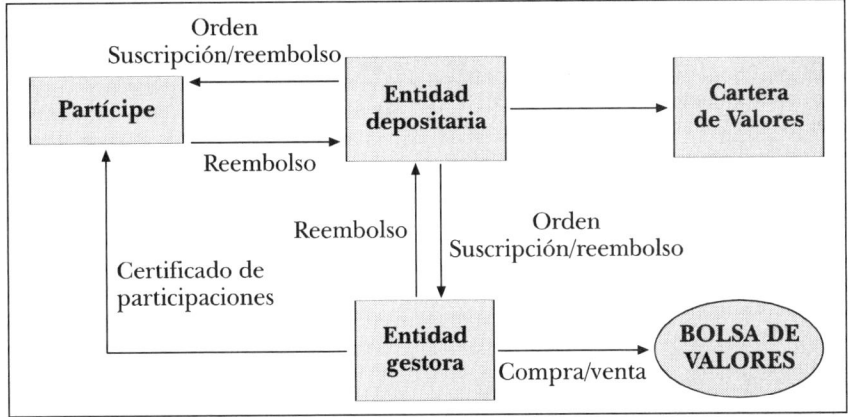

Figura 3.13. Esquema de un fondo de inversión

Destacar que los fondos de inversión y las instituciones de inversión colectiva en general están ganando cada vez más importancia entre las alternativas de los inversores. En la figura 3.14 se presentan las cifras de las instituciones de inversión colectiva en la Bolsa española, donde se prevé que en el año 2000 sean las propietarias del 7,3% de la misma.

3.7.1. *Clasificación de los fondos de inversión*

Encontramos dos clasificaciones posibles de los fondos según se atienda a cómo el inversor recibe las rentas o al tipo de inversión que realiza el fondo. La figura 3.15 presenta un resumen de dicha clasificación.

Según cómo el inversor recibe las rentas:
- De renta o reparto: en este tipo de fondos los beneficios de la cuenta de resultados de la institución se distribuyen periódicamente entre los partícipes en forma de dividendos, a modo de flujo regular de rendimientos.
- De capitalización o crecimiento: todos los beneficios que se obtienen se reinvierten en el patrimonio del fondo.

Las cifras de las instituciones de inversión colectiva

	1990	1995	1996	1997	1998e	1999e	2000e
Patrimonio Fondos Inv. (bill.)	1,16	12,19	18,69	27,01	33,87	39,00	44,86
Patrimonio Sociedades Inv. (bill.)	0,34	0,42	0,53	0,80	1,30	1,60	2,00
Patrimonio IIC/PIB (%)	3,0	18,1	26,1	35,7	43,0	47,3	52,0
Patrim. IIC/ahorro familiar (saldo %)	2,5	14,0	19,3	24,5	27,5	29,5	31,8
Patrim. fondos/dep. entidades crédito (%)	3,7	25,8	38,7	55,3	67,7	75,0	82,9
Deuda E° IIC/Total deuda Estado (%)	4,5	29,1	40,7	48,8	51,9	51,4	51,2
% familias con fondos	4,7	23,7	34,8	50,5	64,3	67,2	70,3
Renta v. fondos/Patrim. fondos (%)	4,5	2,6	3,4	7,0	8,8	9,9	11,2
Cartera exterior fondos/Patrim. fondos (%)	0,8	2,1	2,0	4,6	9,8	11,1	12,5
Patrimonio medio por partícipe (mill.)	2,0	4,2	4,4	4,3	4,2	4,7	5,1
Patrimonio medio por fondo (mill.)	4.688	16.204	19.494	18.527	18.201	19.961	21.862
R. var. mac. IIC/Capitaliz. Bolsa Madrid (%)	0,4	1,4	2,0	4,3	5,2	6,1	7,3

Notas
– Datos en: billones de ptas. (bill.), millones de ptas. (mill.) y porcentajes (%).
– Patrim. IIC. Patrimonio de las Instituciones de Inversión Colectiva.
– Patrim. fondos. Patrimonio de los fondos.
– Dep. entidades crédito. Depósitos de las entidades de crédito.
– Deuda E° IIC. Deuda del Estado en manos de las Instituciones de Inversión Colectiva.
– R. var. nac. IIC. Renta variable nacional en manos de las Instituciones de Inversión Colectiva.

Figura 3.14. Cifras de las instituciones de inversión colectiva
(Fuente: *Cinco Días*. 28, enero 1999)

Según el tipo de inversión que realiza el fondo:

a) Instituciones de inversión colectiva de carácter financiero:

– Fondos de Inversión Mobiliaria (FIM):

Se trata de fondos cuyo vencimiento máximo de cartera no tiene límite. La inversión está compuesta en su mayor parte por acciones, obligaciones y fondos públicos. Podemos distinguir:

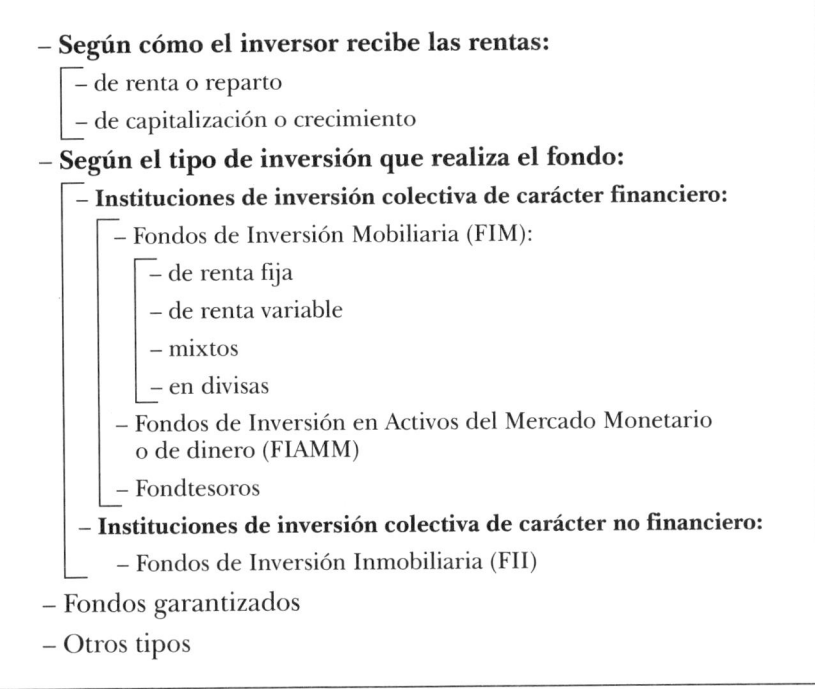

Figura 3.15. Clases de fondos

- FIM renta fija: son aquellos fondos cuyo patrimonio está invertido de forma exclusiva en activos a plazo fijo (bonos, obligaciones, pagarés, etc.) con una vida media aproximada de 3 a 5 años. Su rentabilidad está muy ligada a la evolución de los tipos de interés de manera que si los tipos están al alza pueden sufrir, de manera transitoria, retrocesos en su valor liquidativo. Sin embargo, por lo general suelen ser bastante estables. Su característica más relevante sería, teóricamente, la rentabilidad a cambio de una mayor seguridad.
- FIM renta variable: en este tipo de fondos al menos un 70% de su cartera de valores está compuesta por títulos de renta variable. El resto son valores de renta fija. El nivel de riesgo asumido es superior al de los FIM renta fija porque se compone en su mayoría por acciones, que están expuestas a sufrir las fluctuaciones de la Bolsa. A pesar de considerarse el prototipo del

ahorro arriesgado, se caracterizan por tener generalmente una elevada rentabilidad a largo plazo.
- FIM mixto: existen dos tipos:
  - de renta fija mixta: son considerados bastante conservadores por tener en su cartera más del 75%, aunque menos del 100%, en renta fija. La combinación de fijo y variable ofrece, por una parte, la seguridad de la inversión en activos de renta fija y, por otra, la elevada rentabilidad que puede darse en la Bolsa.
  - de renta variable mixta: poseen entre el 25% y el 70% de su cartera invertida en títulos de renta variable, y un porcentaje inferior al 75% en títulos de renta fija. Este tipo de fondo intenta cubrir parte de los riesgos que asume en sus participaciones en Bolsa con emisiones de deuda.
- FIM de divisas: en este tipo de fondos la inversión puede realizarse en valores tanto de renta fija como variable, pero sus activos están denominados en divisas. La ventaja que ofrecen es la diversificación internacional gracias a la inversión en mercados exteriores.

– Fondos de inversión en activos del mercado monetario (FIAMM)

El objetivo de estos fondos, conocidos también como «fondos de dinero», es invertir en valores a corto plazo (su vencimiento de cartera no puede exceder los dieciocho meses) y de elevada liquidez, como es el caso de los pagarés de empresa, letras y activos con pacto de recompra. Se trata de activos monetarios cuya rentabilidad suele ser mayor que la ofrecida por inversiones alternativas tales como los depósitos a plazo y las cuentas a la vista. Activos tales como: acciones, obligaciones convertibles o con derecho a participar en ampliaciones de capital, activos con plazos pendientes de amortización, etc. tienen prohibida su entrada en el patrimonio de los FIAMM.

Este tipo de fondos está indicado para aquellos inversores que anteponen la liquidez a las ventajas fiscales. La inversión en activos de este tipo es idónea en etapas de incertidumbre y para ocasiones en las que los tipos de interés a corto son más elevados que a largo plazo.

Generalmente, un partícipe de este tipo de fondos puede liquidar una parte o todas sus participaciones mediante el uso de cheques contra cuentas ligadas al fondo. Ciertas entidades, incluso, ofrecen la posibilidad de llevar a cabo la operativa de suscripciones y reembolsos a través de cajeros automáticos. Su requisito para formalizarse como fondo es contar con un patrimonio inicial mínimo.

Las diferencias más importantes entre los FIM y los FIAMM se refieren a la vocación de cada uno de este tipo de fondos. Los primeros tienen una orientación dirigida hacia el medio y largo plazo, el vencimiento de sus carteras de valores no tiene límite y la variedad de valores que puede integrar en dichas carteras es muy amplia. Por su parte, los FIAMM presentan una vocación centrada en el corto plazo y el vencimiento de su cartera de valores no puede exceder los dieciocho meses.

– Fondos de inversión en deuda del Estado o Fondtesoros

Se trata de fondos en los que la inversión se centra en valores del Tesoro Público: letras del Tesoro y obligaciones del Estado. La comercialización de este tipo de producto es acordada entre el Tesoro y las diferentes gestoras. El objetivo inicial de su creación fue contribuir a mejorar la difusión y colocación de la deuda del Estado.

Existen dos tipos:

– Fondtesoro FIM: invierten un mínimo del 50% de su patrimonio en bonos y obligaciones del Estado u otra modalidad de deuda del Estado que el Tesoro emita con un plazo inicial de amortización superior al año. El resto de la inversión se centrará en letras del Tesoro o en operaciones con pacto de recompra, es decir, en operaciones sobre deuda a corto plazo. El tipo de inversor que adquiere este tipo de fondo es aquel que pretende que su inversión permanezca un período de tiempo largo, ya que las oscilaciones que su rentabilidad puede sufrir tienden a compensarse entre sí a medida que transcurre el tiempo.
– Fondtesoro FIAMM: requieren que el patrimonio invertido esté totalmente centrado en deuda del Estado a corto plazo: letras del Tesoro y operaciones de recompra sobre bonos y obligaciones del Estado. Se basan pues en valores de vencimientos a corto plazo, inferiores a seis meses. Ahora el inver-

sor idóneo es aquel que presupone que va a necesitar su dinero en breve ya que su rentabilidad permanece estable en períodos cortos de tiempo.

b) Instituciones de inversión colectiva de carácter no financiero:

– Fondos de Inversión Inmobiliaria (FII)

En este tipo de fondos se captan públicamente capitales, bienes o derechos para su inversión exclusiva en activos de carácter no financiero, aunque también pueden invertir en valores y activos líquidos. Se invierte en bienes inmuebles tales como: viviendas, locales comerciales, oficinas, plazas de garaje destinadas a alquiler, etc.

La característica fundamental de los FII es el nexo de unión que constituyen entre el mercado inmobiliario y el mercado de valores. Mediante estos fondos muchos pequeños inversores pueden acceder al mercado inmobiliario como forma de inversión y beneficiarse de los rendimientos del mismo. Antes de su existencia, la adquisición de un inmueble como inversión se limitaba a aquellos que contaran con el efectivo necesario.

En ellos, al igual que en los otros fondos, intervienen una sociedad gestora y una entidad depositaria, pero aparece una nueva entidad: la sociedad de tasación. La finalidad de esta es valorar los bienes inmuebles en el momento de su adquisición o venta, y al menos una vez al año.

Fuera de las clasificaciones realizadas pero de igual importancia en el ámbito de los fondos de inversión son los fondos garantizados.

– Fondos garantizados

Son fondos de inversión que aseguran a los inversores un determinado objetivo de rentabilidad en una fecha concreta. Existen dos modalidades:

- Los que aseguran a los inversores una determinada rentabilidad fijada de antemano y ya conocida en el momento de la inversión.
- Los que hacen que la rentabilidad dependa de la evolución de un determinado índice o de los resultados que obtengan los gestores del fondo. En este caso lo que se suele asegurar es la

devolución del capital invertido en caso de que la rentabilidad que se obtenga sea negativa.

En la figura 3.16 se presenta una tabla con información sobre las rentabilidades de los distintos fondos de inversión en el mercado bursátil español.

Rentabilidades de los fondos de inversión
Rentabilidades anuales medias a 31-12-1998

	1 año	3 años	5 años	7 años
FIAMM	3,11	4,77	5,79	7,24
FIM RENTA FIJA	5,13	6,80	6,25	7,74
FIM RENTA FIJA MIXTA	11,81	12,05	8,64	9,89
FIM RENTA VARIABLE MIXTA	17,84	22,27	13,90	13,88
FIM RENTA VARIABLE	30,34	32,28	20,13	19,38
INTERNACIONALES RENTA FIJA	3,29	8,38	4,96	9,72
INTERNACIONALES MIXTOS	10,97	15,30	8,88	10,88
INTERNACIONALES RENTA VARIABLE	9,29	17,70	8,91	11,32
GARANTIZADOS RENTA FIJA	7,38	11,20	–	–
GARANTIZADOS RENTA VARIABLE	21,57	21,32	–	–
GARANTIZADOS INTERNACIONALES	17,21	18,21	–	–
TOTAL FONDOS	7,63	8,17	7,20	8,39
INFLACIÓN ANUAL MEDIA	1,4	2,2	3,0	3,7

Notas
– La primera columna informa sobre el tipo de fondo de inversión. Se añade también e total de fondos y la inflación anual media de España.
– Las siguientes columnas muestran las rentabilidades medias a 31/12/98 respecto: 1 año, 3 años, 5 años y 7 años.
– Destacar los FIM renta variable como los más rentables tanto a 1 año como a 3, 5 y 7 años.

Figura 3.16. Rentabilidades de los fondos de inversión
(Fuente: *El País*, Negocios. 3, enero 1999)

Finalmente, otros tipos de fondos:

– **Sectoriales:** se invierte en títulos de un solo sector (eléctrico, metalúrgico, bancario, alimentario, etc.).
– **Geográficos:** se invierte en una zona geográfica determinada, ya sea dentro de un mismo país o en el extranjero.
– **Fondos de fondos:** son fondos que invierten en participaciones de otros fondos.

LOS FONDOS QUE MÁS CRECEN EN 1999

	Fondo	Grupo	Tipo	Patrimonio 26-1-99	Var. desde dic. 98	Patrim. en mill. euros	Valor liquid. 26-1-99 (pta)	Valor liquid. 26-1-99 (euros)	Rentab. 1999	Rentab. 1998	Rentab. 1997
1	BBV Bono 2007	BBV	RF	179.120,56	23.334,50	1.076,54	138.058,45	829,75	1,175	18,206	14,826
2	FonCaixa Mixto 28	Caixa	RMF	211.501,40	20.241,27	1.271,15	1.159,60	6,97	0,421	13,726	1,536
3	Arg. Global 2	Argentaria	RFM	163.771,89	16.262,28	984,29	3.358,28	20,18	1,000	10,982	9,151
4	Santander 80/20	B. Santander	RFM	145.583,19	14.838,15	874,97	2.436,34	14,64	-0,149	14,410	16,952
5	Madrid Premiere	Caja Madrid	RF	101.948,22	13.349,16	612,72	1.764,36	10,60	0,451	6,557	6,766
6	Fondmapfre Divers.	Mapfre	RVM	51.238,18	12.138,88	307,95	1.552,38	9,33	0,555	11,871	11,515
7	BCH Acciones Eur.	BCH	RV	21.546,18	10.813,91	129,50	12.347,51	74,21	1,428	21,736	ND
8	Foncenhis	BCH	RFM	134.338,65	10.118,08	807,39	1.790,31	10,76	0,635	9,6000	10,442
9	FonCaixa Patrim. 35	Caixa	RFM	102.935,29	10.012,93	618,65	1.614,63	9,70	0,494	14,938	12,792
10	BBV Mix 20	BBV	RFM	256.236,13	9.239,52	1.540,01	1.611,12	9,68	0,420	11,619	10,505
11	BBV Bono 2005	BBV	RF	91.769,83	9.027,59	551,55	209.241,71	1.257,57	1,467	14,514	15,264
12	DB Dinerplus	Deutsche	FIAMM	17.867,87	8.945,67	107,39	111.509,57	670,19	0,162	3,530	4,818
13	Arg. Global	Argentaria	RFM	133.236,65	8.942,60	800,77	1.626,87	9,78	1,033	10,655	9,382
14	Santander Renta Activa	B. Santander	RFM	85.675,58	8.598,70	514,92	1.144,88	6,88	0,392	4,618	7,080
15	Santander Repoplus	B. Santander	RF	59.593,08	8.598,54	358,16	1.122,79	6,75	0,245	4,179	5,843
16	Ibercaja Horizonte	Ibercaja	RF	33.590,93	8.489,93	201,89	1.091,49	6,56	0,729	7,293	0,994
17	BBV Horizonte	BBV	RF	115.664,86	8.105,98	695,16	2.023,92	12,16	0,727	7,350	6,847
18	FonCaixa Mixto 25	Caixa	RFM	188.239,48	8.080,19	1.131,34	1.159,36	6,97	0,279	11,941	3,281
19	Santander Acciones Eur.	B. Santander	RV	45.735,48	7.771,16	274,88	2.396,93	14,41	-1,392	18,656	26,906
20	BBV Plan Rentas 10	BBV	RF	135.219,33	7.718,77	812,68	136.542,34	820,64	1,499	14,471	13,655
21	Foncóndor Tesorería	BCH	RF	68.837,44	7.706,30	413,72	10.553,86	63,43	0,230	4,219	1,034
22	Fonbanesto 2	Banesto	RF	87.871,78	7.281,92	528,12	1.793,11	10,78	0,555	7,492	6,091
23	FonCaixa Bolsa 62	Caixa	RV	14.834,38	7.261,89	89,16	1.249,56	7,51	7,451	16,291	ND
24	BBV Deuta FT	BBV	RF	125.233,54	7.124,85	752,61	23.036,47	138,45	0,766	7,931	6,990
25	AC Largo FT	Ahorro Corp.	RF	83.620,55	6.869,46	502,56	1.638,02	9,84	0,104	8,729	9,080

26	FonCaixa Ahorro 7	Caixa	RF	489.556,34	6.820,12	2.942,29	2.140,63	14,49	0,665	6,441	5,603
27	Fonpastor	B. Pastor	RFM	125.604,71	6.731,75	754,90	3.122,73	18,77	0,621	9,066	8,633
28	Ibercaja Futuro	Ibercaja	RF	60.693,19	6.729,19	364,77	1.361,04	8,18	0,575	5,477	5,831
29	FonCaixa Patrim. 16	Caixa	RFM	104.978,42	6.710,16	630,93	1.241,41	7,46	0,636	11,273	9,408
30	Fondpremier Bonos	Barclays	RF	23.156,72	6.675,72	139,17	104.256,14	629,59	0,732	3,498	ND
31	Santander F. Empresa	B. Santander	RF	120.650,56	6.441,18	725,12	114.298,77	686,95	0,199	3,723	5,092
32	Santander Gestión Mix	B. Santander	RFM	129.769,80	6.438,78	779,93	1.570,99	10,52	0,289	9,086	12,464
33	Arg. Telecomunic.	Argentaria	RV	22.866,36	6.407,60	137,43	1.706,50	10,26	9,114	65,479	-5,489
34	BK Fondtesoro 2	Bankinter	RF	36.039,41	6.039,90	216,93	11.300,14	67,92	0,861	7,765	3,963
35	BBV Mix 40	BBV	RVM	29.018,78	6.026,64	174,41	967,53	5,82	1,757	19,025	26,745
36	Hispamer Mixto R. Fija	BCH	RFM	27.527,23	5.939,71	165,44	13.004,73	78,16	0,467	15,856	11,727
37	BBV Bono 2004	BBV	RF	73.011,51	5.262,82	438,81	129.975,42	781,17	1,288	13,171	13,388
38	Madrid Deuda FT	Caja Madrid	RF	72.420,24	5.120,69	435,25	1.518,27	9,13	0,519	6,610	7,092
39	Extraf. Ahorro	Banesto	RF	45.627,37	5.041,66	274,23	1.297,51	7,80	0,681	6,377	7,529
40	BCH Mixto R. Fija	BCH	RVM	121.714,59	5.020,37	731,52	2.409,27	14,48	0,496	12,077	15,307
41	Baskefond	BBK	RF	128.405,45	4.711,02	771,73	2.268,34	13,63	0,304	4,331	5,434
42	FonCaixa Fut. 45	Caixa	RF	50.082,17	4.570,09	301,00	1.099,42	6,61	0,579	9,191	0,108
43	BCH Renta Fija 1	BCH	RF	149.916,08	4.527,19	901,01	3.231,22	19,42	0,652	7,104	7,492
44	Eurovalor 2	B. Popular	RF	121.159,99	4.209,86	728,19	920,11	5,53	0,605	5,693	5,524
45	Arg. Bonos Europa	Argentaria	RF	12.181,22	4.197,14	73,21	1.049,52	6,31	0,752	4,168	ND

Notas
– Fondo. Indica el nombre del fondo de inversión. – Grupo. Informa sobre el grupo al que pertenece el fondo. – Tipo. Distingue entre: renta fija (RF), renta variable (RV), renta fija mixto (RFM), renta variable mixto (RVM), fondos de inversión en activos del mercado monetario (FIAMM). – Patrimonio. Se presentan las cifras del patrimonio del fondo en millones de ptas. – Var. (desde dic. 98). Variación del patrimonio. – Patrim. en mill. euros. Valor del patrimonio ante el cambio ptas/euro. – Valor líquid. Valor de liquidación (en ptas. o en euros) de cada participación en el fondo tras la última sesión bursátil. – Rentab. Rentabilidad del fondo.

Figura 3.17. Los fondos de mayor crecimiento en 1998.
(Fuente: *Cinco Días*, 28, enero 1999)

Últimos fondos registrados

	Denominación fondo	Gestora	Tipo de fondo
1	Atlántico Mixto 3, Fim	GESATLÁNTICO	Renta fija y Variable
2	Atlántico Mixto 4, Fim	GESATLÁNTICO	Renta fija y Variable
3	Banif Renta Fija Privada, Fim	BANIF GESTIÓN	RF Privada Bonos Obligaciones
4	BCH Bolsa garantizado 3, Fim	BCH GESTIÓN	Garantizado respecto a Ibex 35
5	BCH Mixto, Acciones 2, Fim	BCH GESTIÓN	Renta fija y Variable
6	BCH USA Blue Chips, Fim	BCH GESTIÓN	Renta Variable estadounidense
7	BG Mixto 25, Fim	GUIPUZCOANO	Renta Fija y Variable
8	BK Bolsa Internacional, Fim	GESBANKINTER	Garantizado respecto a S&P500 i Nikkei 225
9	BK Dividendo, Fim	GESBANKINTER	Renta variable fundamentalmente nacional
10	CAI Renta Mixto 20, Fim	GESINCA INVESSIONES	Renta Fija y Variable
11	Caixa Catalunya Borsa Europea, Fim	CAIXA CATALUNYA GESTIÓ	Renta Variable Europea
12	Caixa Catalunya Borsa USA, Fim	CAIXA CATALUNYA GESTIÓ	Renta Variable EE UU
13	Cañada Blanch, Fim	GESBETA SA	Renta Fija y Variable
14	Compositum Gestión, Fim	GVC GESTIÓN	Renta Fija y Variable Internacional
15	Directivos Plus, Fim	INVERSAFEI	Fondo Institucional
16	Fibanc Global R V, Fim	GES FIBANC	Renta Fija y Variable Internacional
17	Fonbusa Fondos, Fim	GESBUSA	Fondo de Fondos
18	Foncóndor Renta Fija, Fim	BCH GESTIÓN	Renta Fija
19	Fondcomercio Mundibolsa 2, Fim	BBV GESTINOVA	Garantizado Eurotop, Nikkei, S&P
20	Fondirectivos, Fim	INVERSAFEI	Fondo institucional
21	Fondmapfre Bolsa Global, Fim	MAPFRE INVERSIÓN DOS	Renta Variable euro, EE UU y Japón
22	Fondmapfre Europa Garantizado, Fim	MAPFRE INVERSIÓN DOS	Garantizado Eurotop 100
23	Fondo Rsa Crecimiento, Fim	ARGENTARIA GESTIÓN	Fondo Institucional
24	Fonpastor 2, Fim	GESPASTOR	Renta Fija y Variable
25	Madrid Triple B, Fim	GESMADRID	Renta Fija y Variable
26	Mg Ahorro, Fim	GESTIÓN GAMA	Renta Fija y Variable
27	Midland Euroinversión, Fim	MIDLAND GESTIÓN	Renta Fija y Variable, también Internacional

(Continúa en la página siguiente)

(continuación)

Denominación fondo	Gestora	Tipo de fondo
28 Midland Eurowealth, Fim	MIDLAND GESTIÓN	Renta Fija y Variable, también Internacional
29 Mutuafondo Fondos, Fim	MUTUACTIVOS	Fondo de Fondos, Renta Variable Internacional
30 Navarra Garantía-3, Fim	GESNAVARRA	Renta Fija y Variable, también Internacional
31 Navarra Mixto 15, Fim	GESNAVARRA	Renta Fija y Variable, también Internacional
32 Navarra Mixto 30, Fim	GESNAVARRA	Renta Fija y Variable, también Internacional
33 Pastor Variable, Fim	GESPASTOR	Renta Fija y Variable, Internacional, emergente
34 Plusmadrid 25, Fim	GESMADRID	Renta Fija y Variable
35 Plusmadrid 50, Fim	GESMADRID	Renta Fija y Variable
36 Plusmadrid 75, Fim	GESMADRID	Renta Fija y Variable
37 Rural Renta Fija Largo Plazo, Fim	GESCOOPERATIVO	Renta Fija Nacional
38 Safei Fomento Euro, Fim	INVERSAFEI	Renta Fija y Variable Zona Euro
39 Safei Global Inversión, Fim	INVERSAFEI	Renta Fija y Variable en Fondo de Fondos
40 Safei Global Patrimonio, Fim	INVERSAFEI	Renta Fija y Variable en Fondo de Fondos
41 Safei Global Renta, Fim	INVERSAFEI	Renta Fija y Variable en Fondo de Fondos
42 Santander Corto Plazo Plus, Fim	SANTANDER GESTIÓN	Renta Fija países OCDE
43 Segurfondo Mid-Caps, Fim	INVERSEGUROS GESTIÓN	Renta Fija y Variable, también Internacional
44 Zaragozano Maxifondo, Fim	BZ GESTIÓN SA	Garantizado DJ EuroStoxx
45 Eurofondos Barclays	BARCLAYS FONDOS	Fondo de Fopbdos Zona Euro
46 Parvest Europe Financials	PARIBAS	Renta Variable Sector Financiero Europa

Figura 3.18. Últimos fondos registrados
(Fuente: *El País*, Negocios. 14, febrero 1999)

— **Master Feeder Fund:** es un tipo extremo de los fondos de fondos en el que se invierte la totalidad de los activos en participaciones emitidas por un único fondo matriz. Las participaciones de este se distribuyen indirectamente a través de uno o más fondos.

- **De efectivo (Cash Funds):** invierten todo su patrimonio en depósitos bancarios.
- **Hedge Funds:** invierten en valores muy especulativos.
- **Commodities:** su patrimonio se invierte en materias primas o mercancías mundiales. Estas materias primas pueden ser de diversos tipos: sobre productos agrícolas (maíz, soja, algodón azúcar, café, etc.), sobre metales (plata, oro, aluminio, zinc, etc.). Este tipo de fondos pueden invertir totalmente sus patrimonios en *commodities*, o bien parcialmente, combinando las materias primas con valores de renta fija y renta variable.
- **Paraguas:** son fondos que se subdividen en diferentes subfondos especializados en distintos mercados.

Estas sólo son algunas de las muchas modalidades de fondos que pueden existir, de hecho existirán tantas posibilidades como tipos de activos hayan.

En la figura 3.17 se acompaña un extracto de periódico con los fondos que más crecieron en enero de 1999 en España. En él se detalla el tipo de fondo de referencia según la clasificación vista. Por otra parte, en la figura 3.18 se presentan los últimos fondos registrados en la Bolsa española.

3.7.2. Criterios de selección de un fondo de inversión

El inversor posee básicamente dos fuentes de información que le permiten tomar una decisión respecto a la elección del fondo de inversión adecuado para invertir sus ahorros:

1. Los propios folletos que publica el fondo: estos informan sobre:

- los objetivos del fondo y las directrices que se seguirán.
- la descripción de la cartera (inversiones, distribución geográfica, etc.).
- las comisiones cargadas (de gestión, apertura y cancelación).
- los nombres de los gestores del fondo.

y otros datos de interés.

2. Los informes de los resultados de ejercicios anteriores: estos se pueden conseguir en el ranking de fondos comercializados en el

país, que periódicamente es publicado en la prensa económica. Informan de:

- la tasa anual compuesta de rendimientos para cada fondo.
- su variabilidad o nivel de riesgo.
- la fecha de su lanzamiento, etc.

En el momento de escoger su tipo de fondo de entre todos los elementos mencionados, los inversores suelen considerar especialmente: la rentabilidad histórica del fondo, las comisiones que aplica, la inversión mínima exigida, etc. Estos criterios, a pesar de ser una buena guía para decidir, pueden resultar insuficientes si no se consideran también factores tales como: el riesgo que implica la inversión, la consistencia de los resultados, etc.

Ante ello, es conveniente tener en cuenta, al menos, cuatro elementos fundamentales antes de decidirse por uno u otro tipo de fondo:

– *Metas de gestión*

La información referente a los objetivos de gestión del fondo se puede obtener en los folletos informativos del mismo, donde aparecen los detalles sobre las inversiones que los gestores están autorizados a realizar. Además en los informes anuales, semestrales u otros aparecen revisiones de dichos objetivos. El inversor debe seleccionar aquellos fondos cuyos objetivos sean coherentes con sus preferencias personales.

– *Coherencia de los resultados del fondo*

Un criterio clave a la hora de escoger un fondo es comprobar cómo se desenvuelve tanto en los buenos como en los malos mercados, mercados alcistas o mercados débiles. Para medir la coherencia de los fondos se suele utilizar la volatilidad de los resultados, variaciones que se dan en los valores liquidativos de un fondo. Cuanto más volátiles, mayor riesgo. La volatilidad del fondo depende de la composición de los activos que constituyen su cartera y de la gestión que de ellos se realiza. Para llevar a cabo un análisis de los rendimientos, se examinarán los datos pasados tomando la mayor extensión temporal posible. A continuación, se comprobará el rendimiento del fondo con el de un índice de referencia y con los demás fondos, tanto en los períodos de mercado alcista como bajista. En ocasiones también es conveniente averiguar si el equipo gestor que consiguió unos determinados resultados en el pasado sigue o no en el mismo puesto.

El objetivo del inversor será hallar un fondo con una consecución de resultados coherente y, preferentemente, que se mantenga a cargo del mismo gestor, puesto que ello es signo de consistencia.

– *Solidez de la gestión*

Para poder analizar la estabilidad de la gestión del fondo es necesario determinar quiénes son sus gestores y si las personas que consiguieron unos buenos resultados en ejercicios anteriores continúan o no en el equipo de gestión. Sin embargo, a veces el fondo tiene de por sí una estrategia bien definida y sus resultados son coherentes incluso ante variaciones en el equipo gestor. Aunque en los folletos informativos del fondo no se suele detallar la composición del equipo gestor, la prensa económica suele informar de los cambios producidos, al menos en los mayores fondos de inversión.

– *Comisiones y otros costes*

Un fondo puede cobrar a sus partícipes dos tipos de comisiones:

- comisiones de suscripción/reembolso: se pagan en el momento de la compra de la participación o de la venta.
- comisiones de gestión.

3.8. OTROS TIPOS DE INVERSIÓN COLECTIVA: SOCIEDADES DE INVERSIÓN MOBILIARIA (SIM)

Aparte de los fondos, existen otro tipo de fórmulas que se basan en la inversión colectiva: las sociedades de inversión mobiliaria (SIM). Presentan las siguientes características:

- Son instituciones con carácter de sociedad anónima, de manera que sus inversores no son partícipes, como en los fondos, sino accionistas.
- Los socios de las SIM pueden participar de forma directa en la gestión de cada una de las inversiones que se realice.

- El capital de las SIM está integrado por acciones que suelen cotizar en bolsa de manera que sus movimientos de entrada y salida sólo pueden llevarse a cabo a través de la compra o venta de dichas acciones. Ello limita a sus partícipes a la hora de poder disfrutar de liquidez inmediata.
- Estas sociedades tienen sus propios órganos de gestión, de manera que no precisan de sociedades gestoras como los fondos.
- Al igual que los fondos, estas sociedades también están sometidas a regulaciones que intentan ofrecer la máxima garantía a los inversores.
- Pueden ser de capital variable (SIMCAV). En este caso, la sociedad puede comprar o vender sus propios títulos en bolsa para influir en la cotización de los mismos. Las SIMCAV son una solución intermedia entre los fondos, de los que poseen su misma estructura abierta, y las sociedades anónimas, disponiendo al igual que estas de un consejo de administración y una junta general.

BBV					
BV Europa	XEU	RV	239.371,74	14,89	34,27
BV Global	USD	RVM	215.359,48	15,11	22,17
EMIF Belgium	BEF	RV	133.190,80	51,26	33,21
EMIF France	FRF	RV	48.976,13	32,68	36,07
EMIF Germany	DEM	RV	18.069,92	15,85	40,25
EMIF Italy	ITL	RV	21.531,04	42,70	67,81
EMIF Netherlands	NLG	RV	152.218,59	27,61	40,42
EMIF Portugal	ESP	RV	18.464,22	-11,00	0,00
EMIF Spain	PTA	RV	35.275,00	35,42	36,33
EMIF Switzwerland	CHF	RV	21.646,99	18,64	69,19
EMIF U.K.	GBP	RV	61.418,71	5,49	40,25
EMIT Greece	DG	RV	51.394,59	8,54	0,00
GTL					
GT Asean	USD	RV	5.122,21	-12,34	-47,66
GT Asia	USD	RV	2.787,59	-0,35	-14,52
GT Asian Enterprise	USD	RV	770,61	-13,46	0,00
GT Asian Small Co.	USD	RV	811,92	-33,68	-48,82
GT Australia	USD	RV	4.407,16	-10,20	-6,45

(Continúa en la página siguiente)

(Continuación)

GT Australian Small Co.	USD	RV	3.085,29	-4,20	-19,38
GT Berry Japan	USD	RV	2.934,31	-5,04	8,53
GT Bond	USD	RF	3.343,11	2,64	15,94
GT Emerging Markets	USD	RV	1.515,58	-35,79	2,93
GT Emerging Markets Small	USD	RV	790,55	-30,89	4,73
GT Europe	USD	RV	14.030,54	9,23	36,14
GT European Small Co.	USD	RV	9.241,64	-0,13	21,75
GT German Growth	DEM	RV	410,14	8,39	16,70
GT Glit	GBP	RF	3.058,17	8,99	21,28
GT Global Small Co.	USD	RV	5.813,06	12,84	19,68
GT Healthcare	USD	RV	7.053,73	9,72	20,54
GT Hong Kong	USD	RV	9.023,70	-35,94	7,70
GT Honshu Pathfinder	USD	RV	911,63	-8,67	-19,87
GT Investment	USD	RV	5.757,51	0,62	24,79
GT Japan OTC Stocks	USD	RV	1.029,86	3,64	-18,35
GT Japan Small Co.	USD	RV	1.444,36	-1,03	-9,25
GT Korean Growth	USD	RV	88,31	100,74	-64,35
GT Latin American	USD	RV	1.920,12	-46,28	30,39
GT North America	USD	RV	11.785,65	20,62	42,51
GT PRC	USD	RV	982,85	-44,10	33,27
GT Strategic Bond	USD	RF	1.470,00	-15,37	19,31
GT Technology	USD	RV	26.997,03	36,97	31,66
GT Telecommunications	USD	RV	3.081,02	10,50	23,42
GT US Small Co.	USD	RV	6.173,44	-0,77	32,27
MERCURY					
MST Asian Emerging Mkts.	USD	RV	1.945,76	-25,56	-29,98
MST Australian & New Zeal.	USD	RV	3.388,70	-0,98	0,23
MST DM Global Bond Fund	DEM	RF	2.493,17	4,32	4,74
MST Emerging Markets	USD	RV	1.219,30	-35,65	20,38
MST European Bond	DEM	RF	2.267,68	7,75	7,53
MST European Fund	USD	RV	9.019,43	19,08	37,15
MST European Opportunit.	USD	RV	6.789,76	7,32	37,57
MST Global Equity Fund	USD	RV	13.136,00	15,90	24,78
MST Global Opportunities	USD	RV	1.766,28	-2,73	21,23
CREDIT SUISSE					
CS Bond Fund Aus Dolar	AUS	RF	167.946,00	-4,35	5,75
CS Bond Fund Can Dolar	CAN	RF	165.820,00	-5,44	17,38
CS Bond Fund DM	DEM	RF	172.663,00	11,22	6,52
CS Bond Fund Euro	XEU	RF	46.015,00	11,74	11,99

(Continúa en la página siguiente)

(Continuación)

CS Bond Fund Europa	DEM	RF	43.320,00	7,16	8,40
CS Bond Fund FF	FRF	RF	40.867,00	12,92	8,37
CS Bond Fund Florín	NLG	RF	16.944,00	11,59	6,92
CS Bond Fund Libra UK	GBP	RF	277.862,00	8,40	26,45
CS Bond Fund Lira	ITL	RF	34.609,00	10,35	12,89
CS Bond Fund Peseta	ESP	RF	31.738,00	11,20	10,70

Notas
– La primera columna informa del nombre del fondo.
– La segunda columna informa sobre la divisa: BEF (franco belga), DKK (corona danesa), DEM (marco alemán), ESP (peseta), FRF (franco francés), ITL (lira italiana), NLG (florín holandés), ATS (chelín austríaco), PTE (escudo portugués), SEK (corona sueca), GPB (libra esterlina), JPY (yen japonés), USD (dólar EEUU), AUS (dólar austríaco), CAN (dólar canadiense), XEU (euros).
– La tercera columna informa sobre el valor liquidativo, o sea, el valor de liquidación de cada participación en la SICAV tras la última sesión bursátil.
– Finalmente se informa sobre las rentabilidades, primero de 1998 y luego de 1997.

Figura 3.19. SICAV
(Fuente: *Cinco Días*. 28, enero 1999)

En la figura 3.19 se presenta un extracto de periódico con ejemplos ilustrativos de este tipo de sociedades en el mercado bursátil español.
– Una de las ventajas que ofrece a sus socios es la facilidad que se tiene para salir de la sociedad. En tal caso, sólo hay que revender las acciones a la propia sociedad sin tener que acudir a bolsa para encontrar un comprador.
– El inversor poseedor de acciones de una SIM puede rentabilizarse por distintas vías:
  – a través de los dividendos que reparten.
  – por la venta de los derechos de suscripción en las ampliaciones de capital.
  – por la venta de estas acciones a otros inversores.

4
Formas de operar en bolsa

Tras la introducción al mercado bursátil y la descripción de los principales activos que en él se negocian, este capítulo entra en el estudio de las operaciones en bolsa que con más frecuencia suelen realizarse. Estas operaciones tomarán los activos descritos como instrumento de negociación, optando por uno u otro dependiendo de las características de la operación ejecutada. Se analizan las operaciones: al contado, a crédito, a plazo, *repos* o dobles, con opciones y con futuros. Como más concretas se tratan las ampliaciones y reducciones de capital, las obligaciones convertibles y las ofertas públicas de adquisición de valores mobiliarios (OPA).

4.1. OPERACIONES AL CONTADO

Suele ser la forma más corriente de operar en bolsa, de manera que una buena parte del volumen contratado en los mercados bursátiles procede de ella.

La característica fundamental de este tipo de operaciones (y que las distingue de las operaciones a plazo, ver 4.2) se encuentra en la fase de liquidación. Esta se hace el mismo día o pocos días después al momento de cierre de la operación, dependiendo del tipo de activo que involucre. Así pues, en las operaciones al contado la entrega de los títulos por parte del vendedor y el pago de los mismos por parte del inversor (comprador) se hace de inmediato tras la contratación. Sólo recordar que las fases de cualquier operación bursátil son: negociación, contratación y liquidación (ver capítulo 5 para más detalles). En la figura 4.1 se presenta un esquema de las operaciones al contado.

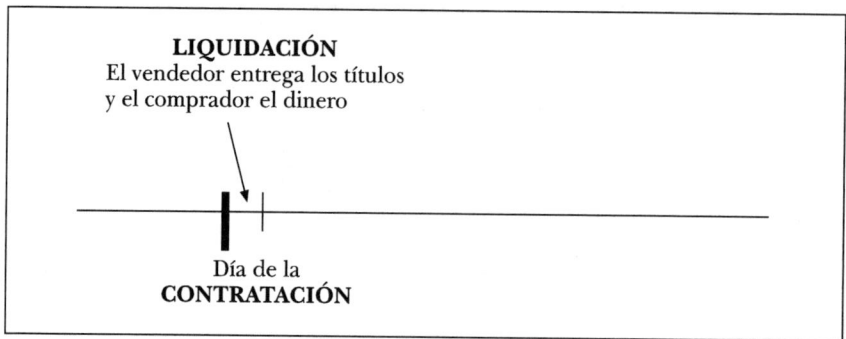

Figura 4.1. Esquema de las operaciones al contado

Cuando se habla de la entrega de los títulos por parte del vendedor tras la fase de contratación no implica, generalmente, la entrega física de los mismos. Los títulos suelen estar inmovilizados con la finalidad de simplificar el proceso de liquidación, es decir, se da la posibilidad de sustitución entre todos los títulos de una misma clase, sin tener que hacer referencia a numeraciones concretas. Se utiliza el sistema de anotaciones en cuenta de las entidades de depósito adscritas a la liquidación de las operaciones efectuadas (ver capítulo 5).

4.2. OPERACIONES A PLAZO

Este tipo de operaciones se caracterizan porque la contrapartida se entrega en un momento posterior al de haber cerrado la operación. Así pues, se producen cuando se contratan títulos en los que la liquidación no se realiza al contado sino a un plazo ya convenido. Podríamos distinguir dos tipos de operaciones a plazo:

- Sistema latino o francés: consiste en operaciones a plazo en las que los contratantes pueden diferir el cumplimiento de sus obligaciones. La figura 4.2 presenta un esquema ilustrativo.

– Sistema «*margin*» norteamericano: consiste en operaciones al contado en las que los agentes prestan dinero al comprador o títulos al vendedor de manera que este siempre recibe el importe de la venta y el primero los títulos inmediatamente después de la contratación. En el apartado siguiente se entra con más detalle en este tipo de operaciones denominadas «operaciones a crédito».

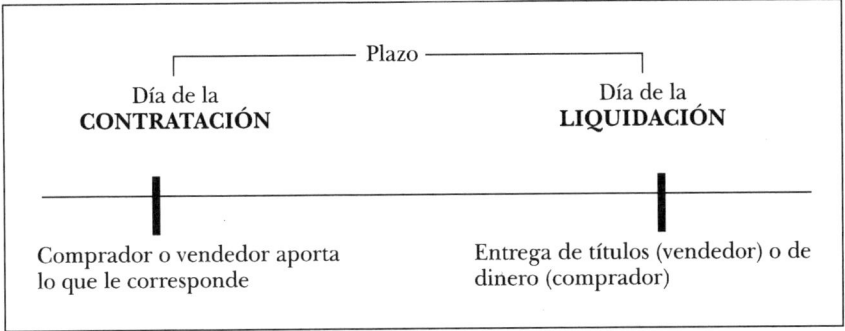

Figura 4.2. Esquema de las operaciones a plazo (sistema francés)

4.3. OPERACIONES A CRÉDITO

El sistema de crédito permite diferir el cumplimiento de una parte de las obligaciones de cualquier operación bursátil. Se trata de operaciones de contado en las que se ofrece crédito al comprador (prestándole dinero) o al vendedor (prestándole títulos) con la finalidad de que puedan liquidar la operación inmediatamente tras la contratación. Así pues, para el inversor, la operación a crédito es idéntica a la típica compraventa, por efectuarse y ejecutarse al contado, y al cambio de la sesión. La diferencia está en que inicialmente, dicho inversor sólo tiene que cubrir un porcentaje de la operación realizada siendo el intermediario el encargado de gestionar las acciones necesarias, si se trata de una venta, o el dinero que falta, si se trata de una compra. El inversor tiene así la posibilidad de comprar acciones desembolsando sólo una parte de su valor mientras que el intermediario le presta el resto. La función mediadora la pueden realizar: sociedades de valores, entidades de crédito oficiales, bancos, cajas y cooperativas de ahorro. Respecto a la persona, física o jurídica, que quiera operar con crédito al mercado debe atender a una serie de condiciones:

- No todos los títulos pueden ser contratados a crédito, sólo pueden ser objeto de esta forma de contratación los admitidos por cada bolsa. Los autorizados son los que registran mayores volúmenes de contratación.
- Para hacer contrataciones a crédito se ha de contratar un número mínimo de títulos que es fijado por la reglamentación vigente en cada momento.
- Tiene que existir, por parte del inversor, una garantía inicial en dinero, entregada al iniciarse la operación, que sirve para que se cumplan las obligaciones contraídas y así reducir el riesgo asociado. El valor medio de las garantías solicitadas oscila entre el 10% y el 50% del valor total de la compra o la venta. Así, si por ejemplo una persona desea contratar a crédito unos títulos valorados en 50.000 $ y la garantía a depositar es del 50%, deberá depositar 25.000 $ en concepto de garantía.
- En el caso de las compras, la garantía es parte del precio. El nivel de seguridad que se obtiene es alto ya que el intermediario dispone de los valores más el 50% de la operación. El inversor debe desembolsar inicialmente el 50% del precio efectivo y aportar el 50% restante al intermediario. Las garantías exigidas, los títulos adquiridos y los posibles dividendos a percibir son guardados en una entidad depositaria hasta el momento de la cancelación de la posición. En el momento del vencimiento, el comprador tiene que llevar a cabo una operación de venta para deshacer así su posición inicial. En ese momento recibirá el importe de las garantías entregadas inicialmente, más o menos el resultado de la operación, más los dividendos percibidos por las acciones durante el período en cuestión y menos los intereses devengados por el préstamo. En la figura 4.3 se presenta un esquema ilustrativo de la compra al contado con crédito.

La compra de títulos a crédito suele realizarse cuando existen previsiones de que estos van a subir. El comprador a crédito compra títulos hoy, utilizando el dinero prestado, para venderlos en el futuro a un precio más alto.

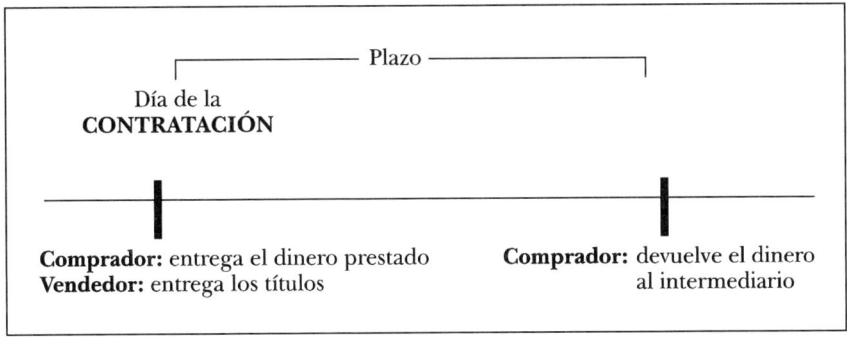

Figura 4.3. Compra al contado con crédito

- Respecto a las ventas, es el intermediario el que presta títulos a su cliente y este debe depositar una garantía inicial cuya cantidad es igual a la de las compras. Ahora, este depósito no es una parte del precio, es exclusivamente una garantía, y por lo tanto debe devolverse al finalizar la operación. Lo que el inversor recibe como préstamo son los títulos que se dispone a vender. Al vencimiento, el vendedor deberá recomprar los títulos, recibir el importe de las garantías entregadas al inicio, más o menos el resultado de la operación, y menos los dividendos percibidos por las acciones durante el período considerado, los cuales deberán serle entregados al titular objeto del préstamo. En la figura 4.4 se presenta un esquema ilustrativo de la venta al contado con crédito.

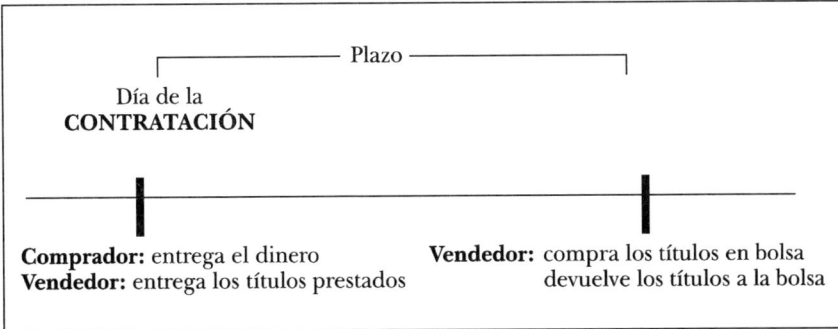

Figura 4.4. Venta al contado con crédito

El vendedor a crédito vende los títulos que no tiene porque piensa que en el futuro los podrá comprar más baratos.
- Además de la garantía inicial de dinero, pueden exigírsele al inversor garantías complementarias que en el caso de incumplimiento le supondrían la cancelación automática del contrato. El inversor deberá aportar dinero en el caso de fluctuaciones al alza o a la baja del valor en cuestión. Respecto al comprador, cuando el precio baja, respecto al vendedor, cuando el precio sube. Así pues, la garantía complementaria se exige cuando se produce una variación de los cambios bursátiles, normalmente superior al 10%, y en sentido contrario al previsto por el inversor.
- El inversor puede, voluntariamente, cancelar de forma anticipada el crédito cualquier día hábil bursátil, o bien prorrogar el período pactado aplazando la operación. En el caso del comprador a crédito, este ha de pagar el dinero que dejó a deber y quedarse los títulos, o bien ordenar la venta anticipada de estos. Por su parte, el vendedor a crédito cancelará su operación entregando títulos de su propia cartera.

La opción de operar a crédito es utilizada principalmente por aquellos inversores a corto plazo que poseen previsiones de alzas/bajas de los títulos de forma inmediata. Generalmente, deshacen sus operaciones en un plazo de tiempo breve. Con el mercado a crédito se aumenta la rentabilidad de las operaciones, ya que con sólo una parte del precio (el resto es prestado) se puede obtener el mismo rendimiento que con una operación normal. La rentabilidad es mayor en caso de acierto, pero se asume un riesgo bastante mayor si las predicciones resultan finalmente equivocadas.

4.4. «*REPOS*» u OPERACIONES DE DOBLES

Los «*repos*» u operaciones de dobles implican la coincidencia de una operación al contado y una operación a plazo de signo inverso. Son realizadas por aquellos inversores que intentan llevar una óptima gestión de la tesorería invirtiendo recursos sobrantes durante plazos relativamente cortos de tiempo.

Características principales:

- A través del contrato de la operación el vendedor al contado se compromete a adquirir los mismos títulos que ha vendido dentro de un plazo determinado y a un precio prefijado. Equivalentemente, desde el punto de vista del comprador, este se compromete a revender a la misma persona los mismos títulos en dicho plazo y precio.
- El precio de recompra incluye los intereses pactados que corresponden al período de tiempo transcurrido en la operación.
- Las operaciones de dobles suelen hacerse con pagarés del Tesoro, pero también pueden admitirse operaciones de dobles con otros títulos, como las acciones por ejemplo.

En la figura 4.5 se presenta un esquema de las operaciones de dobles.

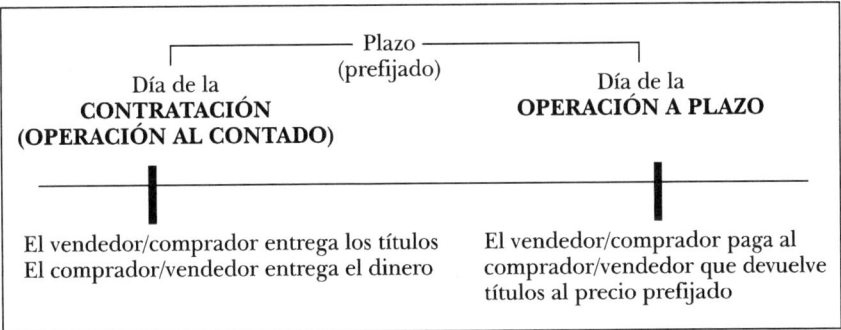

Figura 4.5. «*Repos*» u operaciones de dobles

¿Cuál es la razón de la existencia de este tipo de operaciones? Pueden realizarse con finalidades diversas. Veamos algunas de ellas:

- Rentabilizar las puntas de tesorería minimizando el riesgo: a un inversor poseedor de un excedente de tesorería durante un plazo muy corto de tiempo (un mes, una semana o incluso inferior a la semana), le puede interesar rentabilizarlo comprando títulos con el compromiso de que se los recompren en el plazo y precio que previamente se acuerde.
- Obtener un préstamo a cambio de títulos: a un poseedor de títulos, no interesado en desprenderse de ellos pero con una

necesidad temporal de fondos, puede interesarle vender dichos títulos con el compromiso de recomprarlos a un plazo y precio preestablecido.
- Para poder disponer de votos en una junta de accionistas: este es el caso en el que al comprador le interesa disponer de más votos ante una junta de accionistas pero no quiere conservar las acciones posteriormente. Ante esta situación puede hacer uso de las operaciones de dobles (compra al contado y venta a plazo), vistas en este caso como un préstamo de títulos.

4.5. OPCIONES

Una opción es un contrato que otorga a su comprador el derecho, y no la obligación, de comprar (*call*) o vender (*put*):

- Una cantidad determinada de un instrumento financiero (activo subyacente).
- A un precio fijado previamente (precio de ejercicio).
- Durante un determinado período (opción americana) o al vencimiento del contrato (opción europea).

Por su parte el vendedor de la opción, a cambio de recibir el pago de la prima (precio de la opción), tiene la obligación de venderle o comprarle el activo en cuestión al precio acordado (precio de ejercicio), en el caso que el comprador decida ejercer su derecho (ejercicio de la opción). En la figura 4.6 se presenta un esquema general de un contrato de opción, sea de compra o de venta.

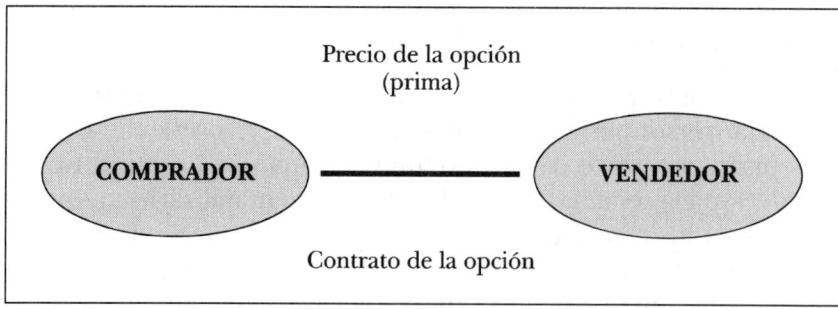

Figura 4.6. Esquema general de un contrato de opción

Las opciones sobre mercancías se vienen haciendo desde hace más de un siglo, pero las opciones sobre títulos-valores son más recientes. En Chicago, por ejemplo, donde existe una bolsa especializada en opciones financieras que es la más importante del mundo, este tipo de operaciones vienen realizándose desde 1973. Otros mercados importantes de opciones son los de Londres, Amsterdam y Filadelfia.

4.5.1. Características de las opciones

Los elementos que caracterizan a las opciones son:

- El tipo de opción (de compra *call* o de venta *put*).
- El nombre del valor, instrumento financiero o activo subyacente (*underlying asset*).
- La fecha de vencimiento (*declaration date*, *exercise date* o *expiry date*).
- El precio de ejercicio de la opción (*strike price*).

A continuación se analizan cada uno de ellos con más detalle.

4.5.1.1. Tipos de opciones

Distinguimos básicamente entre dos tipos de opciones según se trate de opciones de compra (*call options*) u opciones de venta (*put options*). Así pues, habrá cuatro posiciones básicas según se compre o se venda una opción de compra o una opción de venta (ver figura 4.7).

- Compra de una opción *call*: el comprador de este tipo de opciones tiene el derecho, a cambio de una prima (cantidad que se

POSICIÓN	TIPO DE OPCIÓN	
	Compra	Venta
Compradora	*Long call* (derecho a comprar)	*Long put* (derecho a vender)
Vendedora	*Short call* (obligación de vender)	*Short put* (obligación de comprar)

Figura 4.7. Tipos de opciones

paga por la opción), a comprar, en la fecha de vencimiento si se trata de una opción europea o en cualquier otro momento hasta la fecha de vencimiento si se trata de una opción americana, el activo subyacente en que se basa la opción. Dicha operación se realiza a un precio determinado prefijado en el contrato (precio de ejercicio o *strike price*). El comprador de opciones se dice que se encuentra en posición larga en opciones (*long call*).
– Venta de una opción *call*: el vendedor de una opción *call* tiene la obligación de vender el activo subyacente antes de o en la fecha de vencimiento (según el tipo de opción, como ya se ha comentado en el punto anterior) al precio establecido en el contrato. Esto lo hace a cambio de la percepción de la prima. Así pues, el vendedor de una opción de compra está obligado a satisfacer los requerimientos contractuales del comprador. Dicho vendedor de opciones se dice que se encuentra en posición corta en opciones (*short call*).
– Compra de una opción *put*: el comprador de este tipo de opciones tiene el derecho, a cambio del pago de una prima, a vender el activo subyacente al precio estipulado en el contrato, en o hasta la fecha límite de vencimiento dependiendo de nuevo del tipo de opción. El comprador se encuentra en una posición larga en opciones (*long put*).
– Venta de una opción *put*: el vendedor de una opción *put* tiene la obligación de comprar el activo subyacente establecido en el contrato, en la fecha límite o en un momento anterior según el tipo de opción, pagando el precio de ejercicio estipulado y siempre a requerimiento del comprador de la opción. A cambio recibe una prima. El vendedor de opciones se encuentra en posición corta (*short put*).

En términos generales, vemos que los que se encuentran en posición corta en opciones, los vendedores, adquieren un compromiso frente a la otra parte, mientras que los que se encuentran en posición larga, los compradores, no tienen dicha obligación sino un derecho a ejercitar o no la opción. La decisión de ejercer o no dicho derecho que incorpora la opción está totalmente en su poder. Aunque se detallará más adelante podemos anticipar que el comprador se decidirá por la ejecución de la opción sólo si la diferencia entre los precios de ejercicio y corriente (el de mercado en el momento de ejercitar la opción) le es favorable. Que le sea favorable implica la obtención de algún beneficio, en caso contrario no ejercitará dicha opción.

4.5.1.2. Activos subyacentes

Los activos subyacentes son el objeto de los contratos de opciones, el instrumento financiero que se quiere comprar o vender. Existe una gran variedad permitiendo una clasificación de las opciones en distintos grupos atendiendo a esta característica. Algunos de los grupos más usuales son:

- Opciones sobre activos de renta fija (*fixed interest options*): se cotizan sobre pagarés del Tesoro EE UU a trece semanas y sobre los siguientes bonos: de Canadá a largo plazo, del gobierno holandés, del Tesoro EE UU a diez años, del Tesoro EE UU a treinta años, y del Reino Unido a largo plazo.
- Opciones sobre acciones (*stock options*): son varios cientos las opciones sobre acciones de las compañías más importantes que se cotizan en las bolsas de Nueva York, Chicago, Filadelfia, San Francisco, Montreal, Toronto, Londres, Amsterdam, Tokio, Sydney, Bruselas, Frankfurt, Milán, Madrid, etc.
- Opciones sobre índices (*index options*): se cotizan en:
  - el *Chicago Board Options Exchange* (CBOE): el *Standard and Poors 100 index*, el *Standard and Poors 500 index* y el *Standard and Poors Transportation index*.
  - el *American Stock Exchange (AMEX)*: el *Major Market index*, el *Market value index*, *Computer Technology index*, el *Oil index*, y el *Transportation index*.
  - el *New York Stock Exchange* (NYSE): el *NYSE composite index*, el *NYSE composite double index* y el *NYSE telephone index*.
  - *The Stock Exchange, London* (TSE): el *TSE 300 index*, el *TSE 300 composite index*, el *FT-SE 100 index*.
  - y algunos más en otras bolsas.
- Opciones sobre divisas (*currency options*): en el CBOE se cotizan opciones dólar canadiense/dólar USA, libra esterlina/dólar USA, euro/dólar USA, euro/dólar USA, franco suizo/dólar USA, yen/dólar USA, dólar USA/euro, dólar USA/florín holan-

dés. Estos mismos contratos son negociados igualmente en el *Philadelphia Stock Exchange* (PES).
- Opciones sobre futuros (*forward options*): en las bolsas de Nueva York, Chicago y Londres se cotizan opciones sobre futuros de divisas, de bonos y de índices.
- Opciones sobre mercancías (*commodity options*): aquí se pueden distinguir dos grupos fundamentales: los productos agrícolas y los metales, preciosos o no. Existen mercados especializados en cada una de estas mercancías, estableciendo para cada caso un contrato diferente. Ejemplos: el CBOT de Chicago especializado en cereales, el COMEX de Nueva York en metales, el KCBOT de Kansas en cereales, etc. En Europa el mercado más importante es el de Londres, donde se negocian contratos normalizados sobre la mayoría de las mercancías.

En la figura 4.8 se acompaña un extracto de periódico con ejemplos de opciones sobre acciones e índices bursátiles en España.

4.5.1.3. Fecha de vencimiento

En referencia a la fecha de vencimiento se distinguen dos grandes grupos. Por un lado está el caso americano, donde el derecho del comprador puede ejercitarse en cualquier fecha hasta el vencimiento, y por otro el caso de Europa, donde el derecho debe ejercitarse el mismo día del vencimiento.

Así pues, atendiendo a la fecha de vencimiento, las opciones pueden clasificarse en:

- Opciones americanas: pueden ejercerse en un momento cualquiera de la vida del contrato hasta su fecha de vencimiento.
- Opciones europeas: sólo pueden ejercitarse en una fecha especificada en el contrato, que será la fecha de su vencimiento.

La mayoría de los mercados organizados suelen usar las opciones tipo americanas al presentar una mayor flexibilidad en su negociación respecto a las europeas.

Además de los dos tipos mencionados existe una tercera posibilidad, las opciones asiáticas. Estas se denominan así por su proceden-

MERCADO DE OPCIONES SOBRE EL IBEX

	VOLATILIDAD		VOLUMEN		POSICIÓN ABIERTA		VARIACIÓN
	ANTERIOR	ÚLTIMO	OPCIONES CALL	OPCIONES PUT	OPCIONES CALL	OPCIONES PUT	POSICIÓN ABIERTA/TOTAL
Marzo	28,50		2.293	1.156	17.259	14.412	56
Abril	30,00	27,75	1.666	1.040	2.519	1.907	1.838
Mayo	32,00	30,25	371	374	245	337	428
Junio	32,50	31,50	1.722	1.243	5.608	6.632	2.840
Septiembre	33,75	32,25	206	–	3.659	1.708	441
Diciembre	34,50	33,00	383	983	5.562	3.255	1.229
			6.641	**4.796**	**34.852**	**28.251**	**6.832**

OPCIONES SOBRE ACCIONES

	VOLUMEN		POSICIÓN ABIERTA		VARIACIÓN
	OPCIONES CALL	OPCIONES PUT	OPCIONES CALL	OPCIONES PUT	POSICIÓN ABIERTA/TOTAL
TOTAL	157.341	151.770	276.629	264.240	51.776

Notas
– Mercado de opciones sobre el IBEX. Se presentan datos referentes a la volatilidad volumen, posición abierta y variaciones, desde marzo hasta diciembre de 1998.
– Mercado de opciones sobre acciones. Se presentan datos referentes al volumen, posición abierta y variación.
– Los datos están en millones de ptas. a excepción de la volatilidad, que se presenta en tanto por ciento.
– Volatilidad. Expresa el grado de variabilidad de los precios.
– Volumen. Indica el total de opciones de compra (*call*) y de venta (*put*) en el mercado.
– Posición abierta. Cuando el derecho que otorga la opción todavía no se ha ejecutado.
– Variación. Posiciones abiertas sobre el total.

Figura 4.8. Ejemplos de opciones
(Fuente: *El País*, Negocios. 21, marzo 1999)

cia y no tienen ninguna característica especial en cuanto a la fecha de vencimiento pero sí en cuanto al precio del activo subyacente en el momento de ejercerse la opción. Este se calcula a través del precio medio de un período determinado, normalmente el período en el que la opción ha sido negociada. La finalidad de este tipo de opciones es evitar la manipulación que sufren los activos subyacentes en las fechas de vencimiento cuando el manipulador busca un precio favorable a sus intereses dependiendo de la posición que ocupe respecto a la opción. Esta es una práctica usual en los mercados japoneses, de ahí su denominación.

4.5.1.4. Precio de ejercicio

El precio de ejercicio indica la conveniencia o no de ejercitar la opción cuando se le compara con el precio de mercado del activo subyacente en cuestión. De esta forma señala la posibilidad de obtener un beneficio si la diferencia entre ambos es favorable.

– Compra de una opción de compra *call*

Como ya se ha comentado en el apartado referente a los tipos de opciones, en la posición *long call* (comprador de una opción de compra), el tomador de la opción tiene el derecho, pero no la obligación, a adquirir al precio prefijado el activo subyacente. La decisión la tomará tras la comparación de los precios de ejercicio y de mercado de dicho activo subyacente. Se pueden distinguir tres situaciones:

1. Si el precio de mercado del activo subyacente (S) es menor que el precio de ejercicio (E) estipulado para dicho activo, el comprador de la *call* no ejercerá la opción ya que puede adquirir dicho activo en el mercado a un precio inferior que si lo hiciera a través de la opción. Así pues, en este caso el comprador de la *call* obtendrá una pérdida limitada a la prima (X) pagada por la opción. Esta situación se conoce bajo la expresión *out the money*, fuera de dinero, la opción no vale nada.

Por lo tanto, siempre que S<E la opción no se ejercitará y el resultado obtenido será la pérdida de X.

2. Si el precio de mercado del activo subyacente (S') es igual al precio de ejercicio (E), al poseedor de la acción le es indiferente el ejecutarla o no, ya que pagará el mismo precio por el activo subyacente en el mercado que ejecutando la opción. Destacar que seguirá teniendo la pérdida por la prima (X) pagada por la opción. Esta situación se conoce bajo la expresión *at the money*, con la que se indica que la opción está en dinero.

Para hallar el punto a partir del cual la opción genera beneficios netos, es interesante conocer el «umbral de rentabilidad» (UR) o *break point*. A medida que el precio de mercado supere dicho punto el comprador de la *call* irá obteniendo beneficios crecientes. En el tramo comprendido entre el precio de ejercicio y el umbral de rentabilidad, la pérdida, limitada a la prima, va disminuyendo hasta llegar al propio punto UR donde se hace nula. Por lo tanto, en este tramo el comprador ejercerá la opción obteniendo unos resultados: S' – (E+X) < o = 0.

3. Si el precio de mercado (S") supera al precio de ejercicio (E), el poseedor de la opción la ejercerá siempre, ya que hasta el punto UR recuperará la inversión inicial, y a partir de ese mismo punto entrará en zona de beneficios. Esta situación es conocida bajo la expresión *in the money*, indicando que se encuentra dentro de dinero, la opción tiene valor. Los beneficios que el comprador de la opción puede obtener en esta situación son ilimitados y sólo dependerán de lo alto que pueda llegar el precio de mercado hasta la fecha de vencimiento. Así pues, siempre que S>E, la opción se ejercerá. En esta situación el beneficio de una *long call* será: S" – (E+X) >0.

En la figura 4.9 se presenta un resumen gráfico de las tres situaciones analizadas.

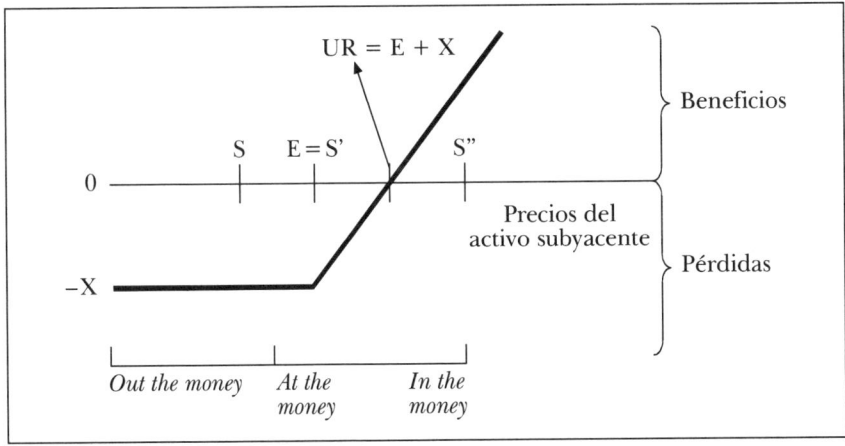

Figura 4.9. Comprador de una *call*

Como conclusión, decir que el comprador de una opción de compra *call* tiene unas posibilidades de beneficio ilimitado y de pérdida limitada (por la prima). Así pues, el comprador de una *call* será el inversor que tenga expectativas alcistas respecto al mercado y espere que el activo subyacente aumente mucho su precio.

– Venta de una opción de compra *call*

El inversor que se encuentre en posición corta o *short call*, vendedor de opciones de compra, estará condicionado a la actuación del comprador de la opción, ya que, como hemos visto antes, adquiere un compromiso respecto a este. Por lo tanto, el resultado que el vendedor obtendrá con la venta de la opción de compra será el contrario que el obtenido por el comprador en cada una de las situaciones ya comentadas. En la figura 4.10 se puede apreciar como la posición del vendedor es simétrica a la del comprador: la ganancia del vendedor será la pérdida del comprador y viceversa, el beneficio obtenido por el comprador será la pérdida del vendedor.

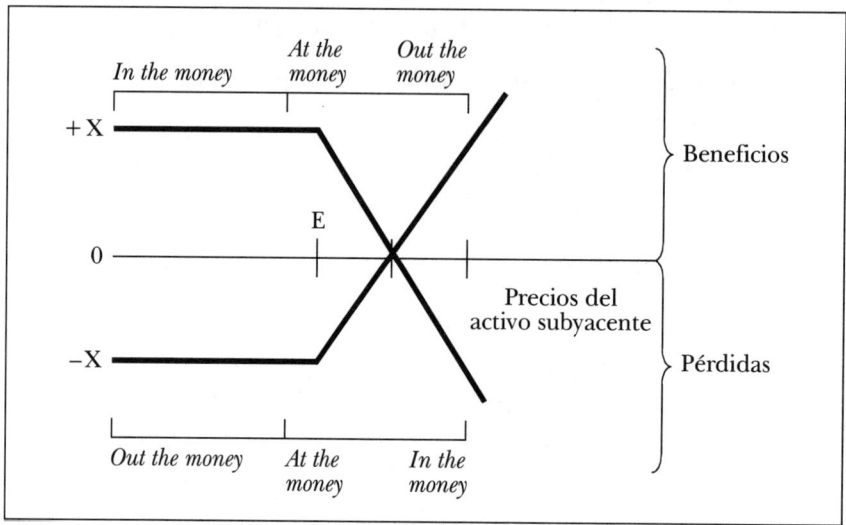

Figura 4.10. Comprador y vendedor de una *call*

Si el vendedor de opciones de compra tiene una visión pesimista del mercado y prevé una bajada de los precios por debajo del precio de ejercicio, si acierta en su previsión, el comprador no ejercerá la opción y él obtendrá la prima recibida como ganancia de la operación. Esta ganancia queda en cualquier caso limitada a la prima recibida. Sin embargo, si los precios aumentan el comprador de la opción la ejercitará, con lo que el vendedor entrará en zona de pérdidas que serán tan elevadas como la subida de precios por encima del precio de ejercicio.

Concluyendo, el vendedor de opciones de compra tiene unas posibilidades de beneficio limitadas a la prima y unas posibilidades de pérdidas totalmente ilimitadas (situación, repetimos, simétrica a la del comprador de una opción de compra *call*). Así pues, el vendedor de una opción de compra esperará que el precio del activo subyacente sea estable o que baje un poco.

– Compra de una opción de venta *put*

En la compra de una opción de venta (posición *long put*), el tomador de la opción tiene el derecho, pero no la obligación, a vender al precio estipulado el activo subyacente. La decisión de ejecutar o no la opción la tomará después de comparar el precio de ejercicio con el precio de mercado del activo en cuestión. Como en la compra de una opción de compra *call* podemos distinguir tres casos:

1. Si el precio de mercado (S) es menor que el precio de ejercicio (E), el comprador de la opción la ejercerá, ya que obtendrá por el activo subyacente un precio mayor que el que obtendría directamente en el mercado. En este caso la opción se encuentra *in the money*, dentro de dinero, es decir, tiene valor. Esta situación es la contraria a la analizada para el caso de un comprador de una *call*. El resultado que obtendrá el comprador de una *put* será la diferencia entre el precio de ejercicio y la suma del precio de mercado y la prima pagada por la opción (X), E – (S+X). Así pues, el comprador tiene unas posibilidades de beneficio sin límites, dependiendo únicamente de la baja de los precios de mercado. Siempre que S<E la opción será ejercitada.

2. Si el precio de ejercicio (E) es igual al precio de mercado (S'), la opción se encuentra a dinero, *at the money*. En este caso, el tomador de la *put* será indiferente entre ejercer o no la opción, ya que le resultará igual adquirir el activo subyacente a través del mercado que ejercitando la opción. En ambos casos obtendrá una pérdida limitada a la prima (X) que ha pagado por la opción.

Al igual que se presentó para el caso de una *call*, es interesante conocer el umbral de rentabilidad (UR) en las *put*. En el tramo comprendido entre el umbral de rentabilidad y el precio de ejercicio, el comprador de la opción irá obteniendo pérdidas crecientes hasta llegar al mencionado precio de ejercicio, donde la pérdida se limita a la prima pagada. Así pues, en este tramo también le interesa ejercer la opción de venta ya que obtendrá unas pérdidas menores que si no la ejerce, en cuyo caso perderá la totalidad de la prima.

3. Por último, si el precio de ejercicio (E) se encuentra por debajo del precio de mercado (S"), el comprador de la *put* no la ejercitará. En este caso la opción se encuentra *out the money*, fuera de dinero, no vale nada. El tomador obtendrá un resultado que será la pérdida de la prima pagada por la opción (X), de manera que tiene unas posibilidades limitadas de pérdidas. Así pues, siempre que E<S", la opción no será ejecutada y el resultado obtenido será la pérdida de la prima (X).

En la figura 4.11 se presenta un esquema resumen de las tres situaciones descritas.

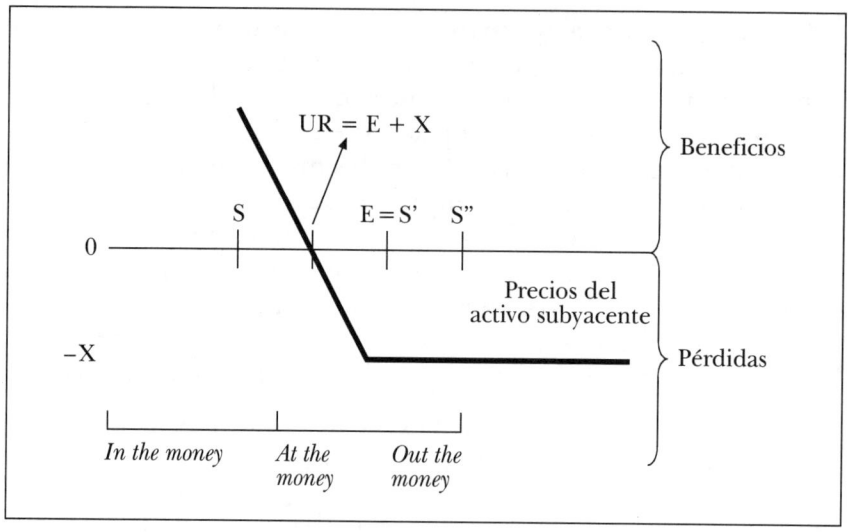

Figura 4.11. Comprador de una *put*

Como conclusión, decir que el comprador de una opción de venta tiene posibilidades ilimitadas de beneficio y limitadas de pérdidas. Por lo tanto, se trata de un inversor que tiene una visión pesimista del mercado y espera que los precios bajen mucho con la finalidad de obtener resultados positivos.

– Venta de una opción de venta *put*

Los resultados del vendedor de opciones de venta, posición *short put*, dependerán de la actuación del comprador en cuanto se decida o no a ejercer la opción. Esto es así porque el vendedor adquiere un compromiso frente al comprador. El compromiso es: adquirir el activo subyacente sobre el que se basa la opción, al precio de ejercicio acordado en el contrato y a cambio de la prima que obtiene de la venta de dicha opción. Si el comprador se decide a ejercitar la opción, será porque va a obtener beneficios, con lo que el vendedor obtendrá pérdidas y viceversa, si el comprador no ejercita la opción el vendedor obtendrá beneficios, limitados a la prima percibida (ver figura 4.12). Comprador y vendedor mantienen posiciones simétricas respecto a los resultados que pueden obtener, misma situación que en el caso de la venta de una opción de compra *call*. Así pues, el vendedor de una opción de venta posee unas posibilidades de beneficio limitadas al valor de la prima que el comprador paga por la opción y unas posibilidades de pérdidas ilimitadas.

El vendedor de una *put* espera que el precio del activo subyacente sea estable o suba poco para poder tener beneficios.

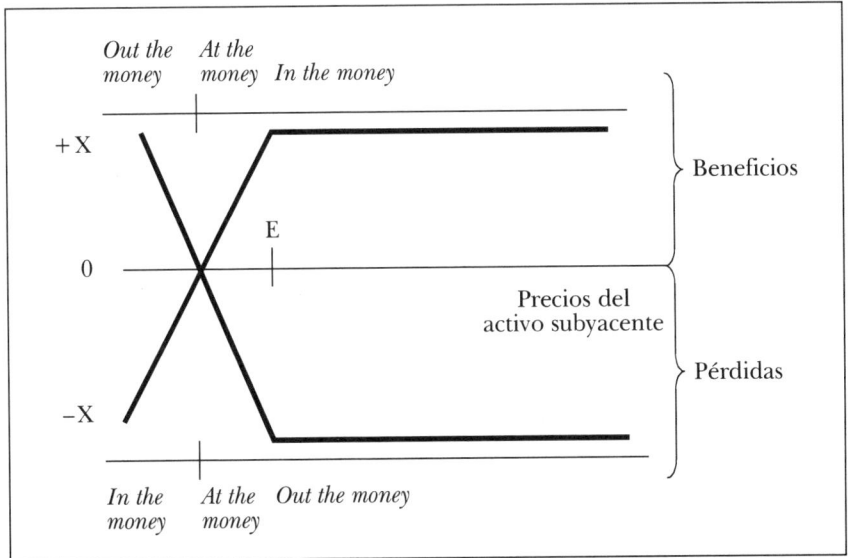

Figura 4.12. Comprador y vendedor de una *put*

Como reflexión global de todas las posiciones vistas:

- Se deduce que los que realmente mantienen una elección son los compradores de las opciones (ya sea de una *call* o de una *put*), mientras que los vendedores se encuentran sometidos a la decisión de los tomadores.
- En referencia a los resultados, los compradores tienen posibilidades de beneficio ilimitado y unas pérdidas limitadas a la prima pagada, mientras que los vendedores tienen posibilidad de unos beneficios limitados a la prima que obtienen y unas pérdidas ilimitadas.
- Si la visión que tiene un inversor es bajista, deberá vender una *call* o comprar una *put*, y si tiene una visión alcista, puede comprar una *call* o vender una *put*. La elección entre las alternativas posibles vendrá determinada por la amplitud del movimiento:
  - Compra de opciones de compra: si se espera una subida importante del precio del activo subyacente.
  - Venta de opciones de venta: si se espera que el precio del activo subyacente sea estable o aumente en una cuantía poco considerable.
  - Venta de opciones de compra: si se espera que el precio del activo subyacente sea estable o disminuya de manera poco importante.
  - Compra de opciones de compra: si se espera que el precio del activo subyacente disminuya de forma considerable.

En la figura 4.13 se presentan unos ejemplos de opciones de compra *call* y opciones de venta *put* sobre acciones en el mercado bursátil español.

4.6. FUTUROS

Una operación con futuros se puede definir como un contrato o acuerdo entre dos partes por el que se comprometen a intercambiar un activo, físico o financiero, a un precio determinado y en una fecha futura preestablecida al firmarse dicho acuerdo. La figura 4.14 presenta un esquema ilustrativo de las operaciones con futuros. Para el comprador, el contrato de futuros significa la obliga-

Formas de operar en bolsa

SOBRE ÍNDICES

F.IBEX-35 1 vto.: 7.159,50 Dif: -447,00/-6,24%

OPCIONES DE COMPRA-CALL

SERIE		CIERRE				OTROS CAMBIOS		VOLUM.	P.ABIER.
F. Vto.	P. Ejer.	P. Dem.	P. Ofer.	Ult.	Volat.	Delta	Máx.	Min.	N.º cont.	N.º cont.
Oc	7.000	0	0	0	0,00	0,00	0	0	0	0
Oc	7.100	387	405	396	63,54	0,55	330	330	1	2
Oc	7.150	360	378	369	63,00	0,53	370	370	40	0
Oc	7.200	334	352	343	62,67	0,51	408	280	49	167
Oc	7.250	310	328	319	62,34	0,48	0	0	0	51
Nv	7.900	611	629	620	52,25	0,53	0	0	0	0
Nv	8.000	278	296	287	55,00	0,33	0	0	0	15
Nv	8.050	617	635	626	52,00	0,54	0	0	0	0
Nv	8.100	248	266	257	54,50	0,31	253	253	1	22
Nv	8.150	234	252	243	54,25	0,30	0	0	0	10
Dc	7.200	737	755	746	57,00	0,55	800	800	5	455
Dc	8.100	597	615	606	48,30	0,42	0	0	0	20
Jn	7.700	1.081	1.099	1.090	43,25	0,56	0	0	0	0
TOTALES		**CALL: 96**		**P. ABIERTA: 742**						
		RATIO CALL/PUT DÍA: 0,29								

OPCIONES DE VENTA-PUT

SERIE		CIERRE				OTROS CAMBIOS		VOLUM.	P.ABIER.
F. Vto.	P. Ejer.	P. Dem.	P. Ofer.	Ult.	Volat.	Delta	Máx.	Min.	N.º cont.	N.º cont.
Oc	7.000	286	304	295	64,62	0,41	300	200	61	635
Oc	7.100	328	346	337	63,54	0,45	393	252	155	155
Oc	7.150	350	368	359	63,00	0,47	0	0	0	35
Oc	7.200	375	393	384	62,67	0,49	435	298	0	333
Oc	7.250	400	418	409	62,34	0,51	0	0	0	120
Nv	7.900	1.029	1.047	1.038	55,50	0,64	0	0	0	12
Nv	8.000	1.097	1.115	1.106	55,00	0,66	0	0	0	40
Nv	8.050	617	635	626	52,00	0,46	0	0	0	0
Nv	8.100	1.166	1.184	1.175	54,50	0,69	0	0	0	10
Nv	8.150	641	659	650	51,75	0,47	0	0	0	0
Dc	7.200	741	759	750	57,00	0,44	715	715	6	100
Dc	8.100	1.461	1.479	1.470	48,30	0,56	0	0	0	200
Jn	7.700	1.076	1.09	085	43,25	0,42	0	0	0	0
TOTALES		**PUT: 326**		**P. ABIERTA PUT: 1640**						
		RATIO CALL/PUT POS. ABIERTA: 0,45								

SOBRE ACCIONES

ACESA: 2.075,50 Dif: -95,00/-4,58%

OPCIONES DE COMPRA-CALL

SERIE		CIERRE				OTROS CAMBIOS		VOLUM.	P.ABIER.
F. Vto.	P. Ejer.	P. Dem.	P. Ofer.	Ult.	Volat.	Delta	Máx.	Min.	N.º cont.	N.º cont.
Dc	2.000	177	205	191	43,50	0,62	0	0	0	0
Dc	2.100	113	153	143	43,00	0,50	0	0	0	25
Dc	2.200	95	115	105	42,70	0,39	0	0	0	69
Mz	2.300	176	204	190	34,00	0,52	0	0	0	0
TOTALES		**CALL: 0**		**P. ABIERTA CALL: 94**						

OPCIONES DE VENTA-PUT

SERIE		CIERRE				OTROS CAMBIOS		VOLUM.	P.ABIER.
F. Vto.	P. Ejer.	P. Dem.	P. Ofer.	Ult.	Volat.	Delta	Máx.	Min.	N.º cont.	N.º cont.
Dc	2.000	127	147	137	43,50	0,39	0	0	0	79
Dc	2.100	175	203	189	43,00	0,50	0	0	0	511
Dc	2.200	233	269	251	42,70	0,62	0	0	0	321
Mz	2.300	213	249	231	34,00	0,49	0	0	0	0
		PUT: 0		**P. ABIERTA PUT: 911**						

(continúa en la página siguiente)

(continuación)

ARGENTARIA: 2.515,00   **Dif:** -310,00/-12,33%

SERIE				OPCIONES DE COMPRA-CALL								OPCIONES DE VENTA-PUT							
				CIERRE				OTROS CAMBIOS		VOLUM.	P. ABIER.			CIERRE				OTROS CAMBIOS		VOLUM.	P. ABIER.
F. Vto.	P. Ejer.	P. Dem.	P. Ofer.	Ult.	Volat.	Delta	Máx.	Mín.	N.° cont.	N.° cont.	P. Dem.	P. Ofer.	Ult.	Volat.	Delta	Máx.	Mín.	N.° cont.	N.° cont.
Dc	3.000	126	146	136	63,50	0,30	0	0	0	60	596	632	614	63,50	0,70	0	0	0	110
Dc	3.100	105	125	115	63,20	0,30	0	0	0	1.800	329	365	347	58,00	0,49	0	0	0	0
Dc	3.200	85	101	93	62,90	0,22	115	115	25	56	752	788	770	62,90	0,79	0	0	0	100
Mz	3.100	185	221	203	57,80	0,33	230	230	30	60	753	789	771	57,80	0,68	0	0	0	30
TOTALES	**CALL: 55**			**P. ABIERTA CALL: 1.976**							**PUT: 0**					**P. ABIERTA PUT: 240**			

B.B.V.: 1.365,00   **Dif:** -195,00/-14,29%

SERIE				OPCIONES DE COMPRA-CALL								OPCIONES DE VENTA-PUT							
				CIERRE				OTROS CAMBIOS		VOLUM.	P. ABIER.			CIERRE				OTROS CAMBIOS		VOLUM.	P. ABIER.
F. Vto.	P. Ejer.	P. Dem.	P. Ofer.	Ult.	Volat.	Delta	Máx.	Mín.	N.° cont.	N.° cont.	P. Dem.	P. Ofer.	Ult.	Volat.	Delta	Máx.	Mín.	N.° cont.	N.° cont.
Dc	1.330	204	240	222	82,40	0,64	0	0	0	60	170	198	184	82,40	0,36	155	155	1	43
Dc	1.363	188	224	206	82,00	0,53	270	270	5	94	183	219	201	82,00	0,47	0	0	0	716
Dc	1.397	179	207	193	81,70	0,53	0	0	0	540	203	239	221	81,70	0,47	0	0	0	0
Mz	1.630	164	192	178	72,40	0,44	180	180	25	0	315	351	333	76,00	0,44	0	0	0	0
TOTALES	**CALL: 30**			**P. ABIERTA CALL: 694**							**PUT: 1**					**P. ABIERTA PUT: 759**			

ENDESA: 3.025,00   **Dif:** -175,00/-5,79%

SERIE				OPCIONES DE COMPRA-CALL								OPCIONES DE VENTA-PUT							
				CIERRE				OTROS CAMBIOS		VOLUM.	P. ABIER.			CIERRE				OTROS CAMBIOS		VOLUM.	P. ABIER.
F. Vto.	P. Ejer.	P. Dem	P. Ofer.	Ult.	Volat.	Delta	Máx.	Mín.	N.° cont.	N.° cont.	P. Dem.	P. Ofer.	Ult.	Volat.	Delta	Máx.	Mín.	N.° cont.	N.° cont.
Dc	2.900	334	370	352	49,60	0,62	0	0	0	0	185	221	203	49,60	0,39	0	0	0	7.450
Dc	3.000	279	315	297	49,00	0,62	0	0	0	55	229	265	247	49,00	0,39	215	215	50	145
Dc	3.100	233	269	251	48,70	0,50	0	0	0	3.641	283	319	301	48,70	0,50	255	252	15	186
Mz	3.300	245	281	263	44,40	0,42	0	0	0	1.045	346	382	364	43,00	0,48	0	0	0	0
TOTALES	**CALL: 0**			**P. ABIERTA CALL: 4.741**							**PUT: 65**					**P. ABIERTA PUT: 7.781**			

(continúa en la página siguiente)

(continuación)

FECSA: 1.375,00   **Dif:** -10,00/-0,73%

SERIE		OPCIONES DE COMPRA-CALL								OPCIONES DE VENTA-PUT							
			CIERRE			OTROS CAMBIOS		VOLUM.	P.ABIER.		CIERRE			OTROS CAMBIOS		VOLUM.	P.ABIER.
F. Vto.	P. Ejer.	P. Dem	P. Ofer.	Ult.	Volat.	Delta	Máx.	Min.	N.º cont.	N.º cont.	P. Dem.	P. Ofer.	Ult.	Volat.	Delta	Máx.	Min.	N.º cont.	N.º cont.
Dc	1.350	111	131	121	40,40	0,61	0	0	0	1	77	93	85	40,40	0,39	0	0	0	130
Dc	1.400	88	104	96	40,00	0,50	0	0	0	100	100	120	110	40,00	0,50	0	0	0	210
Dc	1.450	66	82	74	39,70	0,39	0	0	0	100	128	148	138	39,70	0,62	0	0	0	131
Mz	1.350	129	149	139	36,00	0,53	0	0	0	0	119	139	129	36,00	0,48	0	0	0	0
TOTALES		CALL: 0		P. ABIERTA CALL: 201							PUT: 0					P. ABIERTA PUT: 471			

Notas
– Opciones sobre índices. Precio de ejercicio: el precio del activo subyacente sobre el que se define la opción, en este caso el Futuro del IBEX (al vencimiento, precio del IBEX al contado); la columna de cierre indica los precios teóricos de oferta y demanda y el Ult. corresponde a la media de ambos; la volatilidad expresa el grado de variabilidad e incertidumbre de los precios y la delta refleja la relación entre la variación del subyacente y la variación de la opción.
– Sobre acciones: las columnas se refieren a los mismos conceptos que en el caso de las opciones sobre índices.
– Datos operativos: 1 opción = 100 acciones; los precios de cierre corresponden al precio o prima de una opción; los ratios cal/put son el cociente entre las opciones de compra y las de venta.

Figura 4.13. Ejemplos de opciones
(Fuente: *La Gaceta del Viernes*, Mercados. 2, octubre 1998)

ción de comprar el activo subyacente al precio del futuro en la fecha de vencimiento y para el vendedor, supone la obligación de vender dicho activo subyacente al precio del futuro en la misma fecha de vencimiento. Se distinguen pues dos posiciones en futuros, cuyas pérdidas o beneficios dependerán de la relación entre el precio del futuro (pactado en el momento presente) y el precio de liquidación (precio del activo subyacente en el mercado y en la fecha de vencimiento):

- Posición larga (compradora):
  - Si el precio del futuro < el precio de liquidación, el comprador obtiene un beneficio.
  - Si el precio del futuro > el precio de liquidación, el comprador tiene una pérdida.
- Posición corta (vendedora):
  - Si el precio del futuro > el precio de liquidación, el vendedor obtiene un beneficio.
  - Si el precio del futuro < el precio de liquidación, el vendedor tiene una pérdida.

Un elemento clave en el contrato de futuros será pues la determinación del precio del futuro. Este se calculará a partir del precio al contado del activo subyacente más el coste neto de financiación, coste financiero que marcará la diferencia entre hoy (día en el que se ha pactado el contrato) y el día del vencimiento de dicho contrato. Así pues, va a depender del activo subyacente definido en el contrato. A modo de ejemplo se presenta el caso de las acciones y los bonos.

- Precio *forward* de una acción:

$$FW = PC(1 + ti) - d(1 + t'i')$$

donde FW: precio *forward*
       PC: cotización al contado de la acción
       i: tasa libre de riesgo
       d: dividendos pagados antes del vencimiento
       t: tiempo hasta el vencimiento

Una acción genera dividendos, de manera que si tengo una acción en mi cartera y paga dividendos durante el período del contrato, el individuo que acordó el contrato del futuro no percibirá el dividendo en cuestión. Ante esta situación, se deberá deducir su impacto en el precio del futuro. Si esto no se hiciese, el contado resultaría más eficiente que el futuro y todo el mundo compraría al contado hasta que este efecto se diluyese (operación de arbitraje).

– Precio *forward* de un bono sin pago de cupón intermedio:

$$FW = (PC + CC)(1 + it/360) - CCf)$$

donde PC: cotización al contado del bono
CC: cupón corrido del bono en t (sinónimo de interés acumulado)
t: tiempo hasta el vencimiento
i: tipo de interés libre de riesgo correspondiente a t
CCf: cupón corrido el día de vencimiento del *forward*

– Precio *forward* de un bono con pago de cupón intermedio:

$$FW = (PC + CC)(1 + it/360) - CCf - CC'(1 + i't'/360)$$

donde CC': cupón cobrado en t'
t': tiempo hasta el vencimiento desde el cobro del cupón
i': tipo de interés libre de riesgo correspondiente a t'

En este caso el cupón intermedio actúa de la misma forma que el pago del dividendo en la acción. El que tiene un futuro sobre el bono no va a recibir el cupón, así que debe descontarse del precio.

El contrato de futuros es muy similar al contrato a plazo o *forward*. Sin embargo, existen notables diferencias entre ellos:

- La principal diferencia reside en que el contrato de futuros está estandarizado en todos sus términos, mientras que en el contrato a plazo existe una libertad de negociación entre las partes.
- Los contratos de futuros son más rígidos al tener normalizados todos sus términos, pudiendo incluso en algún caso no ajustarse a las necesidades de las partes. En cambio en el *forward* la negociación entre las partes de los términos del contrato facilita a estas el encontrar un acuerdo que se ajuste a sus necesidades, de manera que ante situaciones diferentes existirán distintos contratos.
- Los contratos de futuros tienen una negociación más fácil y amplia que los contratos *forward*. Ello se debe a que la no estandarización de los elementos contractuales dificulta la cancelación anticipada del contrato a través de su venta. El contrato que se ajustó a unas necesidades muy concretas para una de las partes resulta complicado que encuentre a alguien que se vea satisfecho con las mismas condiciones.
- El contrato de futuros se negocia en un mercado organizado, con todas las ventajas que ello implica. Por su parte, el contrato a plazo puede tener cualquier mercado, habrá tantos como acuerdos de compraventa existan.
- La relación entre compradores y vendedores en los contratos de futuros es anónima, no se conocen. En cambio, en los contratos a plazo la relación suele ser directa o cuasidirecta, puesto que también puede aparecer la figura del *broker* (intermediario).
- En el contrato de futuros, el riesgo de insolvencia o incumplimiento de alguna de las partes es asumido por la entidad encargada de cruzar las operaciones entre ellas. Por su parte, en el contrato *forward* el riesgo de insolvencia o incumplimiento de alguna de las partes se asume por las partes contratantes.
- En el contrato de futuros es obligatorio el depósito de un margen de garantía que cubra una serie de riesgos, cosa que no se da en el caso del contrato a plazo. Además, el contrato de futuros exige una serie de pagos diarios dependiendo de la evolución del precio del activo. De esta forma, se va liquidando diariamente el futuro para hacer que su valor sea cero hasta que llega el momento del vencimiento en el que el precio del con-

trato coincide con el precio del activo ya que las diferencias se han ido liquidando anteriormente. Así se evita el mayor riesgo que existe en los contratos a plazo respecto a la posibilidad de incumplimiento por parte de una de las partes de lo acordado en la fecha en cuestión.
- En el contrato de futuros la liquidación puede realizarse de diferentes formas: entrega física del activo, liquidación monetaria, cancelación anticipada de la posición mediante la venta del contrato, etc. En el *forward*, la liquidación ha de realizarse obligatoriamente mediante la entrega del activo objeto del contrato.

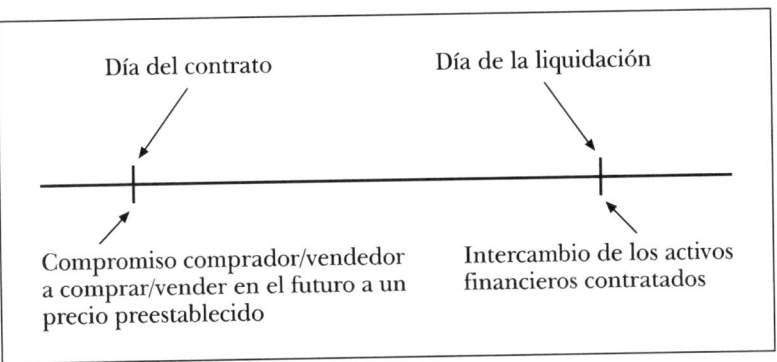

Figura 4.14. Esquema de operaciones con futuros

4.6.1. *Orígenes y crecimiento de los mercados de futuros*

El objetivo de este apartado es ver de manera resumida las fases que fue atravesando el desarrollo de los intercambios hasta llegar a los actuales mercados de futuros, o derivados en general.

Uno de los capítulos del desarrollo económico más temprano fue la evolución del trueque de mercancías hasta el uso del dinero. El intercambio equitativo y simultáneo de un bien por otro se fue complicando con la existencia de un gran número de productos en el mercado. Ante tal situación, se buscó un bien de referencia que apoyara dichos intercambios: el dinero. Así nacieron los mercados de contado (*spot markets*) en donde una cantidad de dinero representativa del valor de uso del producto se intercambiaba por dicho bien. Ahora bien, el crecimiento y la evolución de la actividad económica exigía el desarrollo de la técnica y la planificación mediante la consideración del factor tiempo en las decisiones económicas. Este paso es internalizado por los mercados y ante ello empiezan a negociarse intercambios con entrega diferida de la mercancía. De esta forma aparecen los mercados a plazo (*forward markets*). Los contratos negociados en estos mercados deben ajustar de forma anticipada todos los términos del mismo:

- Fecha de entrega.
- Precio y modalidad de pago.
- Definición de la calidad del producto.
- Procedimientos a seguir en caso de pleito, etc.

El continuo crecimiento de la actividad económica impulsa los mercados a plazo. Estos van necesitando mayores volúmenes de financiación, exponiendo a los participantes a riesgos crecientes derivados de las fluctuaciones de los precios y haciendo que dichos participantes exijan el pago de la llamada prima de riesgo. La existencia de esta provoca un aumento en los costes, que llegan a hacerse insoportables por los miembros participantes en los mercados a plazos. Los mercados de futuros (*future market*) nacen como solución a este problema con las características ya descritas al inicio del apartado 4.6. Los mercados de futuros financieros tuvieron su origen en la década de los 70 en las principales bolsas del mundo: Nueva York, Chicago, Londres, París, Singapur, Hong Kong, etc., provenientes de los mercados de futuros de materias primas. Surgieron como respuesta a la aparición de una excesiva volatilidad en los precios de las materias primas, tipos de interés, tipos de cambio, etc.

4.6.2. *Tipos de contratos de futuros*

Se puede realizar una clasificación de los tipos de contratos de futuros atendiendo al activo subyacente que toman como base. De esta forma tenemos: los futuros sobre activos físicos y los futuros sobre instrumentos financieros.

Futuros sobre activos físicos (*commodities futures*)

Los activos físicos en los que este tipo de contratos se basan provienen de dos grandes grupos: productos agrícolas y metales. Los primeros futuros sobre activos reales que se conocen en el mundo fueron negociados en Japón en el siglo XVIII. En la actualidad se ha extendido su uso a todo el mundo, y en los principales mercados ya existe una estandarización de los contratos que se negocian sobre futuros en *commodities*, así como las diferentes calidades de cada uno de los productos. A continuación se presentan unos ejemplos de los contratos negociados en los más importantes centros mundiales:

- *Chicago Board of Trade* (CBOT): futuros sobre maíz, avena, trigo, soja, oro y plata.
- *Chicago Mercantile Exchange* (CME): ganado de crianza, cerdo y madera.
- *Coffee, Sugar and Cocoa Exchange* (CSCE): café, azúcar y cacao.
- *Commodity Exchange Inc.* (COMEX): aluminio, cobre, oro y plata.
- *New York Cotton Exchange* (NYCE): zumo de naranja y algodón.
- *New York Mercantile Exchange* (NYMEX): paladio, platino, crudo, propano, gasolina con plomo.
- *London Metal Exchange* (LME): aluminio, cobre, plomo, níquel, plata, cinc.
- *Hong Kong Futures Exchange* (HKFE): azúcar, soja, oro.

En la figura 4.15 se presentan algunos ejemplos de este tipo de futuros para el caso español y para los mercados internacionales.

Futuros sobre instrumentos financieros (*financial futures*)

Como ya se ha mencionado anteriormente, los futuros financieros comenzaron a negociarse a partir de los años setenta. Los activos en los que se basan son: divisas, tipos de interés (instrumentos de deuda y depósitos del interbancario) e índices bursátiles. A continuación se presentan algunos de los activos en que se basan los contratos negociados en los centros más importantes:

- *Chicago Board of Trade* (CBOT): pagarés del Tesoro americano (a cinco y diez años), bonos del Tesoro americano y diversos índices (índice CBOT, índice Major Market, índice Municipal Bond).

MERCADO INTERNACIONAL

	M. Ses.	Preced.
Cacao N. York (dólares/tm)		**111**
Diciembre 98	1.428,00	1.400,00
Marzo 99	1.393,00	1.421,00
Mayo 99	1.415,00	1,440,00
Cacao Londres (libras/tm)		**121**
Marzo 99	909,00	909,00
Mayo 99	928,00	929,00
Café N. York (ctvs/libra)		**112**
Diciembre 98	118,50	119,50
Marzo 99	116,90,	118,05
Mayo 99	117,80	117,00
Trigo Chicago (ctvs/bushel)		**199**
Diciembre 98	262,00	265,00
Marzo 99	279,25	276,75
Mayo 99	289,25	287,25
Maíz Chicago (ctvs/bushel)		**190**
Diciembre 98	208,50	210,25
Marzo 99	219,75	119,00
Mayo 99	226,75	226,50
Zumo de naranja N. York (ctvs/libra)		**115**
Enero 99	105,20	103,50
Marzo 99	107,40	105,75
Mayo 99	108,75	107,35

	M. Ses.	Preced.
Azúcar N. York (ctvs/libra)		**113**
Marzo 99	7,56	7,58
Mayo 99	7,65	7,67
Azúcar Londres (dólar/tm)		**123**
Diciembre 98	243,50	242,90
Marzo 99	234,80	234.50
Mayo 99	235,30	235,40
Grano de soja Chicago		**196**
Enero 99	544,50	545,25
Marzo 99	549,50	550,25
Mayo 99	556,75	557,75
Harina de soja Chicago (dólar/tm)		**197**
Enero 99	142,60	142,90
Marzo 99	141,80	142,30
Mayo 99	143,80	144,30
Aceite de Soja Chicago (ctvs/libra)		**198**
Diciembre 98	23,06	23,19
Enero 99	23,17	23,14
Marzo 99	23,47	23,47
Mayo 99	23,70	23,75
Algodón N. York (ctvs/libra)		**114**
Diciembre 98	60,70	60,20
Marzo 99	60,05	61,23
Mayo 99	61,60	62,10

MERCADO ESPAÑOL

Producto	Referencia	Mercado	Precio	Fecha	Var.
CEREALES Y FORRAJES					
Trigo nacional	Para pienso	Ebro cereales	22,50/22,60	21/12	0
	Forrajero	Ciudad Real cereales	21,00/21,50	09/12	0
	Forrajero	Barcelona cereales	22,00	22/12	-0,25
	Forrajero	Zona Lérida cereales	S/C	18/12	0
	Panificable tipo anza	Ebro cereales	23,50	21/12	0
	Panific. pl <0,4 (marius)	Ebro cereales	23,50	21/12	0
	Panificable (astral.capi.)	Ciudad Real cereales	22,00/22,50	09/12	0
	Panificable	Barcelona cereales	22,75	22,12	0
	Blando (anza. cart.)	Zona Lérida cereales	22,00	18/12	0
	Duro (v>80, pe>78)	Ebro cereales	25,50	21/12	0
	Duro (v<60)	Ebro cereales	23,50	21/12	0
Cebada nacional	P.e. (+64)	Ebro cereales	20,25/20,50	21/12	0
	Pienso +62 kg/hl	Ciudad Real cereales	19,50/20,00	09/12	0
	P.e. (62-64)	Barcelona cereales	21,50	22/12	0
	P.e. (+64)	Zona Lérida cereales	20,60	18/12	0
	Malteria	Ebro cereales	20,50/20,75	21/12	0
	Malteria	Ciudad Real cereales	20,50/21,00	09/12	0
	P.e. (60-62)	Zona Lérida cereales	20,00	18/12	0
Maíz nacional	Maíz 14% humedad	Ebro cereales	22,00/22,50	21/12	0
	Maíz sobre secadero	Ebro cereales	22,75/23,00	21/12	0

(continúa en la página siguiente)

Formas de operar en bolsa

(continuación)

Producto	Referencia	Mercado	Precio	Fecha	Var.
	Maíz zona Alagón	Extremadura cereales	23,00/23,25	16/12	+0,25
	Maíz zona Guadiana	Extremadura cereales	23,75/24,25	16/12	0
	Maíz zona Lleida	Zona Lérida cereales	22,50	18/12	0
Avena	Avena	Ebro cereales	21,00	21/12	0
	Avena	Ciudad Real cereales	21,00/21,50	09/12	0
	Rubia	Albacete	21,00	17/12	0
	Blanca	Albacete	19,50	17/12	0
Arroz	Semilargo	Ebro cereales	44,00	21/12	0
	Redondo	Ebro cereales	46,00	21/12	0
	Cáscara	Amposta	48,00	22/12	0
Alfalfa	En rama henificada	Ebro cereales	19,00/29,00	21/12	0
	Deshidratada granulado 1	Ebro cereales	13,00/14,00	21/12	0
	Granulado alfalfa 16/18% prot.	Zona Lérida cereales	15,00	18/12	0
	1ª	Binéfar	16,50	16/12	0
FRUTAS Y HORTALIZAS					
Manzana	Verde doncella almacén	Ebro frutas	90/95	16/12	0
	Reineta blanca almac.	Ebro frutas	75/80	16/12	0
	Red chiet c70+ alamcén	Zona Lérida fruta	65/70	18/12	0
	Red chiet c70+ almacén	Ebro frutas	60/70	16/12	0
	Granny smith c70+ alm.	Ebro frutas	65/75	16/12	0
	Golden delicius c70 alm.	Ebro frutas	55/65	16/12	0
	Golden suprema c70+ alm.	Zona Lérida fruta	55/60	18/12	0
	Tod red c70+ almacén	Ebro frutas	55/65	16/12	0
	Starking c70+ almacén	Zona Lérida fruta	50/55	18/12	0
Pera	Conferencia c60+ almacén	Ebro frutas	85/90	16/12	0
	Alejandrina c-60+	Zona Lérida fruta	70/80	18/12	0
	Blanquilla 1ª pasada	Ebro frutas	65/70	16/12	0
	Blanquilla c57+ almacén	Zona Lérida fruta	50/60	18/12	-5
	Conferencia c-60+	Zona Lérida fruta	85/90	18/12	0
	Decana c65+ almacén	Zona Lérida fruta	65/70	18/12	0
	Alejandrina c65+ almacén	Ebro frutas	70/75	16/12	0
	Decana c65+ almacén	Ebro frutas	60/65	16/12	0
Almendra	Común	Valencia c. y f. secos	555/590	16/12	+5
	Común	Reus	535	21/12	-5
	Largueta	Valencia c. y f. secos	600	16/12	+5
	Largueta	Reus	600	21/12	-5
	Largueta 12/13m	Barcelona cereales	710	22/12	0
	Largueta 13/14m	Barcelona cereales	740	22/12	0
	Marcona	Reus	665	21/12	-5
	Marcona	Valencia c. y f. secos	650/680	16/12	0
	Marcona 14/16 m	Barcelona cereales	880	22/12	0
	Marcona 16 mm.	Barcelona cereales	900	22/12	0
	Mollar	Reus	525	21/12	-5
Avellana	Negreta en grano	Reus	570	21/12	-5
	Negreta en grano	Barcelona cereales	640	22/12	0
	Corriente en grano	Reus	560	21/12	-5
Piñón	Castilla	Barcelona cereales	2975	22/12	0
	Castilla	Reus	2925	21/12	-25
	Cataluña	Barcelona cereales	3025	22/12	0
	Andalucía	Reus	2925	21/12	-25
Lechuga	Romana	Valencia hortofrutícola	20/35	16/12	+5
Tomate	Liso	Valencia hortofrutícola	170/190	16/12	+90
Habas	Habas	Valencia hortofrutícola	180/285	16/12	0

(continúa en la página siguiente)

(continuación)

Producto	Referencia	Mercado	Precio	Fecha	Var.
Judía	Verde Buenos Aires	Valencia hortofrutícola	280/310	16/12	+65
Zanahoria	Zanahoria	Valencia hortofrutícola	21/23	16/12	0
GANADERÍA					
Cordero	De 16/22 kgs.	Talavera Reina	415	16/12	-20
	De 19,1/23 kgs.	Extremadura ovino	405/390	18/12	0
	De 19,1/23 kgs.	Ebro ovino	430/440	21/12	0
	De 19,1/23 kgs.	Albacete	415/425	17/12	0
	De 22,5/25,5 kgs.	Talavera Reina	385	16/12	-20
	De 23,1/25,4 kgs.	Extremadura ovino	370/355	18/12	0
	De 23,1/25,4 kgs.	Ebro ovino	405/415	21/12	0
	De 23,1/25,4 kgs.	Albacete	375/385	17/12	0
Cerdo	Normal	Ebro porcino	121	21/12	-3
	Lérida	Zona Lérida porcino	120/121	18/12	-2,50
	Normal	Segovia	122	17/12	+11
	Normal	Mercamurcia	129/130	17/12	+10
Lechón	Base de 18 kgs.	Ebro lechón	5400	21/12	0
	Selecto	Zamora	285	22/12	-10
	Lérida 15 kg.	Zona Lérida porcino	3900	18/12	-100
	Hasta 20 kg. selecto	Segovia	300	17/12	+85
Añojo	Super extra 280/320 -e-	Ebro vacuno	585/590	21/12	0
Ternero	Extra de 200/240 -u-	Ebro vacuno	570/575	21/12	0
Ternera	Super extra 180/220 -e-	Ebro vacuno	625/630	21/12	0
	Super extra 260/300 -e-	Ebro vacuno	580/585	21/12	0
Añojo	De 281/320 kgs. -e-	Binéfar	570	16/12	0
Ternero	Extra de 200/240 -u-	Ebro vacuno	570/575	21/12	0
Ternera	Super extra 180/220 -e-	Ebro vacuno	625/630	21/12	0
	Super extra 260/300 -e-	Ebro vacuno	580/585	21/12	0
Añojo	De 281/320 kgs. -e-	Binéfar	570	16/12	0
Ternero	De 200/240 kgs. -u-	Binéfar	560	16/12	0
Ternera	De 180/220 kgs. -e-	Binéfar	610	16/12	0
	De 261/300 kgs. -e-	Binéfar	580	16/12	0
Despiece vacuno	Cuarto delantero ternero	Barcelona cárnico	350	22/12	0
	Cuarto trasero ternero	Barcelona cárnico	605	22/12	0
	Riñonada ternero	Barcelona cárnico	1075	22/12	0
	Pistola ternero	Barcelona cárnico	700	22/12	0
Ternero	Cruces de 20/30 días	Silleda vacuno	50852	22/12	-2.385
	Cruces de -20 días	Silleda vacuno	49328	22/12	+454
	Cruces de +30 días	Silleda vacuno	58146	22/12	-367
	Frisón de -20 días	Silleda vacuno	28351	22/12	-5.356
	Frisón 20/30 días	Silleda vacuno	35144	22/12	-3.405
	Frisón de +30 días	Silleda vacuno	37167	22/12	+3.460
	Frisón 1/3 semanas	Talavera Reina	22000	16/12	0
Ternera	Frisona 1/3 semanas	Talavera Reina	24000	16/12	0
Ternero	Mestizo 1/3 semanas	Talavera Reina	30000	16/12	0
Ternera	Mestiza 1/3 semanas	Talavera Reina	27000	16/12	0
AVICULTURA					
Huevo	Blanco "xl"	Reus	148	21/12	0
	Blanco "xl"	Madrid avícola	158	21/12	+3
	Blanco "xl"	Ebro avícola	152	21/12	0
	Blanco "xl"	Barcelona avícola	156	18/12	0
	Blanco "l"	Reus	126	21/12	0
	Blanco "l"	Madrid avícola	149	21/12	+3

(continúa en la página siguiente)

Formas de operar en bolsa

(continuación)

Producto	Referencia	Mercado	Precio	Fecha	Var.
	Blanco "l"	Ebro avícola	130	21/12	+4
	Blanco "l"	Barcelona avícola	144	18/12	0
	Blanco "m"	Reus	122	21/12	0
	Blanco "m"	Madrid avícola	146	21/12	+3
	Blanco "m"	Ebro avícola	123	21/12	+8
	Blamco "m"	Barcelona avícola	141	18/12	0
	Blanco "s"	Reus	97	21/12	0
	Blanco "s"	Madrid avícola	124	21/12	+3
	Blanco "s"	Ebro avícola	90	21/12	+10
	Blanco "s"	Barcelona avícola	125	18/12	0
Pollo	Blanco vivo	Ebro pollo	106	18/12	-17
	Amarillo vivo	Bellpuig	123	22/12	0
Conejo	Hasta 2 kgs.	Ebro conejo	260	21/12	0
	Joven 1,750/2,200 kgs.	Madrid avícola	255	21/12	0
	Joven 1,750/2,200 kgs.	Bellpuig	270	22/12	0
	Joven 1,900/2,300 kgs.	Silleda	250	22/12	0
Caza	Jabalí	Ciudad Real caza	290/300	16/12	0
	Venado	Ciudad Real caza	280/290	16/12	0
	Perdiz roja caza	Ciudad Real caza	700/725	16/12	0
	Conejo caza de tiro	Ciudad Real caza	500	16/12	0
	Liebre caza	Ciudad Real caza	400	16/12	0
ACEITES Y GRASAS					
Girasol	9% h.	Ebro cereales	S/C	21/12	0
	9% h.	Ciudad Real cereales	S/C	09/12	0
Oliva	Aceite virgen extra 1¼	Extremadura aceite	325/345	18/12	0
	Aceite virgen fino 1/2¼	Extremadura aceite	305/315	18/12	0
	Aceite virgen corriente 3¼	Extremadura aceite	295/300	18/12	-5
	Aceite virgen lampante 3/6¼	Extremadura aceite	S/C	18/12	0
	Aceite oliva virgen +1,5¼	Tortosa	265/295	21/12	0

Notas
– En el caso del mercado español, la columna de referencia describe el producto en cuestión; la de mercado anuncia el lugar físico donde se negocia; la del precio el valor acordado; y la fecha el momento de la negociación.
– Para los mercados internacionales se ofrece información sobre la fecha de vencimiento (entrega), el precio de la sesión y el precio precedente. Con ello se pretende el seguimiento de la evolución del precio del activo.
– Los precios vienen expresados según la plaza de negociación y la unidad de medida del activo (kgs., tm., etc.).

Figura 4.15. Futuros sobre activos físicos
(Fuente: *Cinco Días*. 24, diciembre 1998)

- *Chicago Mercantile Exchange* (CME): dólar australiano, libra esterlina, dólar canadiense, marco alemán, franco francés, yen japonés, franco suizo, pagarés del Tesoro americano (a noventa días), índice S&P 500.
- *New York Cotton Exchange* (NYCE): pagarés del Tesoro americano (a cinco años), índice US dollar.

- *London International Financial Futures Exchange* (LIFE): libra esterlina, marco alemán, franco suizo, yen japonés, contrato dólar americano/marco alemán, índice Financial Times 100.
- *Marché a Terme International de France* (MATIF): bono del Gobierno francés, pagarés del Tesoro francés a noventa días.
- *Hong Kong Futures Exchange* (HKFE): índice Hang Seng, tipo de interés a tres meses del dólar de Hong Kong.

En la figura 4.16 se acompaña un extracto de periódico con ejemplos de futuros sobre instrumentos financieros: futuro contra el índice (evolución en la semana 19-26 febrero 1999) para el caso de Londres, París y Francfort; futuros internacionales sobre deuda (% de variación del precio de los contratos respecto a la semana anterior, 15-19 febrero 1999) y mercado de futuros sobre el IBEX (resumen de la semana 22-26 febrero 1999). En este último caso se presenta información sobre los precios de cierre de las sesiones, el volumen negociado, las posiciones abiertas que quedan en el mercado y las variaciones de éstas.

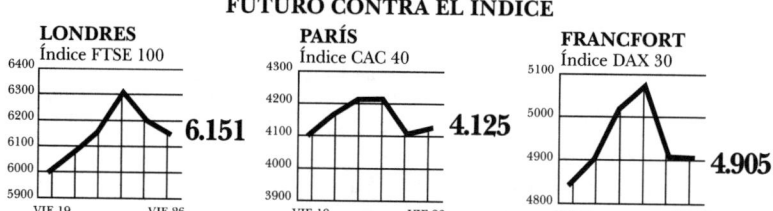

Figura 4.16. Futuros sobre instrumentos financieros
(Fuente: El País, Negocios. 28, febrero 1999)

4.6.3. Ventajas / Inconvenientes de la contratación de futuros

VENTAJAS

- El mercado de futuros puede utilizarse como instrumento de cobertura del riesgo derivado de la fluctuación de los precios al contado antes del vencimiento.
- Los contratos con futuros presentan menores costes iniciales que otros instrumentos similares, ya que sólo ha de depositarse una fianza o margen sobre un activo subyacente con un valor mucho mayor.
- La existencia de una bolsa organizada y unos términos contractuales estandarizados proporciona liquidez y ofrece a los participantes la posibilidad de cerrar posiciones en fecha anterior al vencimiento.
- Las partes participantes en el contrato no asumen riesgos de insolvencia, la Cámara de Compensación garantiza la liquidación del contrato.

INCONVENIENTES

- De manera similar a lo que ocurre en el caso de los contratos a plazo, con los futuros nos exponemos al riesgo de que nuestra visión del contrato no sea la correcta.
- Si se utilizan los contratos de futuros como instrumento de cobertura se pierden los beneficios potenciales del movimiento de los precios a futuro.
- Al estar los términos contractuales estandarizados, no existen contratos de futuros para todos los instrumentos ni para todas las mercancías y pueden no cubrirse exactamente todas las posiciones de contado.

4.7. AMPLIACIONES Y REDUCCIONES DE CAPITAL

Una ampliación de capital supone un aumento del capital social de una empresa, ya sea emitiendo nuevas acciones o elevando el valor nominal de los títulos ya existentes. De manera simétrica a una ampliación de capital, puede darse también la reducción del mismo, disminuyéndose mediante la amortización de una parte de sus acciones o bien reduciendo el valor nominal de las mismas. Cuando una empresa lleva a cabo una reducción de capital seguida de una ampliación, el proceso recibe comúnmente el nombre de «operación acordeón». Generalmente, mientras la reducción del capital social tiene como objetivo cancelar las pérdidas acumuladas, la posterior ampliación busca inyectar nuevos fondos en la empresa.

4.7.1. Tipos de ampliación de capital

El tipo de ampliación elegido depende de los objetivos del emisor: *a la par* o *por encima de la par* si lo que busca es aumentar sus propios fondos; *liberadas* o *parcialmente liberadas*, si lo que busca es premiar al accionista.

- A la par: en este caso el accionista se limita a pagar el valor nominal de la acción, el valor de emisión coincide con el nominal. Se produce una entrada neta de caja y, desde el punto de vista de la compañía, un aumento en la cuenta de capital.
- Por encima de la par o con prima: además del nominal se desembolsa una cantidad en concepto de prima de emisión. El valor de emisión es superior al valor nominal y la diferencia (prima) da lugar a la creación de una reserva.
- Liberada: el accionista obtiene de forma gratuita las acciones porque la ampliación se realiza con cargo a la cuenta de reservas de la sociedad. Así, el valor de emisión coincide con el valor nominal, pero la sociedad hace uso de parte de sus reservas para trasladarlas a capital.
- Parcialmente liberada: se suma una aportación del accionista con un traspaso de recursos de la cuenta de reservas a la de capital. Por ejemplo, si una ampliación es liberada en un 40% y el valor nominal de cada acción es de 1.000 ptas., los inversores deberán aportar, además de los derechos, 600 ptas. por acción nueva.

4.7.2. Mecánica de la ampliación de capital

La ampliación de capital con emisión de nuevas acciones debe ser propuesta y aprobada en el seno de la sociedad implicada. Tras la aprobación, empieza un período denominado «mercado de los derechos de suscripción». En este aparece a favor del accionista la ejecución del derecho de suscripción del que gozan sus títulos para poder suscribir nuevas acciones (ver 3.6.2). Dependiendo de la operación, se le permite, de manera preferente, adquirir un número determinado de títulos de la nueva emisión en función de las acciones que posea antes del aumento de capital, y a un precio determinado. Los derechos de suscripción, al igual que las acciones, se negocian en el mercado de corros o continuo, y de forma muy similar. No existe un horario especial ni una normativa distinta. En el momento de la contratación la única diferencia es que en el mercado de corros disponen de un corro especial. En la figura 4.17 se presenta un esquema de una ampliación de capital.

Ejemplo de ampliación de capital

En una ampliación de capital liberada en un 60%, la proporción es de una acción nueva por cada 4 antiguas. Si el valor nominal de la acción es de 1.000 ptas. y los derechos de suscripción cotizan a 80 ptas., se deberá efectuar el desembolso siguiente por acción nueva:

- un accionista antiguo que disponga de 4 acciones viejas sólo tendrá que desembolsar 400 ptas. por la acción nueva.
- un inversor que no posea acciones viejas tendrá que comprar 4 derechos (320 ptas.) a accionistas de la sociedad que no estén interesados en acudir a la ampliación y pagar 400 ptas. a la sociedad emisora, por lo que cada acción nueva le costará 720 ptas.

En la Figura 4.18 se presenta un extracto de periódico referente a valores del mercado continuo español. Entre la información que ofrece aparece una columna con las últimas ampliaciones de capital realizadas.

Ante una ampliación de capital los accionistas antiguos pueden optar entre varias alternativas:

- No vender sus derechos de suscripción y acudir a la ampliación de capital. Transcurrido el plazo de la ampliación, adquieren las nuevas acciones al precio ofertado, salvo en el caso

Figura 4.17. Esquema de una ampliación de capital

de que la ampliación de capital sea liberada, obteniéndolas gratuitamente. Ante esta alternativa, el inversor no percibe renta económica pero mantiene su participación relativa en el mercado.
- Vender sus derechos de suscripción con la obtención de un importe económico por su venta. Con esta opción, rechaza la posibilidad de suscribir los títulos nuevos que en principio le hubiesen correspondido, y como consecuencia, el inversor pierde cierta importancia en la sociedad. El porcentaje de acciones que tiene en su poder disminuye al haber más títulos en circulación.
- Pueden adquirir en bolsa más derechos de suscripción para poder comprar más acciones nuevas, aumentando así su participación en la sociedad.
- Vender una parte de los derechos de suscripción que poseen y el resto de derechos utilizarlos para comprar algunas acciones nuevas. Esto lo llevan a cabo, generalmente, cuando no quieren efectuar ningún desembolso pero sí incrementar su cartera de valores. Se trata de la «operación blanca», con el beneficio obtenido por la venta de parte de sus derechos pagan la suscripción de aquellas acciones correspondientes a los restantes derechos que aún mantienen.

Cuando se inicia la ampliación (en el período del «mercado de los derechos de suscripción») y durante un plazo aproximado de un mes, toda sociedad que haya llevado a cabo dicha operación cotiza en dos mercados paralelos:

- El de las acciones viejas.
- El de los derechos de suscripción.

Las acciones nuevas suelen tener un precio inferior al de las acciones viejas ya que, hasta que se igualan, sus derechos económicos son inferiores. Por ejemplo, si una ampliación se hace a mitad de año, es lógico que las acciones nuevas reciban el dividendo en proporción al tiempo que han estado desembolsadas. En este caso, a las acciones nuevas se les abonaría la mitad del dividendo que a las viejas. Además, las acciones nuevas poseen una menor liquidez debido a la menor cantidad de ellas que circula en el mercado.

A continuación se presenta la fórmula para el cálculo del valor teórico de un derecho de suscripción.

Valor teórico de un derecho de suscripción

La fórmula que nos permite el cálculo del valor teórico de los derechos de suscripción es la siguiente:

$$DS = \frac{N(C - E - D)}{A + N}$$

donde:

DS = valor teórico del derecho de suscripción.
N = número de acciones nuevas.
C = valor de la cotización de las acciones viejas.
D = diferencia por dividendos.
E = coste de emisión de cada acción nueva.
A = número de acciones viejas.

Ejemplo: Supongamos una empresa que amplía capital en las condiciones siguientes:

– Proporción (N): 2 (una acción nueva por cada dos antiguas).
– Valor de emisión (E): 150% en relación al valor nominal, que es de 500 ptas. por acción. Por tanto el valor de emisión es de 750 ptas. por acción.
– Cotización antes de la ampliación (C): 250% o sea 1.250 ptas. por acción.

El valor teórico del derecho ascenderá a:

MERCADO CONTINUO

CAPITAL		DIVIDENDOS BRUTOS						RENTABILIDAD		ÚLTIMA AMPLIACIÓN	
Nom.	N.º de títulos	Últimos 12 meses	Los dos últimos dividendos pagados					Divid, 12 meses	Var. (%) en 1998	Fecha	Condiciones
167	19.386.360	46,66	46,66	Un	13-07-98	25,00	Co	15-07-97	1,20	59,23		
167	66.239.262	55,00	27,50	Co	01-07-98	27,50	Ac	02-01-98	0,55	141,11	07-06-97	18x367 al 377,0%
1.000	125.000.000	75,00	75,00	Un	05-06-98	-		-	5,14	-21,93		
160	58.479.105	100,00	20,00	Ac	04-01-99	40,00	Co	01-07-98	3,06	-27,56	17-08-95	1x10 Par.Lib.
500	252.357.182	75,00	38,00	Ac	30-10-98	37,00	Co	02-06-98	3,21	14,18	10-06-98	1x20 Par.Lib.
250	47.795.737	55,00	55,00	Un	13-07-98	30,00	Co	09-07-97	1,01	47,70	11-12-97	1x8 al 1.440%
100	8.540.000	-	-		-	-		-		-33,56		
100	57.065.505	30,00	30,00	Un	10-07-98	10,00	Un	21-07-97	1,95	-9,17	07-10-95	1x2 al 820%
100	76.787.776	-	-		-	-		-		116,01	09-10-95	11x2 al 190%
500	45.237.360	150,00	50,00	Ac	05-01-99	55,00	Co	01-07-98	1,71	39,97	20-10-98	1x100 Par.
1.000	13.683.705	120,00	60,00	Ac	10-11-98	60,00	Co	10-06-98	0,58	28,97	15-12-89	1x10 Par.
200	21.428.571	124,00	28,00	Ac	01-10-98	52,00	Co	29-06-98	2,19	74,92		
500	8.802.157	50,00	50,00	Un	15-07-98	40,00	Un	15-07-97	2,78	-11,76	05-05-94	148x100 al 130%
300	13.954.583	85,00	45,00	Co	10-07-98	40,00	Ac	15-01-98	2,53	-18,47	08-05-89	1x24 Par.Lib.
125	490.000.000	97,25	20,00	Ac	01-03-99	20,00	Ac	14-12-98	2,71	55,12		
525	40.325.953	-	138,61	Un	01-07-91	252,58	Un	01-07-90	-	42,53	23-12-94	100x323 al 304,76%
970	66.724.886	90,00	60,00	Ac	15-10-98	30,00	Co	15-07-98	2,30	43,30	26-05-86	3x7 Par.Lib.
200	10.668.750	40,00	40,00	Co	10-07-98	30,00	Ac	22-12-97	0,78	59,01	09-05-97	1x4 Par.Lib.
100	66.314.072	-	-		-	-		-		-19,41		
310	10.382.351	-	35,00	Co	14-05-90	40,00	Ac	16-01-90	-	38,92	04-04-91	1,02x1 a 160%
90	2.041.933.706	29,25	7,70	Ac	10-05-98	2,56	Ac	11-07-98	1,26	40,87	30-07-97	100x750 al 790,92%
84	1.105.786.242	25,16	13,50	Ac	20-11-98	11,66		31-03-98	1,49	39,43	18-03-98	1x8 al 1.600%
500	26.489.557	95,00	60,00	Ac	24-10-98	35,00	Co	18-04-98	2,45	17,45	28-05-97	1x5 al 500%
500	5.527.200	184,00	84,00	Ac	05-10-98	100,00	Co	04-04-98	2,52	7,35	03-06-89	1x10 Par
500	1.550.000	284,00	126,00	Ac	05-10-98	158,00	Co	04-04-98	3,95	17,48		
500	18.172.602	162,50	85,00	Ac	05-10-98	77,50	Co	20-04-98	1,91	32,76	23-11-91	1x10 Gratis
125	110.775.000	302,00	79,00	Ac	01-10-98	76,00	Co	01-07-98	2,85	-0,56	01-03-82	1x10 Lib.
115	1.170.424.830	66,50	17,00	Ac	31-10-98	17,00	Ac	31-07-98	2,33	14,42	11-08-98	1x50 Par.Lib.
500	18.500.000	91,00	55,00	Ac	10-08-98	36,00	Ac	14-05-98	2,20	-4,38	01-12-92	1x1 7 Par.Lib.
400	612.659.404	-	95,00	Ac	06-11-92	110,00	Co	15-06-92	-	23,67	15-04-94	2x1 al 190,50%
250	78.216.000	160,00	34,00	Ac	04-01-99	33,00	Ac	03-10-98	3,11	18,98	23-07-90	1x5 al 200%
100	7.250.000	-	-		-	-		-		64,24		
500	23.031.280	-	-		-	-		-		13,33		
100	5.440.000	28,00	28,00	Un	01-07-98	-		-	1,48	33,10		
250	17.782.524	31,25	12,50	Co	04-05-98	18,75	Ac	02-01-98	1,69	25,64	01-06-88	2x3 Par
500	3.428.075	168,00	168,00	Un	20-06-98	168,00	Un	27-06-97	3,97	-24,73	10-09-87	1x4400%
167	32.829.546	36,66	36,66	Un	07-07-98	33,33	Un	21-07-97	1,44	-8,16	07-02-94	99x10 Par.
250	24.000.000	190,00	30,00	Ac	14-10-98	30,00	Ac	13-08-98	5,11	-52,06	15-06-98	1x1 Par.Lib.
500	13.918.909	120,00	65,00	Ac	10-11-98	55,00	Co	01-06-98	2,03	-22,98	01-12-93	1x11 al 760%
500	89.191.647	145,00	75,00	Ac	23-10-98	70,00	Co	04-05-98	2,72	15,87	17-12-90	1x5 200 %
200	2.850.000	72,00	24,00	Ac	10-12-98	24,00	Co	03-07-98	0,92	93,30		
350	82.000.000	-	10,00	Un	05-07-95	10,00	Un	06-07-94	-	130,06	24-11-92	4x1 a 10%
100	96.000.000	41,00	41,00	Un	15-06-98	40,00	Un	10-06-97	0,86	67,19		
250	60.521.512	87,50	42,50	Ac	15-12-98	45,00	Co	01-06-98	2,27	-4,70	31-07-97	100x284 al 1.402,56%
50	39.205.622	40,00	16,00	Ac	15-07-98	24,00	Co	14-01-98	1,04	26,14		
1.000	13.119.246	290,00	290,00	Un	29-06-98	240,00	Un	27-06-97	3,12	-20,51	21-09-98	1x6 Par. Lib.
500	9.000.000	-	-		-	-		-		-33,06		
100	9.000.000	-	-		-	-		-		143,43		
500	57.430.454	90,00	45,00	Ac	26-10-98	45,00	Co	26-05-98	1,73	60,25	01-11-91	1x10 Par Lib.
500	14.736.324	20,00	20,00	Co	10-06-98	20,00	Ac	10-12-97	1,60	-23,31	01-09-88	1x7 Par Lib.
500	25.476.578	-	-		-	-		-		131,61	02-10-97	0x747 al 121,66%
500	19.444.207	175,00	95,00	Co	01-07-98	80,00	Ac	02-01-98	2,29	24,43	19-01-94	1x4 al 600%
200	21.332.040	-	-		-	-		-		-		
750	21.225.800	50,00	50,00	Un	08-06-98	25,00	Un	19-05-97	1,98	21,69	09-05-95	100x558 al 413,33%
200	954.807.623	109,00	32,00	Ac	04-01-99	49,00	Co	18-06-98	2,80	43,81	04-04-88	A Val. Nom.
475	37.500.000	45,00	20,00	Ac	04-12-98	25,00	Ac	14-05-98	4,74	-6,86	10-02-95	13x27 al 109%
1.000	62.523.594	171,00	61,00	Ac	04-01-99	57,00	Co	01-07-98	4,25	28,18	20-12-94	1x3 al 225%
60	152.817.152	-	-		-	-		-		29,73	30-09-94	100x379 al 261,16%

		El mercado de ayer							Evolución			
Cod.		Cierre	Var.	%	Máx.	Mín.	Medio Ponder.	Volumen	Días	Más alto		Más bajo		Media 200 s.
ASG	Abengoa	3.880	10	0,26	3.900	3.850	3.879	57.907	245	5.217	Jl	2.433	En	4.056
ANA	Acciona	9.900	1.150	13,01	9.990	8.800	9.343	431.003	245	9.990	De	4.098	En	6.156
AUR	Aceralia	1.460	=	=	1.485	1.450	1.471	341.080	245	2.340	Mz	1.100	Oc	1.816
ACX	Acerinox	3.270	10	0,31	3.280	3.225	3.267	550.017	245	5.388	Mz	2.430	Oc	3.769
ACE	Acaso	2.335	80	3,55	2.335	2.255	2.301	1.055.939	245	2.710	Ab	1.995	En	2.310
ACS	ACS	5.450	90	1,68	5.5001	5.310	5.452	270.419	245	5.720	Ab	3.500	Oc	4.687
AU	Adolfo Domínguez	2.940	-5	8,29	2.945	2.750	2.867	74.768	245	5.740	Ab	2.600	De	4.427
UFE	AGF Unión-Fénix	1.535	-5	-0,32	1.550	1.515	1.13-0	20.161	231	2.605	Mz	1.535	De	2.003
AMP	Amper	3.355	-5	-0,15	3.440	3.355	3.390	87.726	245	4.410	Jn	2.450	Oc	3.586
ARG	Argentaria	3.595	95	271	3.600	3.495	3.568	1.660.456	245	3.800	Jl	2.325	En	3.215

(continúa en la página siguiente)

(continuación)

		El mercado de ayer							Evolución			
Cod.		Cierre	Var.	%	Máx.	Mín.	Medio Ponder.	Volumen	Días	Más alto	Más bajo	Media 200 s.
AZC	Asturiano de Zinc	1.250	25	104	1.300	1.240	1.267	350.368	245	2.525 Mz	941 Oe	1.753
AUM	Autopistas Mare Nostrum	3.905	105	2.76	3.945	3.750	1.858	157.686	245	3.905 De	2.790 En	3.205
AZK	Azkoyen	5.120	0,39	5.180	20	5.080	5.111	381.603	245	5.400 De	2.840 Ac	20.348
AEA	Azucarera Ebro Agrícolas	2.990	50	1,64	3.045	2.985	2.997	65.569	145	4.640 Jl	2.930 Dc	3.883
BAM	Bami	721	-4	-0,55	731	720	727	43,084	245	1.060 Ab	524 En	821
BBV	Banco Bilbao Vizcaya	2.315	65	2,89	2.315	2.240	2.282	7.800.166	245	3.070 Jl	1.310 Sp	2.295
SCH	Banco Central Hispano	1.685	40	2,43	1.690	1.640	1.670	3.319.302	245	1.990 Jl	1.125 Oe	1.6r2
BVA	Banco de Valencia	3.870	35	0,91	3.880	3.835	3.873	183.191	245	4.885 My	3,295 En	4.13-3
GUI	Banco	7.300	-50	-0,68	7.480	7.290	7.533	-2.267	245	8.760 Ab	6.820 En	7.816
GUI.P	Banco Guipuzcoano Pref. s/v	7.190	=	=	7.190	7.190	7.190	350	245	8.480 Ab	6.400 En	7,10-5
PAS	Banco Pastor	-8.530	30	0,35	8.610	8.450	8.534	82,720	245	10,350 Mz	6.500 En	10.453
POP	Banco Popular	10.590	110	1,05	10.590	10510	10.548	665.695	245	15,240 Ab	7.900 Oc	11,540
SAN	Banco Santander	2.855	60	2,15	2.870	2.795	2.840	5.074.197	244	4.265 Ji	1,800 Oc	3.328
ZRG	Banco Zaragozano	4.145	95	2,35	4.175	4.035	4.112	29.015	245	6.150 Fb	3.710 Oc	4.862
BTO	Banesto	1.855	35	1,92	1.855	1.805	1.837	47.500	244	2.510 Ag	1330 En	2.020
BKT	Bankinter	5.140	120	2,39	5.150	5.030	5.130	552.337	245	5.940 Ab	3.600 Oc	4.899
BDL	Barón de Ley	4.730	130	2,83	4.730	4.600	4.675	37.625	245	5.450 Ag	2.880 En	4.747
BMA	Befesa	1.820	-10	-0,55	1.830	1.760	1.801	5725	124	2.595 Ji	7.585 Oc	2.102
RIO	Bodegas riojanas	1.890	-10	-0,53	1.910	1.865	1.880	7.858	245	2.525 Mz	1380 En	1.968
BYB	Bodegas y bebidas	1.850	=	=	1.850	1.835	1.847	708	245	2.130 Ag	485 Jl	1.819
CAF	CAF	4.230	40	0,95	4.275	4.160	4.229	4.099	245	7.300 Ab	3.900 Oc	5.543
CPF	Campofrío	2.550	260	11,35	2.550-	2.315	2.403	211.918	245	4.757 Ab	1.595 Oc	3.518
GCO	Catalana de Occidente	3.720	40	1,09	3.730	3.650	3.690	13,787	245	12,350 Ab	3.300 Oc	6.088
CPL	Cementos Portland	5.900	20	0,34	5.900	5.710	5,676	21.911	244	12,000 in	4.150 Sp	7.501
CEP	Cepsa	5.330	50	0,95	5.400	5.280	5.320	U032	245	6.050 Ab	4.075 Sp	7.256
CUN	Cía.Vinícola del N. de España	7.790	-10	-0,13	7.800	7.550	7,694	14.520	242	8.000 De	4.030 En	6.613
CFR	Cofir	1.875	-5	-0,27	1.910	1.875	1.893	474.739	209	2.425 Jn	806 En	1.769
CTE	Continente	4.790	30	0,63	5.000	4365	4.843	199.126	245	4,790 De	2.835 En	3.834
MAP	Corporación Mapfre	3.850	50	1,32	3.920	3.835	3.873	175.160	244	6,500 Ab	2.515 Uc	4.711
CTF	Cortefiel	3,860	15	0,39	3.880	3.800	3.851	41.908	245	4.045 Ab	2.735 Oc	3.495
CRI	Cristalería	9.300	100	1,09	9.440	9.100	9.267	5.865	245	15.750 My	1.650 Oc	11.900
DIN	Dinamia	1.630	-30	-1,81	1.680	1.615	1.643	65.951	245	3.040 Ab	1.400 Oc	2.239
DGI	Dogi	2.595	90	3,59	2.595	2.500	2.553	39.005	231	2,835 Ji	1.066 En	2.293
DRC	Dragados	5.200	-140	-2,62	5.450	5.200	5.289	331.150	245	5.410 Ab	3.225 Sp	4.528
MDF	Duro Felguera	1.250	lo	0,81	1.275	1225	1.252	154,757	245	2170 Mz	974 Sp	1.552
AGI	El Águila	1.385	10	0,73	1.385,	1.350	1.371	128.047	245	1,720 Mz	593 En	1.415
ERZ	Eléc. Reunidas de Zaragoza	7,640	50	0,66	7.700	T610	7~640	61473	245	7.820 Nv	5.840 En	6719
ENA	Enaco	1.480	-10	-0,67	1.500	1.440	1,469	43.580	8	1.500 Dc	1.355 Oc	1.460
ENC	Ence	2.525	100	4,12	2.540	2-400	2.480	155.772	245	3.360 My	1.570 Oc	2.561
ELE	Endosa	3.890	=	=	3.905	3.870	3.898	2.660.977	245	4.190 Ab	2.670 En	3324
ARA	Energ. Ind. Aragonesas	950	16	1,71	950	930	941	124,923	245	1.420 Ab	765 Oc	1.148
ENH	Enher B	4.025	40	1,00	4.065	3.985	4.014	3.574	245	4,100 Nv	U50 En	3.445
ECR	Ercros	192	-6	-3,03	200	192	196	666.901	245	228 Mz	140 Oc	19-4

Notas
– Nom. Valor nominal del título.
– N.º de títulos. Cantidad de títulos que se negocian en bolsa.
– Dividendos brutos. Informa sobre los dos últimos dividendos pagados: valor, fecha y tipo (Un=único, Co=complementario, Ac= a cuenta).
– Rentabilidad. Rentabilidad por dividendo: relación entre el dividendo pagado en el último ejercicio y la cotización. Indica la rentabilidad simple de la acción suponiendo que la sociedad mantenga el dividendo. Rentabilidad anual: expresa el rendimiento acumulado por la acción en lo que va de ejercicio, en función de los dividendos percibidos y de la evolución de la cotización.
– Última ampliación. Informa sobre la fecha en que se realizó y las condiciones (Par= parcial, Par. Lib.=parcialmente liberada, proporción de la ampliación: 18*367 por ejemplo, implica 18 acciones nuevas por cada 367 antiguas).
– El mercado de ayer. Se presenta el código y nombre del título, la cotización de cierre, la variación respecto a la sesión anterior, el tanto por ciento de dicha variación, la cotización máxima y mínima de la sesión, la media ponderada de esos valores y el volumen negociado.
– Evolución. Se da el valor más alto y el más bajo en un período de tiempo determinado y la media de 200 sesiones.

Figura 4.18. Mercado continuo español
Fuente: *Cinco Días*. 24, diciembre 1998)

$$DS = \frac{1(1250 - 750)}{2 + 1} = 167 \text{ ptas.}$$

A pesar de todo, en último término es la concurrencia de la oferta y la demanda la que determinará el precio de los derechos de suscripción ya que dichos derechos se negocian en el mercado y su precio varía día a día.

4.8. OBLIGACIONES CONVERTIBLES

Esta posibilidad de operación bursátil fue descrita ya en el capítulo 3 al tratar el tema de las obligaciones privadas. Sólo recordar que las obligaciones o bonos convertibles en acciones suelen ofrecer un tipo de interés más reducido al inversor pero a cambio le ofrecen la posibilidad de poder cambiar sus títulos por acciones de la empresa.

Para no perjudicar a los accionistas actuales, la empresa emisora de este tipo de obligaciones les ofrece siempre de forma preferente a éstos la posibilidad de adquirir obligaciones o bonos convertibles. Una vez el inversor ha adquirido éstos tiene la posibilidad de mantenerlos hasta su vencimiento a cambio de ciertos intereses periódicos o bien cambiarlos por acciones en alguna de las opciones de conversión. En el primer caso, el inversor estará en manos de una inversión en renta fija durante toda la vida del título. En el segundo caso, en el momento de la conversión, la inversión en renta fija pasará a renta variable. Queda a juicio del inversor optar por una u otra vía tras analizar sus expectativas en las cotizaciones bursátiles (ver 3.4).

4.9. OFERTAS PÚBLICAS DE ADQUISICIÓN DE VALORES MOBILIARIOS (OPAs)

Una Oferta Pública de Adquisición de Acciones (OPA) posibilita a una o varias personas (físicas o jurídicas) anunciar públicamente a todos los accionistas de una sociedad el compromiso de adquirir los títulos de esta durante un período de tiempo determinado. A cambio se les ofrece dinero o títulos a un precio superior al del mercado. Este precio más elevado se justifica porque la empresa compradora (generalmente las OPAs son lanzadas por personas jurídicas) espera mejorar los resultados de la empresa comprada y porque en la cotización de las acciones en bolsa no está incluido el valor que tiene la toma de poder por parte de la empresa compradora. La intención de este tipo de oferta es pues reforzar el control de la empresa comprada.

4.9.1. Tipos de OPAs

Las OPAs pueden ser de dos tipos: voluntarias u obligatorias. Dentro de estas últimas la más habitual es la OPA que pretende adquirir una participación significativa en el capital de una sociedad.

- OPAs voluntarias: se lanzan sobre valores que pueden o no negociarse en Bolsa. El que la pone en funcionamiento no está obligado a ejecutarla.
- OPAs obligatorias: se formulan sólo sobre valores negociados en Bolsa y siempre que se cumplan una serie de supuestos:
  - si se adquiere una participación significativa.
  - si al adquirirse un volumen de acciones que supongan más del 50% de los votos de la sociedad se modifican los estatutos de esta.
  - si la sociedad se excluye de la Bolsa.
  - si se adquiere una sociedad no negociada en Bolsa pero que tiene una participación que permita el control de otra sociedad que sí se negocie.

Existen también otras clasificaciones de las OPAs atendiendo a distintos criterios tales como:

- Según los objetivos perseguidos:
  - Adquirir el control de la sociedad: por la totalidad o sólo por el número de acciones necesarias para obtenerlo.
  - Reforzar el control que ya se tenía: se pretende alcanzar la dirección de la sociedad, pero o bien se quiere eliminar un grupo minoritario, o bien se busca aplicar igual trato.
  - Adquirir un pequeño porcentaje: es obligatorio fijar el número máximo de acciones que se desea alcanzar.

- Por la contrapartida ofrecida:
  - En metálico: con la finalidad de garantizar la existencia de fondos.
  - En títulos: pertenecientes a otra sociedad, una filial que forme parte del patrimonio o de la sociedad que ha lanzado la OPA.
- Por la posición de los administradores:
  - Ofertas acordadas.
  - Ofertas aceptadas.
  - Ofertas con oposición.

4.9.2. Mecánica de las OPAs

El procedimiento que sigue una OPA es el siguiente: primero debe formularse, tras la formulación se tramita, ante el órgano supervisor correspondiente en cada país, un expediente que acredite la identidad del autor de la oferta, carácter de la operación, finalidad que se persigue, garantías, etc. El mencionado órgano puede contestar afirmativa o negativamente. Ante respuesta positiva, el sujeto que lanza la OPA está obligado a la edición de un folleto explicativo (con todos los detalles de la operación) dirigido a los accionistas de la sociedad sobre la que se formula la oferta. A continuación, estos deben dar su aprobación o no sobre la venta de las acciones al precio ofertado.

Si el porcentaje de las respuestas positivas de los accionistas es igual o mayor que el buscado por el oferente se realizará definitivamente la operación de compraventa, entre el lanzador de la OPA y los accionistas que hayan acudido. En el caso de que la OPA no aspirase a la totalidad de las acciones y el número de estas superara el

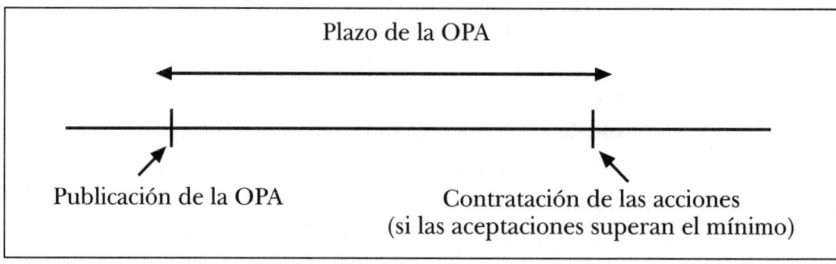

Figura 4.19. Esquema de una OPA

máximo deseado por el oferente entonces se llegará al prorrateo entre los accionistas que hubiesen aceptado. En la figura 4.19 se presenta un esquema referente a las OPAs.

Una parte importante en la tramitación de la OPA es la referente a las garantías que ofrece para los accionistas:

- La OPA debe ser aprobada por el órgano supervisor correspondiente en cada país. Este debe analizar si la operación está o no conforme con la legislación vigente.
- Se busca transparencia en la operación, para ello se obliga a la edición de un folleto explicativo por parte del lanzador de la OPA.
- Se evita la posible utilización de información privilegiada mediante la suspensión momentánea de la negociación en Bolsa de las acciones objeto de la operación.
- La oferta puede pagarse en dinero o con acciones (ver 4.8.1), o con una mezcla de ambos.
- Debe informarse sobre el resultado de la operación: número de accionistas que han acudido, y si ha tenido éxito o no.

En referencia a la financiación de la OPA, generalmente suele producirse a un precio superior al del mercado. De esta forma lo que se busca es pagar una cantidad determinada en una sola operación, aunque se tenga que comprar más caro. Haciéndolo en compras sucesivas, se desconocería con antelación el importe total (seguramente el precio de las acciones iría incrementándose de forma paulatina) y no se sabría con certeza si se contaría con el capital suficiente para poder alcanzar el control de la sociedad.

En realidad, lo que suele utilizarse es una política de aproximación: ir efectuando adquisiciones en el mercado hasta alcanzar un porcentaje cercano al 25% y a continuación realizar la OPA por el número de acciones deseado (cuando se supera el porcentaje del 25% es cuando se hace obligatorio lanzar la OPA).

Ante una OPA con éxito, se produce la sustitución del actual equipo de control de la sociedad afectada por uno nuevo. Este cambio puede producirse de dos formas distintas:

- OPA amistosa: existe un acuerdo con el grupo de control anterior.
- OPA hostil: no existe el acuerdo anterior. En este caso, el ór-

gano de administración puede protegerse mediante medidas anti-OPA, aunque suelen estar bastante limitadas por parte de la legislación del país en cuestión.

Finalmente, sólo remarcar que también existen las Ofertas Públicas de Venta de Valores (OPV). Este tipo de operación se utiliza cuando se busca ampliar el número de acciones de una sociedad e introducir así sus acciones en la Bolsa. También tienen la finalidad de colocar o difundir entre potenciales clientes una serie de títulos ya emitidos con anterioridad.

RENTABILIDAD DE LAS OPV

Empresa	Fecha	Precio minorista		Cierre ayer		Revalori-zación	Divid. (pta)	Rent. por divid.	Retab. total	Ibex
		pta	euros	pta	euros					
Funespaña*	11/12/98	2.175	13,07	2.662	16,00	22.40 %	0	0,00%	22,40 %	1,5 %
Enaco*	11/12/98	1.500	9,02	1.398	8,40	-6,82%	0	0,00%	-6,82%	1,5%
F. Paternina	16/09/98	2.360	14,18	2.096	12,60	-11,17%	0	0,00%	-11,17%	22,7%
Europac	10/07/98	561	3,37	379	2,28	-32,38%	0	0,00%	-32,38%	-9,6%
Befesa*	1/07/98	2.100	12,62	1.830	11,00	-12,85%	0	0,00%	12,85%	-5,3%
Endesa IV	9/06/98	3.372	20,27	4.050	24,34	20,10%	81	2,40%	22,50%	-6,5%
Superdiplo	14/05/98	3.135	18,84	3.744	22,50	19,42%	0	0,00%	19,42%	-1,6%
Koipe	7/05/98	6.700	40,27	4.905	29,48	-26,79&	100	1,49%	-25,30%	-3,5%
Tabacalera	28/04/98	3.183	19,13	3.384	20,34	6,32%	28	0,88%	7,20%	0,6%
MIA	8/04/98	6.719	40,38	5.249	31,55	-21.87%	0	0,00%	-21,87%	-10,1%
Fastibex	6/04/98	10.252	61,62	1.812	10,89	-11,63%	26	1,27%	-10,36%	-9,1%
Vilesa	26/02/98	2.950	17,73	1.905	11,45	-35,42%	40	1,36%	-34,06%	9,0%
Argentaria IV	17/02/98	2.614	15,71	3.790	22,78	44,99%	77	2,95%	47,94%	18.0%
Dogi*	21/01/98	1.066	6,41	2.562	15,40	140,37%	0	0,00%	140,37%	21,1%
Dinamia	15/12/97	2.240	13,46	1.607	9,66	-28,25%	0	0,00%	-28,25%	36,1%
ACS	11/12/97	3.500	21,04	5.963	35,84	7k0,38%	55	1,57%	71,95%	34,2%
Aceralia	10/12/97	2.080	12,50	1.589	9,55	-23,61%	75	3,61%	-20,00%	32,3%
Iberpapel	28/11/97	2.276	13,68	1.689	10,15	-25,80%	10	0,44%	-25,36%	38,9%
Endesa III	21/10/97	2.583	15,52	4.050	24,34	56,79%	109	4,22%	61,01%	43,9%
Aldeasa*	1/10/97	3.270	19,65	5.599	33,65	71,22%	124	3,79%	75,01%	32,2%
Bod. Riojanas	30/09/97	1.250	7,51	1.888	11,35	51,08%	28	2,24%	53,32%	33,1%
CVNE	17/07/97	3.900	23,44	8.066	48,48	106,83%	96	2,46%	109,29%	34,7%
Repsol	29/04/97	5.803	34,88	7.637	45,90	31,61%	398	6,86%	38,46%	66,9%
Adolfo Domínguez	18/03/97	3.007	18,07	2.632	15,82	-12,46%	0	0,00%	-12,46%	76,0%
Telefónica II	18/02/97	3.239	19,47	6.439	38,70	98,80%	156	4,82%	103,62%	74,4%
Telepizza	13/11/96	112	0,67	1.361	8,18	1120,11%	0	0,00%	1120,11%	115,5%
Sol Meliá	2/07/96	2.700	16,23	4.775	28,70	76,86%	124	4,60%	81,46%	124,6%
Argentaria III	26/03/96	1.232	7,40	3.790	22,78	207,71%	182	14,76%	222,47%	150,1%
Repsol IV	6/02/96	4.147	24,92	7.637	45,90	84,16%	575	13,87%	98,03%	161,1%
Telefónica I	3/10/95	1.615	9,71	6.439	38,70	298,71%	267	16,53%	315,24%	185,9%
Repsol III	11/04/95	3.448	20,72	7.637	45,90	121,49%	788	22,85%	144,35%	218,5%
Endesa II	31/05/94	1.564	9,40	4.050	24,34	158,94%	284	18,17%	177,12%	169,8%

Notas
– La fecha indica el primer día en que cotizaron los títulos adjudicados en la OPV.
– La última columna recoge la variación del IBEX (índice de la bolsa española) desde la adjudicación de los títulos de cada OPV.
– Las OPV señaladas en negrita han ofrecido mayor rentabilidad que el IBEX.
– Las OPV señaladas con asterisco no tuvieron tramo minorista.
– Divd. Dividendo.
– Rent. por div. Rentabilidad por dividendo.

Figura 4.20
(Fuente: *Cinco Días*. 28 enero 1998)

CARACTERÍSTICAS DE LA OPV DE INDRA

Venta	Sociedad Estatal de Participaciones Industriales
Oferta	43.990.093 acciones
Porcentaje del capital	59,485%
Valor nominal (acción)	129 pesetas
Tramo minorista general	15.876.037 acciones
Tramo minorista empleados	1.720.000 acciones
Tramo institucional español	10.997.523 acciones
Tramo internacional	15.396.553 acciones
Condiciones	Descuento del 7% a empleados si mantienen 12 meses las acciones
Coordinadores	Banco Santander de Negocios y Paribas

Figura 4.21. Características de una OPV
(Fuente: *El País*, Negocios. 21, febrero 1999)

En la figura 4.20 se presenta un cuadro con la rentabilidad de las últimas OPV realizadas en España, y en la figura 4.21 se señalan las características de una OPV en concreto. Por otro lado, en la figura 4.22 se acompaña un extracto de periódico con las principales operaciones de captación de dinero (Ampliaciones y OPVs) hasta noviembre de 1998, también en la Bolsa española.

EL AÑO DE LA BOLSA

Comparación entre los flujos de liquidez a Bolsa   En millones de ptas.

Operación	1993-96	1997	1998*	Dif. 98/97	Dif. 98/96-93
Ampliación	1.268.027	150.065	1.342.255	794,40%	5,85%
OPV privadas	177.899	160.960	334.931	108,03%	88,27%
OPV públicas	1.284.429	1.610.735	1.806.867	12,17%	40,67%
TOTAL	2.730.355	1.921.760	3.484.053	81,29%	27,60%

(*) Hasta noviembre

Demanda de papel en la Bolsa en 1998*
En millones de ptas.

Ampliación de capital	1.342.255
OPV privadas	334.931
OPV públicas	1.806.867
TOTAL	3.484.053

(*)Hasta noviembre   MIA

Principales operaciones de captación de dinero en 1998*

Sociedad	Operación	Importe captado Mill. de ptas.
Endesa	OPV	1.120.178
B. Santander	Ampliación	587.819
Telefónica	Ampliación	427.032
Argentaria	OPV	380.202
Tabacalera	OPV	106.166
BCH	Ampliación	163.820
Superdiplo	OPV	44.877
OPV		27.890
1. Zabálburu	Ampliación	26.789

Notas
– Las privatizaciones, nuevas empresas cotizadas y las ampliaciones de capital llevaron al mercado de valores español 3,48 billones de ptas. en 1998, un 81% más que en 1997.
– La entrada de dinero a las OPV o ampliaciones de capital aumentó un 81,29% en el ejercicio de 1998.
– A destacar, sobre todo, las ampliaciones de capital cuya cifra se multiplicó casi por ocho en 1998 respecto a la de 1997. Las realizadas por BCH, Banco Santander o Telefónica fueron responsables de este importante aumento.

Figura 4.22
(Fuente: *El País*, Negocios. 21, febrero 1999)

5
Proceso de contratación en bolsa

En este capítulo se analiza la contratación bursátil. Se divide en dos grandes apartados: títulos que cotizan en Bolsa y contratación oficial (proceso de compraventa). En el primero se detallan las condiciones para la admisión a cotización y el procedimiento que esta implica, y en el segundo se enumeran y estudian los diferentes modos de contratación bursátil que pueden darse en la Bolsa. También se presenta un apartado referente al proceso de liquidación de las operaciones bursátiles. Además, como puntos finales se hace referencia a la vigilancia y supervisión oficial del mercado y a los intermediarios del mismo.

5.1. TÍTULOS QUE COTIZAN EN BOLSA

Las sociedades emisoras de valores negociables en Bolsa deben cumplir una serie de requisitos y aportar la documentación exigida por la legislación vigente si pretenden su admisión en el mercado secundario de valores.

5.1.1 *Requisitos de admisión a cotización*

El procedimiento de admisión puede variar según exista o no verificación previa del organismo regulador del mercado bursátil, si los valores son nacionales o extranjeros, públicos o privados, negociados en primero o segundo mercado, etc. Atendiendo a la posibilidad de verificación previa por parte del organismo regulador (la Securities & Exchange Commission, SEC, en el caso del NYSE, la Comisión Nacional del Mercado de Valores, CNMV, en el caso de España, la Securities & Investment Board, en el caso de Londres, etc.) los requisitos de admisión a cotización son los que siguen.

Con verificación previa

La admisión a negociación de los valores nacionales o extranjeros, de renta variable o de renta fija, y *warrants*, con la verificación previa del organismo regulador del mercado bursátil es requerida por: entidades privadas, o entidades públicas que se rijan por el ordenamiento jurídico privado.

En términos generales, para que las acciones u obligaciones sean admitidas a contratación en el mercado oficial, es necesario que la entidad emisora tenga un mínimo de capital nominal, un número mínimo de accionistas y que en los años anteriores haya obtenido un determinado porcentaje de beneficios sobre el capital desembolsado. Obligándose estos requisitos se pretende que los títulos admitidos a cotización tengan liquidez y aporten las máximas garantías a los potenciales inversores. En la figura 5.1a y 5.1b se presentan los casos español y norteamericano a modo de ejemplo.

Además, tras obtener la admisión a cotización, el título en cuestión ha de tener una frecuencia mínima de contratación (medida con un porcentaje de las sesiones bursátiles hábiles de cada semestre, por ejemplo) y un volumen mínimo de negociación (medido como un porcentaje del volumen de negociación nominal relativo del conjunto de títulos de la misma naturaleza). Para acceder al segundo mercado (ver 5.2.3), las condiciones son parecidas pero los

REQUISITOS	Primer mercado	Segundo mercado
Capital social (renta variable)	200 millones ptas. (*)	25 millones ptas.
Volumen de emisión (renta fija)	1.000 millones ptas.	25 millones ptas.
N.º accionistas/obligacionistas	100 (*)	100
B.º después de impuestos	6%	–

(*) con participación individual inferior al 25% del capital o de la emisión

Figura 5.1.a. Requisitos mínimos de admisión a cotización en España

REQUISITOS	Primer mercado	Segundo mercado
B.º después de impuestos	$2,5 millones (año en curso) $2 millones (por cada uno de los dos últimos años) $6,5 millones (agregado, en los tres últimos años)	-
Activos tangibles netos	$18 millones	
Capitalización bursátil	$9-$18 millones	$2,5-$5 millones
Acciones en manos del público	1,1 millones	6.000
N.º accionistas/obligacionistas	2.000	1.200

Figura 5.1.b. Requisitos mínimos de admisión a cotización en EE UU, NYSE

mínimos exigidos son menores, con la finalidad de ser más asequibles para las pequeñas y medianas empresas.

Una vez cumplidos los requisitos, la documentación a aportar (incluida en un expediente de admisión a negociación) contendrá la siguiente información:

- Comunicación previa o instancia dirigida al organismo regulador del mercado bursátil.
- Certificados correspondientes a: los acuerdos sociales de emisión y admisión, litigios y retenciones judiciales, titularidad de los valores, etc.
- Testimonios notariales de las escrituras públicas de constitución, ampliación de capital, emisión de renta fija, poderes, etc.
- Estatutos actualizados.
- Cuentas auditadas de los dos últimos ejercicios sociales e información financiera actualizada.
- Participaciones significativas superiores al 5% y de consejeros.
- Cuadros de difusión en los casos de suscripción o colocación de valores.
- Folleto de admisión ajustado al modelo correspondiente.

Sin verificación previa

- Admisión en virtud de la solicitud del emisor: en este procedimiento se encuentran los valores nacionales emitidos por los diferentes estados, comunidades autónomas, etc. y organismos oficiales de los que el país emisor sea miembro (ejemplo: el caso de los bonos/obligaciones internacionales: bonos Matador, bonos Samurai, etc.). Aunque no precisan de una verificación pre-

via por parte del organismo regulador del mercado de valores sí que requieren la aportación de cierta documentación.
– Admisión de oficio: es el caso de los valores emitidos por el Estado: bonos y obligaciones del Estado, letras del Tesoro, etc. y la deuda emitida por otras administraciones y organismos públicos. Se admiten con carácter automático una vez publicadas las emisiones en el boletín correspondiente.

5.1.2. *Documentación de las acciones*

Los valores negociables pueden estar representados de dos formas distintas: como títulos o como anotaciones en cuenta. Antiguamente, al inversor se le permitía «tocar» su inversión, ya que los títulos se presentaban en una lámina de papel. En la actualidad la mayoría de las sociedades ya no emiten valores-papel (físicos) sino que se representan en anotaciones en cuenta. La mayor agilidad y rapidez que estas poseen supone un gran avance en el proceso de la contratación bursátil: compensación y liquidación de las operaciones (ver 5.2.4). Los valores representados por este sistema se constituirán como tales una vez inscritos en el correspondiente registro contable, en el que el movimiento físico de los títulos implicados en una transacción financiera queda sustituido por un simple apunte contable.

5.2. CÓMO SE COMPRAN Y VENDEN LOS TÍTULOS-VALORES

Los títulos-valores pueden comprarse y venderse en el mercado bursátil en cualquier cantidad y al precio que en cada momento determine la oferta y la demanda. Así pues, el precio de un título-valor, también denominado cambio o cotización, se fija en el punto en el que coinciden la oferta y la demanda. Esta operación denominada contratación varía según el país en el que se realice. Se distingue básicamente entre dos tipos de negociación: negociación de acciones a viva voz (mercado de corros) y mercado electrónico o negociación por pantalla (mercado continuo). Los viejos modos de contratación bursátil se basaban en el sistema de los corros. Físicamente un *corro* es el área reservada para la negociación de un determinado grupo de títulos, mediante la transmisión verbal de los precios que se pagan en la compraventa de los mismos. Algunas bolsas mundiales, como la de Nueva York (NYSE), todavía siguen utilizando este sistema. Sin embargo, actualmente los mecanismos se han modernizado y predomina la contratación automática (por ordenador) a través del mercado continuo. Bolsas como las españolas utilizan este sistema casi en la totalidad de su volumen de contratación.

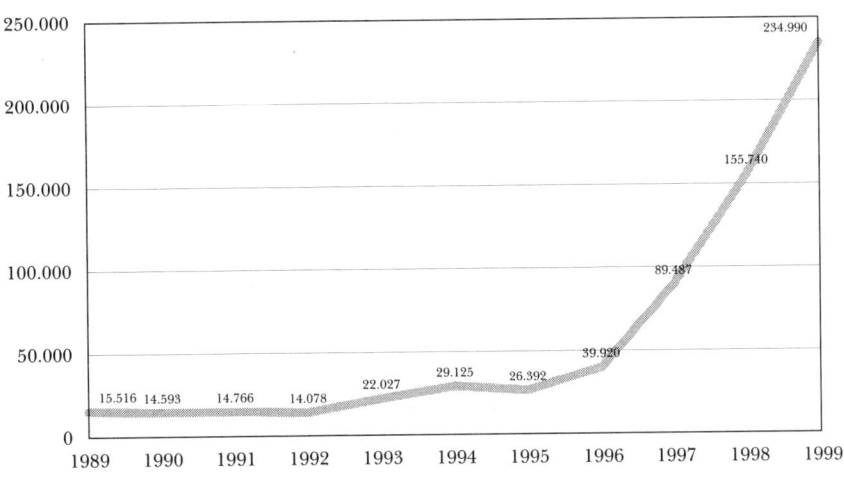

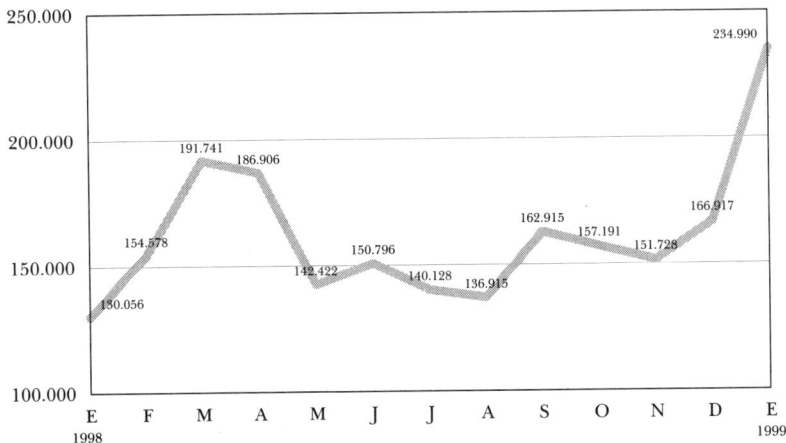

Figura 5.2. La contratación bursátil en la Bolsa española
(Fuente: *Cinco Días*. 28, enero 1999)

En la figura 5.2 se presenta la evolución histórica de la contratación bursátil en el mercado continuo español, así como la referente al año 1998. Nótese el importante incremento desde 1989, cuando la media diaria de contratación se encontraba en los 15.516 millones de ptas., hasta enero de 1999, donde la media pasó a los 234.990 millones de ptas.

5.2.1 *Mercado de corros (negociación de acciones a viva voz)*

Desde el nacimiento de las bolsas de valores, las formas de contratación fueron evolucionando hasta la formación de los corros. En estos, los agentes que negociaban los distintos valores realizaban las ofertas y demandas durante un espacio de tiempo, generalmente muy corto, para cotizar a continuación, en ese mismo espacio, otro valor.

Como ya se ha anunciado, todavía en la actualidad sigue utilizándose este sistema en algunas bolsas, ya sea de forma mayoritaria (NYSE) o menos representativa (caso español). A continuación se describen, de modo general, las características de dichos casos.

En la Bolsa **de Nueva York**, **NYSE**, toda negociación se lleva a cabo a través del mercado de corros: el NYSE utiliza el corro como lugar físico donde cotizar y cruzar operaciones y en el que sólo pueden operar los miembros, es decir, los dueños del mercado (en general se trata de bancos de inversión). En la actualidad, toda la negociación en cualquiera de los títulos se ha de hacer a través del especialista o especialistas del corro correspondiente a dicho título. El especialista es un agente que sólo existe en el NYSE. Puede actuar por cuenta propia y por cuenta de terceros (incluidos otros *brokers* –intermediarios–). La figura del especialista aparece por la necesidad de concentrar la negociación aprovechando economías de escala. Supongamos, por ejemplo, que el último cruce de acciones de General Motors se produjo a 74 dólares. Ante esto el inversor decide dar una orden a su*broker* de compra de General Motors a 73 dólares. Si no existiese un especialista, dicho *broker* tendría que ir al parqué y empezar a dar vueltas intentando encontrar a alguien dispuesto a vender a 73 dólares. Esto es muy ineficiente. Existe pues un incentivo a designar a alguien (especialista) como una especie de «*broker* de *brokers*», alguien a quien mi *broker* transmitirá mi orden de compra y que, o bien cruzará con otras que ya tiene, o mantendrá abierta para su cruce futuro, evitando que cada *broker* tenga que buscar contrapartida. El especialista va registrando en su libro todas las órdenes que le llegan a la vez que puede introducir las suyas propias. Está sujeto a una serie de reglas pero a la vez goza de ciertos beneficios que le compensan en su papel.

Aparte de la negociación en corros, el NYSE también regula el mecanismo para ejecutar operaciones entre miembros fuera de mercado. Se trata de la negociación de *bloques* (grandes paquetes de acciones) en el denominado mercado *upstairs*.

En las **bolsas españolas**, el funcionamiento del mercado de corros es el siguiente. En el parqué se forman los corros integrados por los agentes o sus representantes dedicándose un determinado plazo de tiempo a cada valor o grupo de valores. La contratación, como ya se ha comentado, es efectuada de viva voz de manera que cada participante en el corro que lleva órdenes de un determinado valor, lo vocea anunciando el precio y la cantidad de los títulos que está dispuesto a comprar o vender. Si no existe respuesta (contrapartida), puede aumentar el precio si desea comprar o reducirlo si desea vender. Si alguien responde *doy* (está dispuesto a vender) o *tomo* (está dispuesto a comprar) es que se puede llegar a un acuerdo entre las partes. Si el que vocea no anuncia cantidad, el que da respuesta de *doy* o *tomo* puede decidirla. Por lo tanto, el no señalar una cantidad supone que el comprador o vendedor no pone límite. Cuando un agente manifiesta su posición lo ha de hacer por un mínimo de valor monetario (pesetas, en el caso de España) o de títulos. Estos mínimos son fijados por la junta sindical. Los cambios se

LA BOLSA DE MADRID

	Contratación Mill. ptas.	Capitalización Bill. ptas.	Sociedades cotizadas	PER Precio/ Beneficio	Índice general	Inversión extranjera Mill. ptas.
1993	5.528.825	20,83	379	21,38	322,77	3.030.205
1994	7.310.259	20,35	378	13,02	285,01	3.458.308
1995	6.597.942	22,90	366	11,98	320,07	3.455.327
1996	10.099.781	31,57	361	15,05	444,77	5.122.907
1997	20.497.935	44,26	388	19,09	632,55	10.244.657
1998*	33.729.125	56,97	461	23,94	844,96	14.260.305

(*) Datos estimados para todo el año en contratación. La capitalización calculada a 30 de noviembre, al igual que el PER y el índice general. La inversión extranjera, con datos a 30 de septiembre.

Figura 5.3. La Bolsa de Madrid
(Fuente: *El País*, Negocios. 3, enero 1999)

expresan en porcentaje sobre el valor nominal de los títulos o en la moneda. Sin embargo, la expresión en la moneda del país resulta más comprensible para los inversores.

En la figura 5.3 se acompaña información sobre la bolsa de Madrid referente a la contratación, capitalización, sociedades cotizadas, valores del ratio Precio/b° (ver capítulo 6), del índice general de la Bolsa de Madrid y de la inversión extranjera en millones de pesetas desde 1993 hasta 1998.

5.2.2. Mercado continuo (mercado electrónico: negociación por pantalla)

La principal razón de ser del mercado continuo (asistido por ordenador) es permitir las operaciones de contratación en un amplio período de tiempo, haciendo posible que los intermediarios financieros puedan ejecutar las órdenes de sus clientes desde cualquier lugar. La idea es mejorar la difusión de información, agilizar la negociación, mejorar la eficiencia del mercado y facilitar la conexión con los mercados internacionales. Se trata de un mercado dirigido por órdenes, con transparencia en la información (se recibe en tiempo real), y con una difusión automática de la contratación mediante los terminales (ordenadores) de los miembros del mercado.

El mercado continuo ha reemplazado prácticamente en su totalidad al tradicional sistema de la negociación de acciones de viva voz en las distintas plazas bursátiles.

A través de terminales informáticos, los operadores pueden dirigir sus órdenes al mismo ordenador central, donde se ordenan según el precio y el momento de su introducción. Si existe contrapartida al precio fijado en la propuesta, la orden se ejecuta automáticamente. Si no existe contrapartida, la orden permanece en cola en espera de ser negociada, con un límite temporal. El orden de ejecución de las acciones es el siguiente: primero las de mejor precio frente a las de menor y en caso de igualdad de precio, las introducidas antes en el sistema frente a las incorporadas después.

Las principales consecuencias del desarrollo del mercado continuo son:

- La contratación continua. Los títulos admitidos pueden contratarse durante toda la jornada. En cambio en el sistema tradicional de corros, este período es sólo de unos minutos por título.
- Horario y normas de funcionamiento dirigidos a asegurar la igualdad de acceso. Tanto los intermediarios como los inversores pueden estar conectados informáticamente con el sistema y recibir información en tiempo real.
- El departamento encargado de la supervisión y control garantiza igualdad de oportunidades a los operadores.
- Único precio en cada valor dentro de un mismo país en el que puedan existir distintas bolsas. Además, los precios en una sesión no pueden variar menos del mínimo ni más del máximo autorizados por el organismo regulador del mercado.

Modalidades de contratación continua

La contratación continua se estructura en tres modalidades (submercados):

- Mercado de lotes: la contratación se realiza por lote o múltiplo de lote (100 títulos, 50 títulos, 25 títulos, dependiendo del precio del título en cuestión). La determinación de los precios se lleva a cabo por enfrentamiento de propuestas de distinto signo (compra/venta), de forma que las contrapartidas que permiten cerrar operaciones se distribuyen, por lotes completos, según el rango de precios de estas. En caso de que haya igualdad de precios se tendrá en cuenta la prioridad temporal.
- Mercado de picos: las cantidades negociadas son inferiores al lote. Sus propuestas deben ser limitadas y ejecutadas total o parcialmente ante la aparición de propuestas de signo contrario. Notar que aparece la posibilidad de arbitraje entre el mercado de picos y el de lotes. Supongamos que para las acciones del Banco Bilbao Vizcaya (BBV) de precio 2.208 ptas. en la bolsa española, el lote es de 50. Si un lote vale 50*2.208, y en el mercado de picos en ese mismo momento una acción vale 2.209, puedo comprar un lote y vender las 50 acciones por separado en el de picos, haciendo un beneficio sin riesgo.

– Mercado de términos especiales: se negocian órdenes «todo o nada» o con especialidades: instrucciones con un diferencial en contra del inversor, propuestas que deben ejecutarse por un volumen mínimo de lotes y a precios que no conlleven negociación en el mercado de lotes, etc.

Destacar que tanto el mercado de picos como el de términos especiales son marginales en comparación con el de lotes.

Tipos de órdenes admitidas

Respecto a las órdenes de Bolsa, existen distintos tipos de propuestas que se admiten durante la sesión abierta. Una orden de Bolsa es la instrucción que da un inversor a un intermediario para que este intente ejecutarla en el mercado bursátil. Se pretende que esta quede perfectamente identificada mediante una definición clara y simple. Toda orden de Bolsa debe indicar:

– los valores objeto de la orden.
– el número de títulos que se quiere comprar/vender.
– la manera de ejecutar la orden.
– el plazo de validez: para un día, hasta una determinada fecha o hasta su cancelación.

Atendiendo a los tipos de órdenes admitidas:

– De mercado o «por lo mejor»: consiste en cerrar la operación al mejor precio que se ofrezca en el mercado en ese momento. Se trata de órdenes que generalmente se realizan inmediatamente, se compra/vende a los precios que aparecen en pantalla en ese instante. El inversor pide a su agente la ejecución de una operación al mejor cambio que sea posible conseguir.
– Orden limitada o con límite: se indica un precio máximo para las compras y uno mínimo para las ventas.
– De ejecución mínima: en la primera negociación se indica una cantidad mínima de lotes que debe ser ejecutada. El resto se lleva a cabo en unidades de lote.

- «A la apertura»: se acepta que la oferta-demanda se cruce al precio de apertura del mercado, cualquiera que este sea, y en la cuantía que cubra el mercado.
- «On stop»: se limita la orden al precio que fije el operador o a un intervalo de precios citado, y otro mínimo o máximo para la venta o la compra. Su entrada en el mercado está condicionada a que se ejecute alguna operación al precio propuesto: *comprar si sube de* o *vender si baja de*.
- «Con cantidades adicionales»: el operador sólo muestra una parte del volumen de la propuesta, aunque entre todo en el mercado.

Negociaciones especiales

- Negociación de grandes paquetes de títulos: generalmente este tipo de negociaciones suele hacerse de manera privada entre dos intermediarios y vía telefónica. El contacto entre las partes es a través de un mediador que es contratado por una de ellas con la finalidad de encontrar la contrapartida. El mediador indaga telefónicamente entre aquellos intermediarios que cree que tienen ese valor o que normalmente suelen ser activos en la negociación del mismo, para ver si alguno está dispuesto a venderle o comprarle la cantidad de títulos que él desea negociar. Encontrada la contrapartida, se negocia el precio. Si este coincide con el precio del cierre de la Bolsa ese día, la operación puede hacerse pública esa tarde o al día siguiente. En caso contrario, se comunica posteriormente sólo a efectos informativos.
- Negociación de títulos fuera del horario de mercado: este tipo de mercado nació con la finalidad de impedir que ciertas transacciones, con posibilidades de arbitraje, se desviasen a una plaza bursátil distinta a la del propio país gracias a la diferencia de horarios. Por ejemplo, en el caso español se podría jugar con la Bolsa de Nueva York (NYSE), que funciona en el horario vespertino en que la Bolsa española ya ha cerrado. Este tipo de negociación no acepta cualquier precio o volumen de títulos, sino que existen unos límites marcados por los distintos mercados.

5.2.3. El segundo mercado

El segundo mercado apareció con la finalidad de proporcionar a las pequeñas y medianas empresas un acceso a la Bolsa de sus títulos. Para ello, los requisitos y obligaciones de admisión son menos rigurosos (ver figuras 5.1 a y b) que en el caso del primer mercado. Los pioneros del segundo mercado fueron los norteamericanos con la creación en 1950 del «*Over the Counter*». No hay que confundir el segundo mercado con el mercado secundario donde se negocian títulos ya emitidos. El éxito de este tipo de mercado ha sido relativo y en muchos casos es utilizado simplemente como un paso intermedio antes de acceder al primer mercado.

Sus características principales son:

– Cumplimiento de unos requisitos de admisión.
– Obligación de suministrar cierta información a los inversores. A todas las sociedades admitidas se les exige auditorías e información contable periódica.
– Respecto a la negociación, la principal particularidad es la inclusión de las sociedades de contrapartida, cuya misión es facilitar la oferta en el mercado de valores y dinero. En definitiva, dotan de liquidez al valor.

Las ventajas de cotizar en el segundo mercado para una pequeña o mediana empresa son:

– Facilitar mayor liquidez a los títulos de la empresa.
– Obtener un precio objetivo y potenciales inversores para las acciones de la empresa.
– Obtener publicidad gratuita.
– Acceder a la bolsa con unos costes menores que los de la cotización oficial.

5.2.4. Liquidación de las operaciones bursátiles

El proceso de inversión en Bolsa finaliza con la entrega y recepción de los valores y del efectivo resultante. Es en la fase de liquidación y compensación cuando se paga lo que se ha comprado, o equivalentemente, se recibe el dinero que reporta la venta.

Las operaciones de liquidación y compensación se realizan a través de la correspondiente Sociedad de Compensación y Liquidación de Valores (SCLV) y mediante un sistema de anotaciones en cuenta. La entidad en cuestión tiene la finalidad de gestionar, de forma exclusiva, la liquidación y compensación de valores y efectivo derivadas del proceso de negociación en el mercado bursátil. Cualquier operación de compra y venta realizada en un día se comunica a la SCLV que lleva a cabo su registro contable. Comprobada la autenticidad de la operación y que los miembros que la han llevado a cabo la acepten definitivamente, se envía una confirmación a las entidades implicadas para que se proceda a la liquidación de las operaciones. El plazo de liquidación está fijado, siendo de cinco días laborables, en el caso de la bolsa española por ejemplo.

5.3. VIGILANCIA Y SUPERVISIÓN OFICIAL DEL MERCADO

La función de vigilancia y supervisión de los mercados de valores y de los individuos o instituciones (inversores, intermediarios, entidades emisoras de títulos, etc.) relacionados con el ámbito bursátil está encomendada a un organismo específico e independiente. En el caso americano encontramos la Securities and Exchanges Commission (SEC), en el caso inglés la Securities and Investments Board (SIB) y en España la Comisión Nacional del Mercado de Valores (CNMV). Se trata de un ente de derecho público, con personalidad jurídica propia, que además tiene la facultad de sancionar de acuerdo con lo establecido por las leyes. Las competencias de este organismo son amplias, se puede distinguir entre funciones generales y funciones específicas.

Funciones generales

- Inspeccionar los mercados y sancionar cuando lo crea oportuno.
- Cuidar de la transparencia en los mercados. En este sentido, ha de controlar que no se haga uso de información privilegiada.

- Hacer cumplir las normas de conducta establecidas por parte de aquellos que intervienen en las distintas operaciones.
- Promulgar, a través de circulares, las disposiciones necesarias para el desarrollo y ejecución de las normas dictadas en desarrollo de la Ley.
- Vigilar la correcta formación de los precios.
- Asesorar a los responsables de la Administración en materia bursátil.
- Promover la difusión de la información referente al mercado de valores.
- Proteger a los inversores y otros individuos que participen en las operaciones.

Funciones específicas

- Verificar el cumplimiento de todos los requisitos exigidos para la emisión y admisión de valores a cotización oficial.
- Determinar la categoría de cada uno de los valores negociables.
- Recibir la información de adquisiciones y transmisiones de participaciones en sociedades admitidas a cotización.
- Examinar que se cumplan los requisitos para que los intermediarios del mercado (ver 5.4) sean miembros de la Bolsa y proponer su autorización.
- Decidir las suspensiones y exclusiones de cotización oficial.

5.4. LOS INTERMEDIARIOS DEL MERCADO

Los mediadores juegan un papel muy importante en el mercado de valores, ponen en contacto las demandas de los compradores con las ofertas de los vendedores de títulos. Podemos distinguir entre dos tipos de intermediarios: aquellos que actúan por cuenta ajena (*broker*) y los que que actúan por cuenta ajena y por cuenta propia (*broker* y *dealer*). En España, se denominan Agencias de Valores y Sociedades de Valores respectivamente.

Las comisiones que perciben los mediadores son variables pero oscilan alrededor del 1% del valor de la compra.

5.4.1. Facultades de los intermediarios del mercado

Facultades de las Sociedades de Valores (Broker y Dealer)

- Contratar en la bolsa de la que se es miembro oficial.
- Recibir y canalizar órdenes (de compraventa o para complementar la liquidez del mercado), por cuenta propia o ajena, de cualquier inversor nacional o extranjero.
- Prestar (otorgar créditos) en operaciones de valores.
- Asegurar la suscripción de emisiones y mediar su colocación, negociando por cuenta propia o ajena.
- Negociar valores no admitidos a cotización oficial.
- Gestionar por cuenta de terceros carteras de valores.
- Hacer de mediador en operaciones financieras diversas: fusiones, ofertas públicas de adquisición, etc.
- Ser depositaria de títulos o administrar valores representados por anotaciones en cuenta.

Facultades de las Agencias de Valores (Broker)

- Recibir, ejecutar o transmitir órdenes.
- Negociar valores no admitidos a cotización oficial.
- Ser depositaria de títulos o administrar valores representados por anotaciones en cuenta.
- Gestionar, para terceros, carteras de valores.
- Negociar, por cuenta ajena, valores nacionales o extranjeros.
- Hacer de mediadora en la colocación de emisiones y de ofertas públicas de venta.

Como resumen puede decirse que ambos intermediarios realizan las mismas funciones con la salvedad de que sólo las Sociedades de Valores (actuando como *brokers* y *dealers*) pueden colocar emisiones de valores y negociar valores nacionales o extranjeros, por cuenta propia o ajena, mientras que las Agencias de Valores (puros *brokers*) sólo pueden hacerlo por cuenta ajena. Otra diferencia es que sólo las Sociedades de Valores pueden prestar créditos en operaciones de compraventa de valores.

En la figura 5.4 se ofrece información de los beneficios de las 20 primeras firmas de Bolsa (Sociedades y Agencias de valores) en el mercado español, en 1998 y 1997, así como la diferencia en porcentaje.

Las 20 primeras firmas de bolsa por beneficios

SOCIEDAD	BENEFICIOS en 1998	BENEFICIOS en 1997	DIFERENCIA en %
BBV Interactivos	9:1109	5.345	70,4
BSN	7.192	4.681	53,6
BCH Bolsa	6.773	4.248	59,4
Argentaria Bolsa	3.738	3.623	3,2
Merrill Lynch	2.819	1.339	110,5
Banesto Bolsa	2.406	989	143,3
Invercaixa	2.116	456	364,0
AB Asesores	2.092	1.694	23,5
Ahorro C.F.	2.077	1.599	29,9
Société Générale	1.743	2.207	-21,0
BMTapital	1.583	1.019	55,3
Indosuez Capital	1.569	361	334,6
Deutsche Secur.	1.172	537	118,2
Benito y Monjardín	1.144	707	61,8
Gaesco Bolsa	1.093	809	35,1
SBC Warburg	908	259	250,6
Renta 4	907	433	109,5
Eurosafei	881	428	105,8
Caja Madrid Bolsa	800	561	42,6
GVC	393	228	72,4

Figura 5.4. Las 20 primeras firmas de la Bolsa española por beneficios (Fuente: *El País*, Negocios. 14, febrero 1999)

6
¿Qué hacer para empezar a operar en bolsa?

Hasta ahora se ha definido el mercado de valores, los activos que en él se negocian, las diferentes formas de operar, el proceso de contratación y las instituciones que en él intervienen. En definitiva todo este conglomerado de nada serviría si no existiesen agentes económicos dispuestos a invertir sus excedentes monetarios (y evidentemente otros con necesidades de financiación). Como veremos en un capítulo posterior, el inversor en Bolsa está condicionado por diferentes factores en el momento de definir su inversión y esto hace que no exista una imagen universal de este (ver capítulo 8). Ahora la idea es analizar la información que dicho inversor puede encontrar en el mercado. La pregunta es básicamente: ¿a qué tipo de información puede acceder el potencial inversor? Este capítulo intenta recoger las principales fuentes informativas que el mercado pone en manos de los inversores, así como las principales herramientas que los analistas bursátiles utilizan para comprender el mercado y prever su futuro.

6.1. IMPORTANCIA DE LA INFORMACIÓN

Es del todo evidente que para que un inversor pueda operar en el mercado bursátil precisa contar con buena información. Una correcta toma de decisiones dependerá de la cantidad y calidad de los informes que el inversor disponga.

Existen incluso consensos políticos relativos a la importancia de la información en Bolsa. En 1977, la Comisión de las Comunidades

Europeas recomendó a los estados miembros la aplicación de un código de conducta relativo a las transacciones sobre valores mobiliarios. En uno de sus principios generales destacaba la importancia de la información. Esta debe ser:

- Legal.
- Correcta.
- Clara.
- Suficiente.
- Difundida a tiempo.
- Presentada de manera que su significado y posible difusión se conozca fácilmente.

La legislación sobre el mercado de valores (protección de los inversores) o la legislación mercantil (defensa de los socios), tomando conciencia de la importancia de la información y con la finalidad de favorecer el desarrollo y transparencia del mercado de valores, obligan a las empresas emisoras a difundir una información auténtica, suficiente y que llegue lo más rápidamente a los inversores.

Nuestra pregunta es ahora: ¿qué tipo de información le resulta de interés al inversor bursátil?

Información legal

– Cuando se emite un valor es obligatorio que se registre en el organismo encargado de la vigilancia y supervisión del mercado, aportándose una serie de documentos.

– Debe difundirse públicamente y entregarse gratuitamente entre los inversores un folleto informativo respecto a la emisión que quiere ser lanzada. Este detallará todos los datos básicos que permitan hacer un juicio de valor sobre la inversión propuesta: características de los valores, derechos y obligaciones de sus poseedores, informes de la empresa, etc. Además, se incluirán las conclusiones de una auditoría de cuentas de los estados financieros del emisor.

– El objetivo de este tipo de información es conocer la situación de la empresa emisora.

Información periódica

- Este tipo de información debe ofrecerse cada vez que se produzca un cambio sustancial en la empresa.
- La idea es ofrecer toda la información que una compañía considera fundamental para la valoración de sus títulos. Generalmente engloba unas cuatro comunicaciones anuales más otras complementarias si hay modificaciones entre los últimos meses y el cierre del ejercicio. En estas comunicaciones se remite, casi siempre trimestralmente, una declaración de no haberse producido en ese tiempo ningún cambio sustancial de los estados financieros. Y, semestralmente, una información más amplia que incluye si se ha realizado o está prevista alguna operación financiera, las ventas o inversiones llevadas a cabo, un balance de situación, una cuenta de pérdidas y ganancias, etc.
- El objetivo es facilitar el seguimiento de las variables fundamentales de la empresa.

Información relevante

- Debe ofrecerse en el momento en que se producen ciertos acontecimientos tales como: obtención de contratos, fusiones, escisiones, problemas de tesorería, etc. Estos afectan a las empresas, en sus estados financieros, perspectivas de rentabilidad, o de línea del propio proyecto empresarial y cambian la apreciación que de ellas se tiene. En consecuencia, influyen en el precio de las acciones de estas empresas en el mercado bursátil.
- Este tipo de información, hechos relevantes para una empresa, debe difundirse en el Boletín de Cotización o en la prensa.
- El objetivo es evitar que la información sensible para la formación de los precios sea objeto de rumores.

Información de la estructura accionarial

- El inversor debe tener información de posibles variaciones, por pequeñas que sean, de las participaciones en el capital social y de los consejeros de las empresas cuyas acciones se nego-

cian en la Bolsa. También debe informársele cuando se adquieran o transmitan acciones que supongan que la participación, tanto del que las compra como del que las vende, aumente o disminuya traspasando el umbral del 5% del capital (o sus sucesivos múltiplos).
- Estas participaciones significativas deben comunicarse al organismo encargado de la vigilancia y supervisión del mercado en un plazo de tiempo preestablecido.
- El objetivo de este tipo de información es el conocimiento de la estructura accionarial y del poder que pueden ejercer algunas personas sobre otras.

Información sobre la junta general ordinaria

- La información referente a la junta general ordinaria de accionistas se ofrece aquel día del año destinado a la celebración de la misma.
- Consiste en dar a conocer a los accionistas las cuentas anuales de la empresa, como apartado principal.
- El objetivo es permitir a los inversores la solicitud de informes o aclaraciones sobre los asuntos contenidos en el orden del día.

Información económico-financiera

- Esta información se ofrece cuando se ha reunido la junta general ordinaria de la compañía. Existe un plazo preestablecido desde su celebración.
- Consiste en presentar al órgano supervisor del mercado los documentos representativos de la situación económico-financiera de la empresa: el balance, la cuenta de pérdidas y ganancias, la memoria y la propuesta aprobada de aplicación de beneficios. Esta información debe entregarse a todo aquel accionista que la solicite.
- El objetivo es ayudar a que los inversores tengan una buena base informativa y de análisis.

Información de cotización

- Se ofrece este tipo de información cuando hay cambios en la sesión bursátil o en los volúmenes de contratación.
- Consiste en que los organismos encargados de regular el funcionamiento de la Bolsa suministren en cada sesión, vía informática, información referente a lo que está sucediendo en el mercado de valores. En el Boletín de Cotización figuran todos los valores admitidos a cotización.
- El objetivo es que las funciones asignadas al mercado bursátil se cumplan, gracias a la transparencia de información.

Estos son, a grandes trazos, los tipos de información que el inversor desea recibir. Señalar, sin embargo, que junto a estos sistemas de comunicaciones a los que se accede gratuitamente, el inversor cuenta además, para formarse una opinión de las tendencias del mercado, con otro tipo de información de carácter privado y que le supone un desembolso. Se trata de:

- La información proporcionada básicamente por los medios de comunicación, a través de las páginas de los diarios de información general o los periódicos y publicaciones especializadas en información económica.
- Algunas entidades bancarias editan también, semanal o mensualmente, una serie de boletines con cotizaciones bursátiles.
- Otras entidades privadas difunden boletines con recomendaciones de inversión.
- Por último, la mayor parte de las sociedades y agencias de valores elaboran análisis completos sobre empresas concretas.

6.2. ANÁLISIS FUNDAMENTAL

Los analistas bursátiles utilizan herramientas diversas para intentar analizar el mercado y prever su evolución futura. Estas herramientas pueden agruparse en dos grandes conjuntos: el análisis técnico y el análisis fundamental. En este punto trataremos el último grupo. El análisis fundamental hace uso de: datos relativos a la economía general, datos socio-políticos, estados financieros de las empresas, datos del sector económico en el que operan, estudios de mercado, etc. Así pues, debido al tipo de información de la que precisa, el análisis fundamental exige disponer de muchos datos, mucho tiempo y de los conocimientos adecuados para poder efectuarlo.

6.2.1. Análisis del clima bursátil

Para llevar a cabo una correcta inversión, no sólo se debe estudiar la evolución de las entidades que cotizan en el mercado, sino que también es necesario saber escoger el momento justo en que operar en Bolsa. Para ello es necesario tomar conciencia del clima bursátil y de todos aquellos aspectos que pueden influirle.

El clima bursátil refleja el ambiente que se está viviendo en la Bolsa. Básicamente se distinguen dos casos: clima alcista y clima bajista. Un clima bursátil favorable, alcista, se puede detectar a partir de diferentes tipos de señales como:

- Alzas en los índices bursátiles.
- Existencia de más títulos que suben de cotización que los que bajan.
- Comentarios favorables acerca de la Bolsa en los distintos medios de comunicación: prensa, radio, televisión, revistas e informes bursátiles, etc.
- Reacción positiva del mercado ante las buenas noticias si va acompañada de reacciones no negativas ante las malas noticias.

Si los síntomas mencionados son de signo contrario, el clima bursátil será desfavorable o bajista. En la figura 6.1 se muestra la evolución, desde febrero de 1998 hasta enero de 1999, de distintos índices mundiales, marcándose el correspondiente clima bursátil: favorable o desfavorable, según se dé un alza o una bajada en dicho índice, respectivamente. Atendiendo a los gráficos y restringiendo nuestra información a estas figuras se podría destacar el clima bajista (desfavorable) de la Bolsa de Japón, con un descenso del Índice Nikkei del 12,93% en el período considerado.

¿Qué hacer para empezar a operar en bolsa? 157

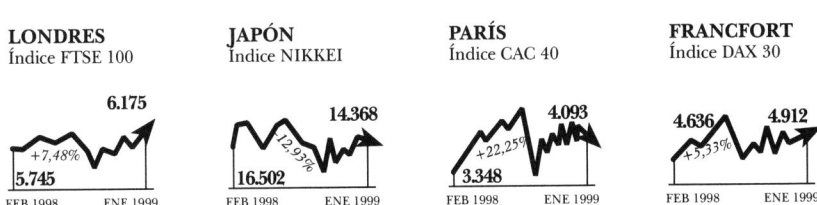

Figura 6.1. Bolsas internacionales, índices bursátiles
(Fuente: *La Gaceta del Sábado*, Mercados. 30, enero 1999)

Es de común consenso el hecho de la existencia de ciclos en el mercado bursátil, es decir, el paso de un clima alcista a uno bajista y de este al primero, y así sucesivamente. Cuando el ambiente es optimista, acuden a bolsa un gran número de inversores, lo que provoca un alza en las cotizaciones. Este aumento mejora las expectativas de beneficios de la inversión en el mercado bursátil con lo que se atrae a un número de inversores todavía mayor y la Bolsa sigue subiendo. Mientras esto sucede, algunos poseedores de títulos aprovechan para realizar beneficios vendiendo los títulos que habían comprado a precios inferiores. Así pues, estas ventas hacen que la subida de la Bolsa vaya acompañada de pequeñas bajadas. Si estas ventas son muy importantes entonces las cotizaciones empiezan a bajar provocándose un ambiente bursátil negativo. En el momento en que las cotizaciones caen excesivamente, los bajos precios de los valores atraen de nuevo a los inversores (especialmente a los más expertos, profesionales) y las cotizaciones vuelven al alza, iniciándose de nuevo el ciclo.

¿Qué aspectos influyen en el clima bursátil?

En las figuras 6.2 y 6.3 se acompañan ejemplos de algunos de ellos.

El tipo de interés

Subidas en el tipo de interés ofrecido por el dinero en bancos y otras entidades financieras producen bajadas en las cotizaciones de las acciones en bolsa. Explicaciones a este hecho:

Indicadores económicos internacionales

País	IPC interanual			Desempleo			Prod. industrial-interanual		
	Período	Dato	Previo	Período	Dato	Previo	Período	Dato	Previo
EE UU	Ene.	1,7	1,6	Ene.	4,3	4,3	Ene.	1,7	1,7
Japón	Dic.	0,6	0,8	Dic.	4,3	4,4	Dic.	-6,4	.5,6
Alemania	Dic.	0,5	0,7	Ene.	10,6	10,7	Dic.	-0,4	0,7
Reino Unido	Ene.	2,4	2,8	Ene.	4,6	4,6	Dic.	0,1	1,1
Francia	Dic.	0,3	0,3	Dic.	11,5	11,5	Dic.	0,9	4,4
Italia	Dic.	1,5	1,5	3t. 98	11,9	12,5	Nov.	-0,3	1,6
España	Ene.	1,5	1,4	4t. 98	18,2	18,6	Dic.	4,9	5,8

País	Crecimiento PNB real (1)			Balanza comercial (2)			Balanza cuenta corriente (2)		
	Período	Dato	Previo	Período	Dato	Previo	Período	Dato	Previo
EE UU	4t. 98	4,1	3,5	Nov.	-257,8	-253,4	3t. 98	-209,8	-186,6
Japón	3t. 98	.3,5	-1,8	Dic.	14.116,8	13.887,4	Nov.	15.836,3	15.678,3
Alemania	3t. 98	2,7	2,4	Dic.	65,2	68,6	Nov.	0,4	-0,4
Reino Unido	4t. 98	1,6	2,3	Nov.	-19,5	-18,8	3t. 98	0,1	-0,3
Francia	3t. 98	2,9	3,2	Dic.	25,1	24,9	Nov.	35,8	34,5
Italia	3t. 98	1,2	1,2	Nov.	24,3	24,9	Sep.	14,0	17,8
España	3t. 98	3,8	3,9	Nov.	-2.439,0	-2.440,2	Nov.	105,6	79,8

(1) Tasa interanual. (2) En miles de millones de moneda local. Italia, en billones de liras.

Notas

–IPC interanual. Informa sobre el índice de precios al consumo tomando siempre como referencia un período de un año. Así, por ejemplo, el dato del IPC de diciembre de 1998 se calculará a partir de los precios de diciembre de 1998 respecto a los de diciembre de 1997.
–Desempleo. Porcentaje de la población desempleada respecto al total de la población activa.
–Prod. industrial-interanual. Producción industrial interanual. Informa sobre el porcentaje de la producción industrial de la fecha en concreto tomando como referencia un período anual. Misma mecánica que el IPC interanual.
–Crecimiento PNB real. Crecimiento del producto nacional bruto en términos reales.
–Balanza comercial. Diferencia entre exportaciones (ingresos) e importaciones (pagos) de bienes.
–Balanza cuenta corriente. Incluye los saldos de la balanza comercial, la balanza de servicios y la balanza de transferencias.

Figura 6.2. Indicadores económicos internacionales
(Fuente: *El País*, Negocios. 21, febrero 1999)

– Las subidas de los tipos de interés suponen un incremento de las cargas financieras de las empresas afectando a sus resultados económicos negativamente. Ello provoca una reducción de los dividendos a distribuir y un descenso de las cotizaciones bursátiles. Remarcar que este efecto será más o menos importante dependiendo de lo endeudada que esté la empresa. Cuanto mayor sea el peso de la deuda más negativamente le influenciará la subida de los tipos.

– Al subir los tipos de interés aumenta la rentabilidad de las inversiones en renta fija, inversiones alternativas a la renta variable. Esto se traduce en un desplazamiento de los inversores hacia títulos tales como las obligaciones, la deuda pública o los bonos en detrimento de los de renta variable, mucho más arriesgados.
– Los altos tipos de interés hacen disminuir el consumo a favor del ahorro al encarecerse la financiación en las ventas a crédi-

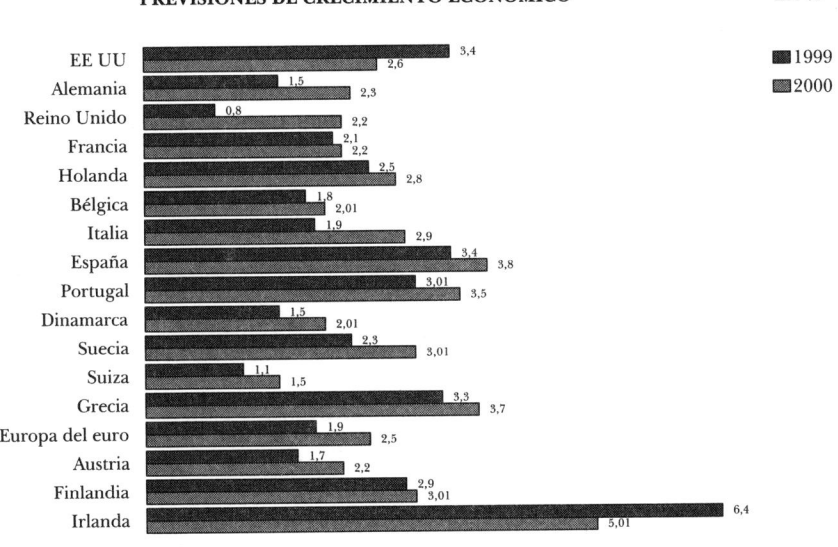

Figura 6.3. Otros indicadores económicos internacionales
(Fuente: *El País*, Negocios. 14, febrero 1999)

Figura 6.3. (Continuación)

Previsión de tipos de bancos centrales, en %

País	En 3 meses	En 6 meses	En 12 meses
EE UU	4,75	4,25	4,25
Canadá	5,25	5,00	4,50
Japón	0,50	0,50	0,25
Suiza	1,00	1,00	1,00
Área del euro	3,00	2,75	2,75
Reino Unido	5,50	5,25	5,00
Dinamarca	3,50	3,25	3,25,
Suecia	3,20	2,95	2,95

El euro contra el dólar

Dólar / euro	En 3 meses	En 6 meses	En 12 meses
Previsión Merrill Lynch	1,12	1,10	1,06
Previsión Société Générale	1,14	1,18	1,20

Diferencias de tipos a corto y largo plazo

País	Tipos a 3 meses	Tipos a 10 años
Europa	3,11	3,80*
Reino Unido	5,46	4,35
EE.UU	4,94	4,87
Japón	0,33	2,49

Para el tipo europeo se toma como referencia la deuda a 10 años en Alemania

to. Ante ello, se produce una disminución de las ventas y consecuentemente un empeoramiento de los resultados de las empresas, lo que afecta negativamente a las cotizaciones de las acciones.

Respecto a bajadas en los tipos de interés, tienen el efecto contrario al de las subidas de tipos sobre las cotizaciones puesto que estas tienden a subir. Las causas:

– Las bajadas de los tipos de interés suponen una reducción de los costes financieros de las empresas, por lo que estas mejoran sus resultados económicos y, por lo tanto, pueden repartir más dividendos y las cotizaciones de las acciones aumentan. De nuevo la magnitud de este efecto dependerá del volumen de deuda que posea la entidad en cuestión.
– Al bajar los tipos de interés se reducen las inversiones de renta fija porque ofrecen una menor rentabilidad. Ahora el desplazamiento de los inversores será desde la renta fija a la variable.
– Los bajos tipos de interés estimulan la obtención de financia-

ción por parte de los consumidores de manera que el consumo aumenta en detrimento del ahorro. El incremento de las ventas a crédito de las empresas contribuye a mejorar el resultado de estas afectando positivamente a las cotizaciones de las acciones.

La inflación

La inflación supone una pérdida del valor adquisitivo del dinero como consecuencia de la subida de los precios. Si existe inflación los inversores han de obtener una rentabilidad superior a ella, en caso contrario perderán poder adquisitivo. Así pues, ante una inflación elevada, se ha de aumentar la rentabilidad ofrecida por los valores porque si no, dejarán de ser atractivos para los inversores. En términos generales, ante inflaciones elevadas disminuye la afluencia de inversión en bolsa, mientras que si la tasa de inflación disminuye las inversiones bursátiles se hacen más atractivas y provoca aumentos de las cotizaciones. Sin embargo, en una primera fase la inflación suele provocar un alza en la cotización de las acciones porque los inversores procuran proteger su capital con inversiones de crecimiento, que normalmente son inversiones en renta variable. Entonces aumenta la demanda de acciones y suben las cotizaciones. Además, en estas primeras fases también aumenta la tendencia al gasto por parte de los consumidores, por lo que las empresas invierten, producen más y obtienen resultados favorables. Ahora bien, cuando la inflación se prolonga por períodos largos la situación cambia ya que conlleva el incremento de los costes de producción y la pérdida del poder adquisitivo de los consumidores. Ambos elementos llevan a una disminución de las ventas de la empresa y el deterioro de la cuenta de resultados, afectando negativamente a las cotizaciones de las acciones.

La política económica gubernamental

Las medidas tomadas por los órganos gubernamentales afectan a las cotizaciones bursátiles en tanto que favorezcan o no a los inversores. A continuación se ofrecen algunos ejemplos.

Son positivas para la inversión bursátil:

- Reducción de los tipos de interés o cualquier medida que lo comporte.
- Medidas que favorezcan la obtención de beneficios por parte de las empresas.
- Reducción de la tasa del impuesto sobre el beneficio de las empresas, ya que se incrementan los posibles dividendos a repartir.
- Libertad en la política de dividendos de las empresas.
- Medidas que comporten una reducción de la inflación, como por ejemplo una reducción del déficit público.
- Liberalización de las inversiones extranjeras en el país.
- Privatización de empresas públicas.

Son negativas para la inversión bursátil:

- Incremento de los tipos de interés o cualquier medida que lo comporte.
- Acciones que reduzcan la obtención de beneficios por parte de las empresas.
- Incremento de la tasa del impuesto sobre el beneficio de las empresas, ya que se reducen los posibles dividendos a repartir.
- Restricciones en la política de dividendos de las empresas.
- Medidas que comporten un aumento de la inflación, como es el caso de un aumento del déficit público.
- Restricciones a las inversiones extranjeras en el país.
- Nacionalización de empresas.

Otros aspectos que influyen en el clima bursátil

- La evolución de la coyuntura económica. Los inicios de crisis económicas suelen ir acompañados de descensos en las cotizaciones mientras que cuando el período de crisis se empieza a superar, las bolsas experimentan alzas importantes. Notar que al hablar de período de crisis/boom entran en juego todos los elementos mencionados anteriormente: efectos en la inflación, tipos de interés, etc.
- La política en general. La subida al poder de partidos que fa-

vorezcan la inversión privada tendrá un efecto positivo en los mercados bursátiles, por ejemplo. Mientras que la victoria de partidos poco favorables a la inversión privada o la alarma de un posible conflicto bélico puede hacer descender las cotizaciones.

En las figuras 6.4 y 6.5 se acompañan ejemplos que muestran el efecto de todo este tipo de aspectos en las cotizaciones bursátiles.

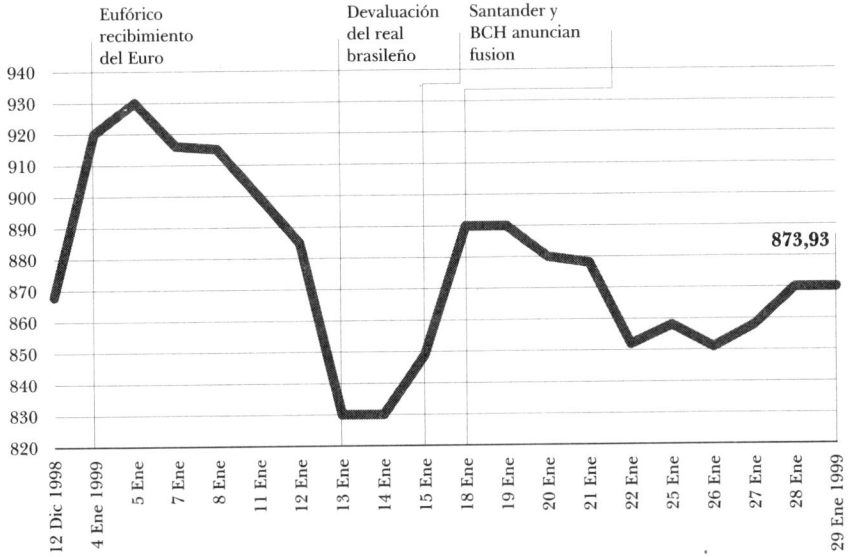

Figura 6.4. Evolución del Índice General de la Bolsa de Madrid (enero1999)
(Fuente: *El País*, Negocios. 31, enero 1999)

6.2.2. Análisis fundamental de los valores

El método del análisis fundamental hace uso, como ya se ha comentado al iniciar este apartado, de datos financieros y económicos para poder evaluar la liquidez, la solvencia, la eficiencia y el potencial de beneficios de una empresa. Para ello se utilizan datos macroeconómicos, informes financieros, memorias de las empresas y opiniones de los altos cargos de las mismas. Tras analizar en el punto anterior la información procedente del clima bursátil como relevante para el análisis fundamental de los valores, se presenta ahora

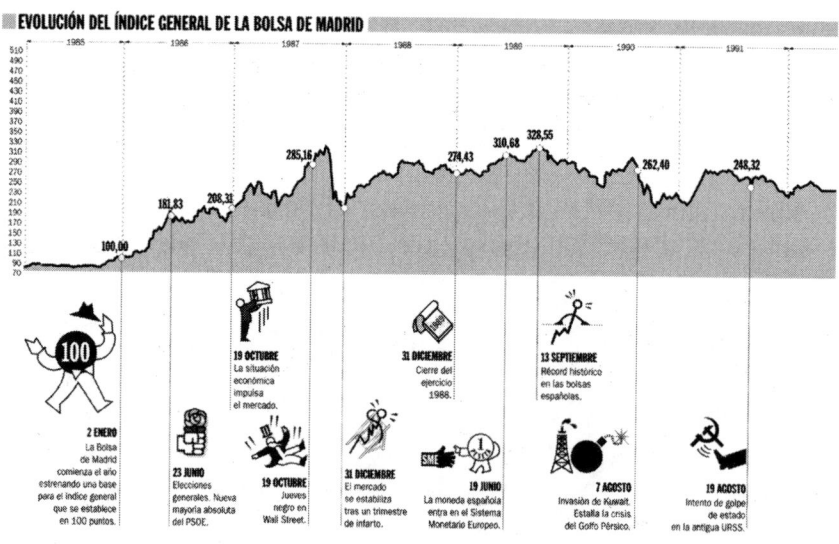
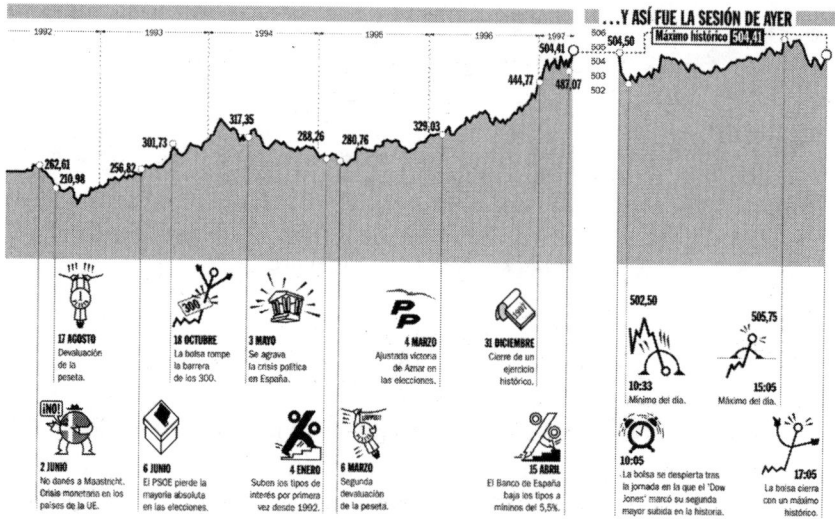

Figura 6.5. Evolución del Índice General de la Bolsa de Madrid (1985-1997) (Fuente: *Expansión* 24, abril 1997)

el estudio del análisis financiero, y en particular el método de los ratios, como herramienta clave en el análisis fundamental.

El objetivo de todo este conjunto de información utilizada es el cálculo de la valoración de los activos negociados, así como sus futuras rentabilidades y la tasa de crecimiento de estas. Se supone que, con todo ello, se podrá anticipar la evolución de las acciones que representan el capital de esas empresas en cuestión.

El análisis fundamental se basa en los siguientes puntos:

– *Valor bursátil de la acción.* También denominado valor de mercado de una acción, es quizá el valor más representativo de esta, ya que refleja en cada momento lo que el mercado está dispuesto a pagar por ella. El problema que supone partir de la cotización es que esta varía cada día en función de la oferta y la demanda, así como de la evolución de los mercados financieros en general (incluyendo modas de inversión, actitud global de los inversores, noticias buenas y malas, etc.).

– *Valor contable de la acción.* Es el que le corresponde, según los libros de contabilidad de la empresa. Se obtiene dividiendo el capital propio, o pasivo no exigible, o patrimonio neto de la empresa (reflejados en el pasivo de su balance de situación) por el número de acciones que tiene. También puede obtenerse haciendo uso de la diferencia entre el activo y las deudas, en lugar del capital propio, ya que ascienden al mismo importe. Finalmente, también suele calcularse el valor contable de una acción deduciendo en el numerador los denominados activos ficticios, como es el caso de los gastos amortizables, ya que son susceptibles de venderse o de ser convertidos en dinero. El problema que tiene este indicador es que el valor contable del activo está en el balance de situación de la empresa y en este no siempre figuran valores reales. Esto pasa porque en el activo la mayoría de sus componentes están valorados en función del valor de adquisición o de mercado, en el caso de que este último sea más bajo. Por ello, para estimar el valor de una acción también se utiliza el denominado valor teórico o intrínseco de una acción.

– *Valor teórico o intrínseco de la acción.* Es el valor que la acción debería tener después que un analista de valores hubiese examinado en detalle todos los datos relevantes sobre la empresa. Se estima a partir de la peritación de sus componentes (terrenos, edificios, existencias, etc.) con la finalidad de conocer lo que el mercado estaría dispuesto a pagar por cada uno de ellos. Cuando una parte importante del activo de la empresa está formada por terrenos, edificios y otros activos que pueden ver incrementar su valor a lo largo del tiempo, el valor teórico de una acción suele superar al valor contable de la misma.

En la figura 6.6 se presentan las distintas fórmulas que se pueden utilizar para calcular el valor de una acción.

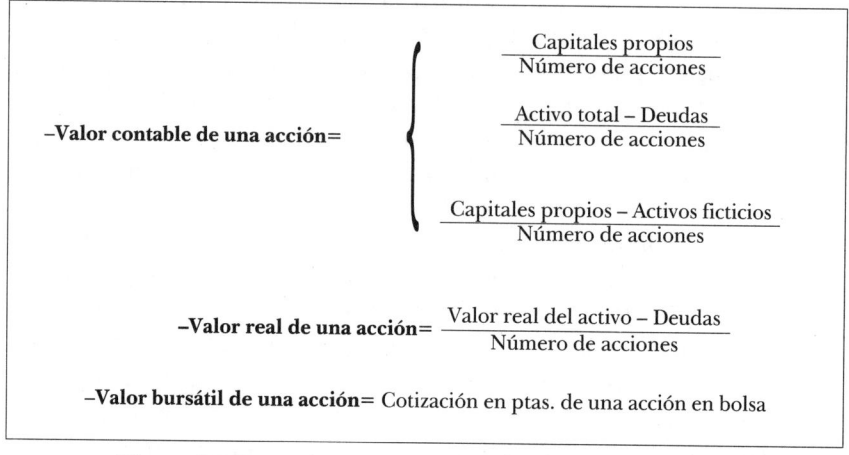

Figura 6.6. Fórmulas para el cálculo del valor de una acción

La idea central del análisis fundamental es que, en un determinado momento, las discrepancias que puedan existir entre los distintos valores que tiene la acción tenderán a acercarse al valor intrínseco de la misma, de manera que los criterios de compra/venta de valores deberán establecerse en torno a esas discrepancias. Puede suceder que una acción tenga un valor intrínseco alto pero que este no venga reflejado en su valor bursátil, y también a la inversa. En el primer caso, supondremos que la acción subirá de valor, dentro de un cierto plazo, mientras que disminuirá en el segundo supuesto.

Para poder determinar las discrepancias entre valor intrínseco y valor bursátil, el análisis fundamental se sirve, como ya se ha comentado, del análisis financiero y en particular del método de los ratios.

6.2.2.1. El método de los ratios

Un ratio es un cociente entre magnitudes que tienen una cierta relación y por eso se desean comparar. Los ratios no se suelen estudiar solos sino que se comparan con otros ratios que pueden ser:
- Ratios de la misma empresa para estudiar su evolución a lo largo del tiempo.
- Ratios ideales de tipo general para comprobar en qué situación se encuentra la empresa en relación a lo que se considera ideal.
- Ratios ideales de tipo sectorial para comprobar si la empresa obtiene la rentabilidad que tendría que tener en función del sector económico en el que opera.

Existen muchos tipos de ratios. A continuación se describen los principales ratios de liquidez, de solvencia o endeudamiento, de rentabilidad y de inversión.

Ratios de liquidez

El objetivo de este tipo de ratios es analizar la situación de liquidez de la empresa, es decir, la posibilidad de poder hacer frente a sus pagos. Los ratios de liquidez más utilizados son:
- *Ratio de liquidez:* es la relación entre el activo circulante y el pasivo circulante, donde el activo circulante es aquel cuyo plazo de realización es inferior a un año, y el pasivo circulante aquel cuyo plazo de exigibilidad es inferior a un año. Con este ratio se valora la liquidez de la empresa y se aprecia su solvencia a corto plazo. Debe ser superior a 1. Si es inferior a la unidad, indica que la empresa no puede hacer frente a sus deudas a corto plazo y que está en peligro de hacer suspensión de pagos. Si es muy superior a la unidad puede significar la existencia de activos circulantes ociosos y consecuentemente la pérdida de rentabilidad.
- *Ratio de tesorería:* es la relación entre el activo circulante (sin

contar las existencias) y el pasivo circulante. O equivalentemente, el realizable más el disponible, dividido por el exigible a corto plazo. Para que no existan problemas de liquidez, este ratio debe ser aproximadamente igual a la unidad. Si es inferior a 1, indica que la empresa puede hacer suspensión de pagos por tener un exceso de existencias y faltarle realizable y disponible. Si el ratio es excesivamente mayor a la unidad, indica la posibilidad de que se tenga un exceso de activos líquidos y que se esté perdiendo rentabilidad.

– *Ratio de tesorería inmediata o de disponibilidad:* es la relación entre el activo disponible y el pasivo circulante o exigible a corto plazo. Este ratio hace referencia a la capacidad de la empresa para hacer frente a sus deudas en efectivo. Un exceso de tesorería puede significar que la empresa no utiliza correctamente sus recursos financieros (tiene tesorería inmovilizada), por lo que corre el riesgo de ver erosionada su rentabilidad. Además, puede significar que la empresa no muestra una adecuada agresividad en el mercado. Por otro lado, si el valor del ratio es bajo, se pueden tener problemas para atender los pagos. Es difícil estimar un valor ideal para este ratio, ya que es bastante fluctuante a lo largo del año, pero se suele considerar el valor crítico alrededor del 0,2.

Ratios de solvencia

Estos ratios, también denominados de endeudamiento, se usan para analizar la cantidad y calidad de la deuda que tiene la empresa y para comprobar hasta qué punto el beneficio que la empresa obtiene es capaz de sorportar la carga financiera de la deuda de la misma.

– *Ratio de endeudamiento:* marca la relación entre los recursos propios (capital social más reservas) y los recursos ajenos (préstamos, obligaciones, etc.). Es, pues, el total de deudas dividido por el pasivo. El valor ideal de este ratio está situado entre el 0,5 y el 0,7. Un ratio inferior al 0,5 informa de un exceso de capitales propios, mientras que un ratio superior al 0,7 indica que el volumen de deuda es excesivo y la empresa se está descapitalizando, es decir, está perdiendo autonomía financiera frente a terceros.

- *Ratio del grado de cobertura de los intereses por el beneficio:* mide la capacidad de una empresa para hacer frente al pago de los intereses de las deudas que ha contraído. Se calcula dividiendo el beneficio antes de intereses e impuestos por el total de intereses a pagar. Un ratio bajo indicará que los gastos financieros son excesivos. Otra posible medida de estos se calcula dividiendo los gastos financieros por la cifra de ventas (ratio de gastos financieros). Un valor menor a 0,04 significa que los gastos financieros no son excesivos en relación a la cifra de ventas. Cuando este ratio está entre 0,04 y 0,05 aparece ya señal de alarma. Si embargo, estas pautas son de tipo general.

Ratios de eficiencia

- *Ratio precio/ventas:* muestra la relación entre las ventas y el valor bursátil de una acción. Es un indicador del número de veces que las ventas correspondientes a una acción están contenidas en su precio. Este es pues un ratio que relaciona las ventas de la empresa con el valor en bolsa de la sociedad, e indica cuál es el coste de comprar una unidad monetaria de dichas ventas que realiza la empresa. Si por ejemplo fuese igual a 2, querría decir que los inversores estarían dispuestos a pagar el equivalente al doble de los ingresos por ventas de la sociedad. Si por el contrario fuese inferior a la unidad, por ejemplo igual a 0,5, significaría que los inversores están dispuestos a pagar el equivalente al 50% de los ingresos brutos de la sociedad con la finalidad de poseer acciones de la misma. En definitiva, lo que este ratio nos facilita es información de si la empresa está infravalorada o sobrevalorada por el mercado.
- *Ratio del margen bruto:* mide la rentabilidad sobre las ventas. Se obtiene dividiendo la diferencia entre las ventas y el coste de estas, por las ventas.
- *Otras formas de evaluar la eficiencia:* comparando los gastos que se preveía consumir con los gastos que realmente se han producido. En este sentido, una empresa será más eficiente cuando consiga sus objetivos consumiendo los mínimos gastos que sea posible. Este ratio ha de ser menor o igual a 1. Por otro lado, empresas que facturen a sus clientes por horas, u otro tipo de unidad física similar, pueden comparar las horas facturadas con las trabajadas añadiendo a estas últimas los tiempos muer-

tos. Con este ratio se puede medir la eficiencia de la mano de obra. Interesa que sea próximo a la unidad.

Ratios de rentabilidad

Los ratios de rentabilidad muestran la relación entre el dividendo anual que se paga al accionista por la posesión de una acción y el precio que esta tiene en el mercado. Están pues directamente relacionados con la política de reparto de dividendos de la sociedad. Por regla general, las empresas se marcan como objetivo un ratio de distribución de dividendos a largo plazo. Un incremento de estos suele ser interpretado por los accionistas como un indicativo de que la empresa se muestra optimista respecto a su evolución futura y les animará a invertir en ella si todavía no lo habían hecho. Si la sociedad no reparte dividendos porque dedica parte de la tesorería obtenida a capitalizarse más o a realizar nuevas inversiones, es posible que aumente su valor desde el punto de vista contable o comercial, pero presenta el inconveniente de que si los accionistas no se ven suficientemente retribuidos por sus inversiones, no se animen a invertir en esa empresa.

- *Ratio de rentabilidad sobre activos o rendimiento:* es el índice que mide en forma de porcentaje la rentabilidad producida por los activos de una empresa. Se trata de la relación entre el beneficio antes de intereses e impuestos de la empresa y el activo total. El estudio del rendimiento permite conocer la evolución y las causas de la productividad del activo de la empresa, por lo que hemos de compararlo con los ejercicios anteriores. Se supone que ofrece más garantías para el inversor la empresa que ha tenido un ratio creciente a lo largo de sucesivos ejercicios económicos.

- *Ratio de rentabilidad sobre recursos propios o rentabilidad financiera:* mide cuánto gana una sociedad después de impuestos en términos de recursos propios. Es pues la relación entre el beneficio neto y los recursos propios. Al igual que en el caso anterior conviene su comparación a lo largo de varios ejercicios. De nuevo ayuda a comprobar hasta qué punto la empresa está sobrevalorada o infravalorada en el mercado. La rentabilidad es, para las empresas lucrativas, el ratio más importante, ya que ofrece una medida del beneficio neto generado en relación a la inversión de los propietarios de la empresa. Estos suelen invertir en ella para obtener una rentabilidad suficiente. Por lo tanto, el ratio de rentabilidad permite medir la evolución del principal objetivo del inversor. Destacar que no presenta los mismos resultados para todo tipo de empresa. Si tratamos una empresa de reciente creación y que se encuentre operando en un mercado emergente puede dar un ratio de rentabilidad en torno al 50%; sin embargo, este porcentaje no se mantendrá, por lo general, durante mucho tiempo. Es preferible alcanzar un porcentaje alto, pero un 15% ya se considera un valor más que suficiente. En cualquier caso como mínimo ha de ser positivo.

Ratios de inversión

— *El PER (Price Earnings ratio o ratio precio/beneficio):* se trata de uno de los métodos más utilizados para saber si una acción se encuentra sobrevalorada o infravalorada. Expresa la relación entre los beneficios y el valor bursátil de una sociedad e indica el número de veces que la ganancia de una acción está contenida en su precio. Así pues, es el cociente entre el precio de cotización y el último beneficio por acción de la empresa. Aporta fundamentalmente dos datos:
  — Al indicar el número de veces que la ganancia de una acción está contenida en su precio, también aporta el número de años necesarios para recuperar la inversión que se hizo en esa acción, siempre que los beneficios de la empresa se mantengan.
  — Refleja las expectativas de los inversores acerca de la empresa en cuestión.

En cuanto a la interpretación del PER:
  — En ocasiones puede ser que el PER obtenido no resulte todo lo significativo que debería ser. Esto sucede en casos en los que los beneficios declarados por la empresa no lo son en sentido estricto. La empresa puede ofrecer beneficios que, presentados bajo esa partida, se han obtenido no como resultado de la actividad normal de la empresa, sino a partir de variaciones en las reservas o bien gracias a criterios de valoración en los activos de la misma.

- Respecto a la valoración del PER existen discrepancias entre los analistas financieros. En principio, se supone que las acciones son más atractivas cuanto menos elevado sea el PER, porque cuando es alto significa que los inversores están pagando de más respecto a los beneficios obtenidos por la empresa. Posiblemente la acción está sobrevalorada y en este caso la cotización tendrá dificultades en subir ya que el mercado está pagando demasiado por cada peseta de beneficio que obtiene la empresa. En caso contrario, si el PER es bajo indica que la cotización de la acción puede elevarse más fácilmente. Sin embargo, hay que tener en cuenta que cuando el PER de una compañía es alto, es porque los inversores de la misma están dispuestos a pagar más, en la medida en que esperan beneficios para el futuro. En este sentido un valor alto del PER no sería negativo.
- Finalmente, destacar que lo más recomendable es comparar el PER con la media del sector al que pertenece la empresa en cuestión.

En cualquier caso, el PER es el ratio más importante que se puede calcular a partir de la cotización y nos indica cuánto están dispuestos a pagar los inversores por cada peseta de beneficios de una determinada empresa. Por ejemplo, si una empresa ha ganado 100 pesetas por acción y sus acciones se negocian a 1.000 pesetas, eso significa que se están negociando esas acciones a 10 veces los beneficios (PER de 10).

- *Ratio precio/cash flow o multiplicador del cash flow:* es la relación existente entre el cash flow de una empresa (beneficio neto + amortizaciones del ejercicio) y su valor bursátil. Se obtiene, pues, dividiendo la cotización de la acción por el cash flow de la misma. Al abarcar el cash flow algo más que los beneficios, este ratio mejora o afina los datos obtenidos por el PER, evitando las posibles distorsiones que pudieran producirse en función de la política de la empresa en cuanto a amortizaciones y provisiones. Al igual que el PER, cuanto menor sea su valor, más barata será la acción correspondiente.
- *Ratio precio/valor contable:* es la relación existente entre el precio de la acción en el mercado (cotización) y el valor contable con

el que se presenta en el balance de la empresa. Si el ratio es superior a la unidad, el mercado estará pagando por una acción más de lo que contablemente vale, por lo que la acción estará sobrevalorada. En este caso la acción tendrá dificultades para seguir subiendo. Si el valor del ratio es inferior a 1 entonces sucede lo contrario. Como criterio, se establece que para invertir en determinadas acciones, estas deben estar como mínimo al nivel de su valor contable. Los criterios en la interpretación de este ratio son:

- Tener en cuenta que este ratio no toma en consideración las expectativas de futuro de la empresa. Simplemente se limita al cálculo del cociente entre el neto patrimonial y el número de acciones de la empresa.
- Debe compararse con los otros ratios, debido a que, por ejemplo, si una acción cotiza al doble de su valor contable, podría considerarse barata a pesar de todo si se toman en cuenta otros factores como: el valor comercial de la marca de la empresa en el mercado, la titularidad de una patente importante, etc.
- Se recomienda examinar el ratio precio/valor contable de una determinada empresa en función de los mismos ratios obtenidos en ejercicios pasados y no en comparación de ratios en el mismo sector de empresas, porque cada una de estas puede tener unos ratios precio/valor contable bastante distintos.

- *Ratio de rentabilidad por dividendo (Yield)*: se divide el dividendo por acción por la última cotización de la misma. Desde la perspectiva del accionista conviene que sea lo más alto posible.

Como conclusión de los ratios de inversión expuestos, podría afirmarse que convendrá comprar una acción cuando:

- El PER sea bajo, o más bajo que la media de las demás acciones en el mismo sector.
- La cotización de la acción no sea muy superior al valor contable de la misma.
- Además el interés por la acción incrementa cuando crece el beneficio por acción, el cash flow por acción, el beneficio por acción y su valor contable.

Bolsa Española

Sociedad	P(1)	P(2)	N	Max	Min	VS	VA	VME	VMT	F	C	RD	DE	P/Vc	BPA	PER	PCF
Abengoa	23,50	3.919	167	25,85	21,5	(2,1)	(4,0)	1.215,0	51,3	100	454.670	1,20	0,3	2,53	0,9	25,1	1,9
Adolfo Doming.	14,93	2.484	100	18,45	14,52	0,9	(13,1)	1.196,2	80,2	100	127.508	--	--	4,83	1,1	13,4	1,3
Aforasa	8,90	1.481	168	9,62	8,90	(5,5)	(4,5)	134,8	14,5	99	101.460	1,70	0,1	1,28	0,8	10,9	1,7
AGF Un.-Fénix	9,49	1.579	100	10,19	9,20	(1,7)	3,2	21,2	2,2	100	541.552	1,90	0,2	4,37	0,5	20,2	--
Agrarnán	11,05	1.972	100	12,42	9,00	0,3	14,0	1.255,3	109,0	100	909.935	--	--	22,75	0,1	124,4	0,6
Ah. Familiar	13,00	2.163	1.000	13,10	12,92	(0,8)	0,6	7,1	0,5	94	30.550	--	--	0,77	0,6	23,1	0,8
Alcázar	5,38	895	500	25,85	4,63	0,0	16,1	0,0	0,0	25	23.924	--	--	1,14	--	NO	--
Aldeasa	31,95	5.316	200	37,00	31,30	(1,7)	(4,7)	1.540,4	48,0	100	684.643	1,80	0,6	5,14	1,9	16,5	2,3
Algodonera	19,82	1.800	500	11,30	9,10	(3,4)	3,5	141,9	13,0	100	95.304	2,80	0,3	1,34	0,9	12,1	2,0
Andalucía	36,50	6.973	125	41,50	34,90	4,3	(5,7)	80,0	2,3	100	793.117	3,20	1,2	1,86	2,8	13,2	3,1
Aragonesas	5,28	079	475	5,97	5,20	(2,6)	(9,0)	204,2	38,6	100	198.000	5,10	0,3	1,04	0,7	8,1	1,2
Astur. de Zinc	10,34	1.729	525	10,50	7,50	3,4	39,3	2.202,8	218,0	100	416.970	--	--	3,22	0,8	13,5	1,4
Atlántico	37,03	6.161	1.000	37,85	35,95	(0,7)	(0,1)	6,7	0,2	99	773.674	1,60	0,6	1,79	1,9	19,7	2,2
kkar	13,14	2.186	0.03E	13,99	12,76	(0,5)	(2,7)	2.358,2	179,9	100	425.736	--	--	65,90	0,2	56,9	0,2
Azkoyen	39,88	5.138	200	36,95	29,10	1,0	0,8	1.454,3	47,2	100	329.451	1,40	0,4	8,18	0,8	40,6	1,3
Azucarera Ebro Ag.	19,90	3.161	100	20,10	17,26	(2,6)	1,0	528,4	28,1	100	1.259.967	--	--	2,87	0,7	26,1	1,1
Bami	4,80	790	310	4,88	4,28	0,4	13,3	91,9	19,1	100	100.010	--	--	6,73	--	ND	--
Banesto	12,21	2.632	2.40E	12,36	11,00	(0,3)	8,6	369,3	30,1	100	7.480.571	--	--	3,81	0,3	40,0	0,5
Barón de ley	33,50	5.574	100	35,00	27,74	4,7	20,0	1.307,8	38,9	100	242.875	--	--	6,66	1,0	33,4	1,3
Bayer AG	39,50	5.075	5DM	38,00	30,50	(3,0)	(11,9)	117,0	3,8	100	19.491.354	--	--	1,81	--	ND	--
Befesa	11,30	11.90	500	12,02	9,80	7,3	4,4	1.225,7	105,4	100	271.769	--	--	3,53	0,5	23,4	--
Bodegas Riojanas	11,50	1.913	100	11,99	11,15	1,3	0,7	56,8	5,0	100	62.560	1,50	0,2	4,51	0,5	23,1	0,6
Bodegas y Beb.	12,30	2.047	250	12,30	11,01	10,7	9,4	162,5	13,7	100	218.725	1,50	0,2	1,95	0,5	22,9	1,0
Caf	27,60	4.592	500	30,05	25,24	1,5	5,6	116,0	4,2	100	94.615	3,70	1,0	0,92	2,5	11,1	4,6
Campofrío,	16,75	2.787	167	17,55	14,45	2,2	6,2	1.745,3	102,1	100	549.895	1,30	0,2	2,95	0,7	25,4	1,3
Cartemar	4,43	737	1.000	4,68	4,43	(0,5)	(6,1)	2,2	0,5	77	7.921	--	--	0,48	0,1	29,3	0,3
Castilla	19,29	3.195	100	22,00	19,20	(2,0)	(1,7)	28,8	1,5	100	833.144	2,00	0,4	3,16	0,9	21,2	1,0
Catalana Occidente	21,54	3.91	250	23,55	20,92	0,7	(2,7)	749,8	35,2	100	519.360	3,30	0,7	1,94	1,5	14,3	--
Cem. Lemona	17,01	2.830	150	17,01	17,01	0,0	0,0	2,5	0,1	25	201.058	0,70	0,1	2,76	0,4	44,0	1,1
Cem. Portland	33,15	5.516	250	36,87	32,25	(7,9)	(4,7)	209,3	6,3	100	922.824	1,90	0,6	2,31	1,5	22,1	2,7
Cepsa	33,00	5.491	500	34,10	31,00	1,4	4,2	1.242,6	37,2	100	2.943.324	2,40	0,8	2,09	1,9	17,6	4,4
Cevasa	46,55	7.745	1.000	46,94	46,55	0,0	(0,8)	0,0	0,0	1	56.792	--	--	3,17	1,9	24,7	1,9
Cía. Gral. de Inver.	9,52	87	28	0,64	0,50	0,0	(9,9)	36,4	71,2	100	7.677	--	--	2,10	0,0	22,8	0,0
Cleop	5,60	932	500	5,60	4,81	8,7	16,5	0,0	0,0	37	12.852	--	--	1,53	--	ND	--
Corp. Banesto	8,11	1.349	500	9,46	8,11	(3,5)	(8,2)	5,7	0,7	100	361.021	--	--	1,35	0,2	2,9	3,3
Corp. Ib Mei	2,50	416	167	2,59	2,13	12,1	21,1	5,1	2,1	49	27.213	2,00	0,1	0,83	0,2	15,0	0,4
Corp. Ucem	0,05	9	150	25,85	0,05	0,0	0,0	0,0	0,0	0	425	--	--	10,11	--	ND	-
Cortefiel	24,26	4.935	50	25,40	19,85	1,9	7,9	444,5	18,5	100	950.736	1,00	0,2	5,60	0,6	38,1	1,1
Crédito Balear	19,15	3.186	125	20,00	17,01	(1,9)	6,2	7,1	0,4	100	269.947	2,30	0,4	3,09	1,5	12,8	1,5
Cristalería Esp.	48,77	8.115	1.000	61,75	48,77	(5,1)	(14,7)	935,3	18,8	100	746.463	3,10	1,5	1,40	4,8	10,2	11,0
CVNE	53,50	8.902	200	53,50	45,00	9,9	12,7	194,5	3,7	100	152.475	0,80	0,4	4,08	1,6	33,9	2,1
Dinamia	10,54	1.754	500	11,22	9,10	3,5	8,3	143,1	13,7	100	94.860	--	--	0,78	0,1	69,9	0,0
Dogi	15,85	2.637	100	16,06	14,01	5,7	3,0	671,0	43,2	100	142.650	--	--	5,86	0,6	24,9	1,2
Duró Felguera	6,94	1.155	500	8,29	6,75	(1,6)	(2,6)	368,6	52,8	100	102.270	2,80	0,2	2,21	0,5	13,2	1,0
E. de Viesgo	36,82	6.126	1.250	41,00	35,50	(3,1)	(2,0)	11,9	0,3	100	717.947	3,30	1,2	1,07	2,0	18,1	4,1
E. Paper	9,46	77	500	0,53	0,46	(2,1)	(1,9)	6,7	14,4	100	9.851	--	--	0,41	--	ND	--
E. R. Zaragoza	46,99	7.654	500	50,35	42,56	0,0	(0,9)	2.334,0	51,5	100	894.434	2,30	1,1	1,98	2,0	22,8	4,9
El Águila	9,96	1.657	500	10,16	8,12	5,4	21,0	782,1	79,6	100	346.105	--	--	3,64	0,1	140,5	0,8
Elecnor	27,15	4.517	500	27,15	26,00	2,5	2,9	37,4	1,4	29	81.450	3,00	0,8	1,22	2,6	10,6	4,9
Ence	14,99	2.479	750	16,09	14,20	0,0	4,2	292,2	19,8	100	316.264	2,00	0,3	1,41	0,6	25,5	1,7
Enher 8	23,80	3.960	1.000	26,00	22,00	1,3	(1,0)	1.588,4	67,2	100	1.488.062	2,80	0,7	1,57	1,0	24,0	3,1
Ercros	1,11	185	60	1,21	1,01	0,9	(3,3)	397,2	362,2	100	1 69.627	--	--	2,02	0,1	22,2	0,2
Esfinge	1,60	266	1E	1,74	1,50	2,6	(3,9)	25,5	16,2	100	24.861	--	--	1,14	0,1	14,9	0,1
Española de Zinc	5,38	895	500	5,60	4,17	0,6	23,8	155,7	29,2	100	20.982	5,60	0,3	1,22	1,1	4,9	1,6
Estac. Subterr.	29,95	4.834	500	30,00	21,97	0,2	12,4	14,2	0,5	27	127.094	2,10	0,8	2,05	0,9	33,5	1,7
Europac	2,15	358	300	2,35	2,00	(2,3)	(3,8)	63,4	29,4	100	59.758	--	--	1,26	0,1	28,8	0,2
Europistas	7,72	1.284	808	8,15	7,47	(0,4)	1,5	322,4	41,8	100	480.268	--	--	0,90	--	ND	--
Faes	13,86	2.306	10	14,36	13,00	(1,4)	0,3	1.251,2	91,1	100	379.299	1,90	0,3	4,09	0,7	18,8	0,9
Fasa Renault	36,59	6.973	1000	42,00	36,00	0,0	2,1	218,2	6,0	76	8 31.516	--	--	1,05	--	ND	7,8
Fastibex	11,11	1.849	1.204	55,65	10,57	1,2	(0,2)	187,3	16,9	8	47.218	--	--	120,87	0,0	1.309,4	0,04
Fecsa	9,90	1.647	1.000	10,81	9,27	2,6	0,8	2.131,2	217,8	100	2.065.069	3,30	0,3	1,19	0,5	21,9	1,7
Federico Paternina	14,79	2.446	1.000	14,89	11,50	4,0	9,7	238,8	16,3	100	90.299	--	ND	2,06	0,7	22,5	4,0
Filo	3,05	597	100	3,40	2,95	(3,8)	1,3	57,9	18,5	100	129.016	--	--	2,80	--	ND	--
Fin. y Minera	18,39	3.845	500	18,33	18,02	0,0	0,5	1,4	0,1	96	337.773	2,60	0,5	1,39	2,7	6,9	3,7
Finanzauto	11,05	1.839	350	12,92	10,65	(3,8)	(5,7)	23,3	2,1	100	233.703	--	--	2,94	0,6	17,2	1,0
Fosforera	1,41	235	1.000	25,85	1,41	0,0	0,0	0,0	0,0	0	7.890	--	--	--	ND	--	--
Funespaña	13,99	2.313	50	17,45	13,85	(5,4)	(8,4)	265,3	18,9	100	145.950	--	--	ND	ND	ND	ND
Galicia	16,20	2.695	50	17,40	15,65	(4,1)	(2,0)	21,6	1,3	100	492.950	2,30	0,4	2,70	1,0	17,0	1,1
Gesa	85,15	14.16	1.000	91,95	78,80	1,9	0,5	715,0	8,5	100	961.421	2,50	2,1	1,94	4,6	18,5	8,6

¿Qué hacer para empezar a operar en bolsa?

Sociedad	P(1)	P(2)	N	Max	Min	VS	VA	VME	VMT	F	C	RD	DE	P/Vc	BPA	PER	PCF
Global Steel Wire	2,37	394	400	2,64	2,17	(2,5)	5,2	150,6	62,2	100	66953	--	--	0,40	--	ND	0,1
Grnu	12,50	2.080	480	14,66	11,88	0,0	(14,8)	0,0	0,0	1	50.221	--	--	9,36	0,1	232,1	0,4
Guipuzcoano	49,25	8.195	500	51,60	44,00	2,5	7,3	118,3	2,4	100	344.750	2,50	1,2	1,64	3,0	16,6	3,3
Herrero	75,00	12.479	500	75,75	66,10	3,4	9,5	29,2	0,4	75	577.115	1,50	1,1	1,85	4,0	18,8	4,3
Hisalba	12,36	2.057	1.000	12,99	11,42	(1,2)	8,2	13,4	1,1	100	317.610	2,40	0,3	1,55	0,5	22,9	1,7
Hullas C. C.	16,10	2.679	200	17,80	16,00	(0,6)	(0,8)	16,9	1,1	97	57.558	6,00	1,0	1,78	1,1	14,1	1,8
Iberpapel	10,25	1.795	100	11,99	9,86	(0,8)	(9,8)	178,1	17,7	100	122.511	--	--	0,98	0,8	12,2	1,3
Iberpistas	7,65	1.273	84	8,77	7,50	(2,5)	(7,8)	119,6	15,5	100	517.926	2,60	0,2	2,19	0,4	20,6	0,5
Inbesós	3,69	614	200	4,00	3,50	5,4	(5,4)	9,1	2,5	96	22.251	1,30	0,1	0,94	0,3	13,6	0,3
Indo	47,00	7.820	1.000	53,30	42,07	0,0	9,4	40,6	0,9	100	87.185	3,80	1,8	1,53	3,1	15,1	6,4
Indra	14,52	2.416	129	18,20	11,25	18,5	8,6	56,0	4,7	54	1.073.762	0,30	0,0	15,18	0,2	87,1	0,4
Koipe	30,53	5.080	500	31,80	28,55	(1,1)	5,9	157,2	5,1	100	395.663	4,90	1,5	1,44	2,1	14,5	4,0
Koxka	97,00	16.139	1.000	97,00	92,00	0,9	8,0	74,3	0,8	24	119.310	1,40	1,4	2,90	6,4	15,1	10,0
Laín	3,11	517	100	3,15	2,15	9,9	38,0	4.339,7	1.448,3	100	345.743	1,20	0,0	3,12	0,1	38,2	0,2
Lingotes Especiales	19,38	1.714	500	11,00	9,60	3,1	(4,8)	14,8	1,5	100	18.540	5,80	0,6	1,07	1,0	10,6	2,2
liwe Española	7,55	1.256	1.000	7,55	6,75	0,0	5,6	0,0	0,0	46	7.408	--	--	0,51	0,4	17,6	0,9
M. S. Ponferrada	0,09	15	25	0,12	0,09	0,0	(6,4)	0,4	4,8	26	13.379	--	--	0,23	--	ND	0,1
Mapfre	18,83	3.000	1.000	18,03	18,03	0,0	0,0	1,9	0,1	95	311.072	--	--	1,90	0,4	46,1	0,7
Mapfre Vida Seg.	32,89	5.457	250	38,50	32,15	(0,3)	2,2	643,5	19,6	100	1.049.600	2,20	0,7	7,05	1,2	26,4	--
Mehá Inv. Arrieric.	34,20	5.699	5FL	35,87	28,00	1,8	5,4	2.150,2	61,6	100	401.850	--	--	1,67	--	ND	--
Metrovacesa	23,47	3.985	1.50E	27,00	22,40	(0,2)	(8,3)	1.283,9	54,2	100	1.163.033	1,50	0,3	2,57	0,6	38,7	0,9
Midesa	23,70	3.94	100	23,90	20,00	1,9	14,3	1.274,1	54,1	100	258.093	2,20	0,5	9,46	0,7	33,5	0,9
Miquel y Costas	27,39	4.542	500	30,29	24,65	0,9	(5,4)	262,1	9,6	100	107.603	1,90	0,5	1,89	2,6	10,5	4,1
N. Mont. Quijano	9,81	135	84	0,95	0,78	(2,4)	0,6	76,7	92,8	100	32.566	--	--	0,62	0,0	40,7	0,0
Naarden Intemac.	21,50	3.577	1.000	22,00	21,50	0,0	2,2	0,3	0,0	22	59.802	2,50	0,5	1,86	0,9	24,3	1,0
Natra	6,50	1.082	1.000	7,00	5,70	(2,3)	(21,6)	13,1	2,0	32	23.400	1,80	0,1	1,54	574,2	0,0	1,2
Nicolás Correa	11,89	1.978	200	14,12	11,50	1,2	(10,5)	134,8	11,4	100	53.505	--	--	3,66	1,6	7,6	2,2
Obrascón Huarte	12,00	1.997	100	12,10	8,85	5,6	24,0	4.979,4	423,0	100	589.178	--	--	8,60	0,3	48,2	0,5
Orrisa Alimentación	7,73	1.286	250	8,56	7,40	(0,9)	(9,4)	156,6	20,1	100	96.805	7,40	0,6	1,74	0,5	26,0	0,7
Papel. Navarra	19,00	3.161	1.000	19,23	18,00	1,9	(1,2)	17,4	0,9	27	52.360	2,90	0,6	1,22	0,8	22,6	2,6
Pascual Hermanos	0,60	199	12	0,60	0,47	0,0	38,7	8,3	13,9	97	82.616	--	--	11,80	--	ND	0,0
Pastor	47,90	7.979	500	54,35	47,00	(3,9)	(10,4)	460,3	9,6	100	870.468	1,90	0,9	1,82	2,8	17,0	3,3
Petísa	0,24	40	500	25,85	0,24	0,0	0,0	0,0	0,0	0	2.833	--	--	10,25	--	ND	--
Pescanova	11,10	1.847	1.000	12,93	10,80	(0,1)	(10,4)	48,9	4,4	100	89.205	0,70	0,1	0,85	0,3	34,5	2,9
Picking Pack	0,42	79	25	0,42	0,37	13,5	10,9	4.311,0	10.335,4	100	224.967	--	--	25,67	--	ND	--
Portland Vald.	34,48	5.737	160	36,40	31,50	2,9	(1,1)	654,6	19,3	100	750.974	1,20	0,4	2,33	1,1	32,5	2,8
Prim	8,80	1.464	400	9,15	8,70	1,1	(2,4)	1,4	0,1	26	11.018	4,70	0,4	0,49	1,8	5,0	3,6
Prima Inmobiliaria	7,35	1.223	1.000	8,06	6,80	4,0	(4,8)	931,1	129,9	100	297.410	--	--	4,00	0,1	77,9	0,1
Prosegur	9,25	1.539	500	10,24	7,57	21,1	(7,0)	9.000,3	1.035,5	100	555.000	2,10	0,2	5,79	0,4	25,6	0,7
Radiotrónica	56,00	9.318	500	63,40	50,55	(5,9)	(6,6)	1.175,7	20,6	100	180.180	--	--	31,10	--	ND	--
Renfila	6,31	1.059	500	6,31	6,31	0,0	1,9	0,1	0,0	23	34.040	3,80	0,2	0,85	0,3	19,5	0,4
Reno de Medici	2,02	336	1.000	2,54	1,91	(0,5)	(17,0)	-135,3	67,0	100	17.223	--	--	ND	--	ND	--
S. del Nansa	91,79	15.258	1.500	92,20	87,25	0,0	1,7	2,7	0,0	74	91.700	3,60	3,3	2,16	3,3	27,5	5,5
Seda Barna	5,53	920	500	5,81	4,87	0,7	2,6	233,6	42,4	100	94.126	--	--	1,27	0,4	14,0	0,8
Sevillana	12,50	2.980	500	13,54	11,60	3,9	5,3	2.304,6	187,1	100	3.730.308	2,70	0,3	1,68	0,5	25,7	1,2
Sniace	1,41	235	100	1,64	1,38	(2,1)	4,3	310,5	221,0	100	-37.939	--	--	--	--	ND	0,1
Sos Arana	10,39	1.729	1.000	10,50	9,02	(0,6)	6,4	149,2	14,4	100	66.276	--	--	1,74	0,2	49,0	0,6
Satogrande	3,19	531	100	3,47	2,39	(4,2)	29,5	1.025,9	315,0	100	109.684	--	--	2,45	0,0	132,2	0,0
Superdiplo	22,79	3.792	100	25,55	20,35	6,3	(5,1)	3.697,2	164,8	100	1.162.290	--	--	13,50	--	ND	--
Tafisa	12,20	2.930	500	12,95	11,00	5,3	1,8	329,4	27,1	100	278.292	1,90	0,2	1,38	0,6	21,3	1,9
Transfesa	12,15	2.022	750	12,30	11,90	0,4	-0,1	13,1	1,1	100	121.500	1,20	0,1	1,21	0,3	37,0	1,6
Tubacex	1,74	290	75	1,94	1,71	0,0	(1,9)	490,0	281,9	100	236.087	--	--	1,91	0,2	11,2	0,2
Tudor	11,17	1.959	500	13,00	11,12	0,0	(8,9)	24,4	2,2	100	307.879	--	--	1,86	0,8	14,2	1,3
Uniland Cement.	59,00	9.817	1.000	65,50	57,20	(1,7)	(5,3)	42,5	0,7	100	254.880	3,30	2,0	2,02	5,6	10,5	8,3
Unión Resinera	51,09	8.501	1.000	51,09	51,09	0,0	0,0	1,5	0,0	0	30.654	2,40	1,0	0,88	2,3	22,3	4,0
Unipapel	12,25	2.UB	250	13,50	11,35	(2,0)	(0,8)	45,8	3,7	100	123.462	0,70	0,1	0,88	0,5	23,7	1,7
Urti. y Transp.	1,06	176	260	1,21	0,99	(1,9)	(4,7)	28,8	27,1	100	12.980	--	--	1,16	--	ND	--
Urbis	14,50	2.413	500	15,46	12,50	0,9	9,4	939,2	64,7	100	599.787	--	--	2,57	0,1	156,2	0,1
Valencia	25,10	4.176	500	26,60	22,50	(3,1)	(1,6)	860,1	34,0	100	664.888	2,20	0,5	2,25	1,4	18,0	1,8
Valenciana Cem.	11,73	1.9U	195	12,99	10,50	1,8	13,5	40,0	3,4	100	1.618.634	1,80	0,2	1,98	1,4	8,4	2,6
Vasconia	10,65	1.M	50	12,20	10,61	(6,7)	(7,5)	37,3	3,5	100	340.800	2,10	0,2	3,82	0,6	19,2	0,6
Vidrala	10,41	1.739	170	11,32	9,02	(5,6)	4,9	489,7	46,9	100	229.258	2,90	0,3	2,46	0,9	11,3	1,4
Vilesa	11,40	1.897	510	13,00	10,36	(5,0)	(7,5)	96,3	8,2	100	39.698	1,30	0,1	1,62	1,7	6,9	3,2
Volkswagen	63,00	10.482	100	77,20	62,25	(4,5)	(3,9)	71,8	1,1	100	85-0.508	--	--	12,88	--	ND	--
Zabalburu	9,38	1.561	250	10,46	9,00	0,8	(4,0)	443,4	47,1	100	93.069	1,60	0,1	1,60	0,3	29,7	0,5
Zaragozano	25,92	4.313	500	29,50	25,24	(2,6)	(0,9)	120,0	4,6	100	479.520	2,80	0,7	1,70	1,3	19,3	2,0
Zardoya	26,50	4.409	160	28,00	24,01	0,0	(0,5)	504,3	18,9	100	1.642.327	3,20	0,8	15,95	0,8	31,9	1,1
Zeltia	52,85	8.794	1E	108,70	17,90	75,3	181,8	9.288,0	209,4	100	538.139	--	--	12,47	0,2	290,7	0,4

Notas
- P(1) y P(2). Último precio, en euros y en ptas. respectivamente, correspondiente al cierre en la última sesión de la semana.
- N. Valor nominal en euros.
- Max. Precio máximo, en euros, alcanzado a lo largo del año en curso.
- Min. Precio mínimo, en euros, alcanzado a lo largo del año en curso.
- VS. Variación en tanto por ciento, una vez descontadas ampliaciones y dividendos, entre el último precio y el cierre de la semana anterior.
- VA. Variación en tanto por ciento, una vez descontadas ampliaciones y dividendos, entre el último precio y el cierre del año anterior.
- VME. Contratación media diaria en miles de euros durante la semana.
- VMT. Contratación media diaria en miles de títulos durante la semana.
- F. Días cotizados, en porcentaje, respecto al total de días hábiles de contratación.
- C. Capitalización bursátil: número de acciones admitidas multiplicado por el último precio de la acción.
- RD. Rentabilidad por dividendo: dividendo bruto correspondiente a una acción vieja dividido entre el último precio y multiplicado por 100.
- DE. Dividendo estimado: cifra total que se espera reparta la sociedad con cargo al último ejercicio.
- P/VC. Precio/valor contable: capitalización bursátil dividida entre el patrimonio neto de la sociedad.
- BPA. Beneficio neto por acción: beneficio neto de la sociedad dividido entre el número de acciones ajustadas de acuerdo con sus derechos económicos sobre dividendos.
- PER. *«Price earnings ratio»*, relación precio/ganancias. Último precio de un valor dividido por los beneficios por acción.
- PCF. Precio por *«Cash Flow»*, último precio dividido entre el *cash flow* (beneficios obtenidos en el ejercicio más amortizaciones) por acción (calculado también según el derecho a dividendo de cada acción).

Figura 6.7. Bolsa española
(Fuente: *El País*, Negocios. 21, febrero 1999)

En las figuras 6.7 y 6.8 se acompañan ejemplos de la información que se suele facilitar para evaluar la marcha de las acciones en la Bolsa.

6.2.2.2. Decisión de la inversión: resumen de criterios

Los criterios de interpretación que se resumen a continuación deben tomarse como orientativos. En la exposición de los distintos ratios del análisis fundamental nunca se utilizan criterios absolutos. Las cifras y los porcentajes obtenidos son susceptibles de matización de acuerdo con otros ratios, situaciones excepcionales del mercado, actitud del resto de los inversores, etc. Se distingue entre criterios favorables y desfavorables.

Resultados de las principales empresas cotizadas en bolsa

Empresas	BAI 98	VAR % 97	Ventas 98	VAR % 97	Empresas	BAI 98	VAR % 97	Ventas 98	VAR % 97
AUTOMÓVILES	12.025	-	1.024.328	31,57	MAQ. Y ELECTRÓN	42.129	26,50	525.352	53,11
Fasa Renault (c)	12.025	-	1.024.328	31,57	Abengoa (c)	4.644	12,94	130.646	13,35
CEM. Y M. CONTR.	104.782	1,13	848.809	15,89	Amper (c)	4.588	-12,76	39.515	-8,76
Cementos Molins (c)	8.709	75,51	53.197	19,37	Azkoyen (c)	1.932	8,05	19.131	16,70
Cementos Portland (c)	17.005	60,33	50.735	23,34	Cía. Aux. FF. CC.	1.875	0,32	46.645	6,57
Cristalería (c)	16.138	-20,92	172.422	10,22	Elecnor (c)	2.193	32,99	53.397	18,39
Financiera y minera (c)	5.618	-35,50	30.916	15,36	Indo Internacional (c)	1.342	1,05	21.072	5,33
Uniland (c)	7.876	28,21	30.961	23,69	Indra Sistemas (c)	7.053	76,10	84.845	42,70
Uralita (c)	8.701	-9,71	142.132	-0,53	Radiotrónica (c)	1.422	-	24.599	22,41
Valenciana de Cem. (c)	36.709	-6,86	350.189	25,40	Tudor (c)	2.256	7,53	35.007	6,56
Vidrala (c)	4.026	7,79	18.257	11,88	Zardoya Otis (c)	14.824	12,21	70.495	13,44
CONSTRUCTORAS	**90.100**	**42,97**	**1.849.642**	**16,05**	**SIDER. Y METÁLICAS**	**58.690**	**-11,85**	**871.795**	**8,87**
Agromán	3.692	202,62	135.014	14,06	Aceralia (c)	34.831	34,79	481.999	22,40
Acciona (c)	21.152	38,84	409.366	9,18	Acerinox (c)	11.190	-60,55	211.401	-3,51
Construcciones Lain (c)	1.944	17,96	103.743	18,25	Ac. y F. de Azcoitia	2.885	19,86	24.537	24,43
Dragados y C. (c)	19.019	51,20	530.287	16,00	Asturiana de Zinc (c)	4.717	-41,12	65.596	-19,63
Fomento Const (c)	37.937	5,18	549.577	13,43	Española de Zinc (c)	9	-98,70	7.335	21,45
Obrascón Huarte (c)	6.356	212,64	121.655	70,94	Glob. Steel Wire (c)	1.214	-	53.879	5,20
ELÉCTRICAS	**632.799**	**23,02**	**3.002.613**	**-12,15**	Tubacex (c)	3.844	0,97	27.488	4,24
Endesa(c)	266.473	11,83	1.100.032	-11,67	**AGROALIMENTACIÓN**	**40.106**	**27,51**	**467.859**	**2,76**
Electra Viesgo (c/END)	12.648	44,73	46.675	-2,84	Azucarera (c)	4.829	-	51.845	-
Enher (c/END)	27.556	100,87	178.234	-10,06	Barón de ley (c)	2.053	30,93	5.821	29,90
Fecsa (c/END)	28.988	64,81	201.759	-14,82	B. y Bebidas (c)	2.808	20,21	35.583	0,00
Gesa (c/END)	16.532	30,87	62.459	0,31	Campofrío (c)	8.000	7,60	112.100	-1,04
Hidrocantábrico (c)	21.525	8,44	81.324	-19,82	Cvne (c)	1.555	43,05	5.026	34,53
Iberdrola (c)	155.107	15,57	690.270	-14,80	El Águila (c)	2.409	484,71	52.503	3,37
Reunidas Zar. (c/END)	18.098	56,52	72.577	-4,98	Koipe (c)	8.339	20,51	91.554	-11,38
Sevillana (c/END)	50.845	66,17	261.967	-8,35	Omsa (c)	972	35,75	37.537	3,16
Unión-Fenosa (c)	35.027	28,66	306.806	-12,99	Puleva-Uniasa (c)	3.232	9,04	28.528	13,74
TEXTILES Y PAPELERAS	**6.326**	**24,17**	**108.571**	**2,86**	Tele Pizza (c)	5.375	45,00	38.723	44,08
Cromogenia	707	-8,42	8.374	4,34	Viscofán (c)	5.363	24,49	60.484	8,44
Dogi (c)	1.660	17,07	17.960	20,66	**COMERCIO Y VARIOS**	**179.859**	**12,54**	**3.411.924**	**15,37**
Ence (c)	757	74,07	40.824	-7,91	Adolfo Domínguez (c)	1.759	-18,56	11.669	23,48
Iberpapel (c)	2.498	13,55	11.746	-1,48	Aldeasa (c)	12.632	19,05	71.388	16,23
Sniace	-1.557	211,40	9.336	66,74	Armando Álvarez (c)	5.112	64,80	52.757	7,65
Tavex Algodonero (c)	2.261	47,49	20.331	-2,22	Banco Vitalicio (c)	4.576	12,82	140.025	22,06
QUÍMICAS Y PETROL.	**298.921**	**16,56**	**5.397.881**	**-4,25**	Catalana Occid. (c)	9.361	6,62	83.240	5,38
Cepsa (c)	51.471	45,12	1.160.518	-11,91	C11-1 (c/REP-Campsa)	25.056	-0,16	57.493	-1,25
Energ. e Ind. Arag. (c)	4.412	-21,52	41.221	-10,15	Continente (c)	16.274	4,62	570.188	21,91
Ercros (c)	574	-57,64	42.040	7,56	Corporac. Mapfre (c)	19.212	-2,18	428.497	6,69
Faes (c)	5.257	2710	19148	648	Picking Pack (c)	404	-	20.522	332,32
Grupo Fosforera (c)	-688	-62,53	4.625	9,70	Prosegur (c)	6.062	15,58	97.049	21,46
La Seda Barna (c)	2.385	71122	33.560	678	Pryca (c)	30.418	054	524.766	0,74
Lucta (c)	754	-10,98	7.435	32,13	Sol Meliá (c)	7.913	11,22	11.207	13,72
Repsol	234.756	11,49	3.772.300	684	Superdiplo (c)	5.939	83,53	145.441	58,28
SERVICIOS PÚBLICOS	**569.519**	**1,47**	**3.772.300**	**6,84**	Tabacalera (c)	35.141	41,20	1.197.682	19,64
Acesa (c)	37.835	4,62	67.276	860	**INMOBILIARIAS**	**25.985**	**65,13**	**127.405**	**32,72**
Aguas de Barna. (c)	19.792	20,34	238.710	30,12	Filo (c)	78	-	6.719	22,30
Aguas de Valencia (c)	1.225	56,45	10.256	1029	Cevasa (c)	584	-40,04	1.351	5,30
Aumar	10.259	11,04	27.793	-10,27	Inmobiliaria Urbis	3.022	350,37	28.299	37,84
Europistas	0	-	16.543	15,15	Inmobiliaria Zabalburu	1.300	85,45	5.420	21,01
Gas Nat. SDG. (c/REP)	86.574	17,83	446.442	4,21	Metrovacesa (c)	9.022	27,47	28.699	52,91
Iberpistas	6.357	14,03	9.825	13,73	Prima inmobiliaria (c)	1.659	160,85	2.535	176,14
Saba (c)	2.146	13,79	6.334	10,27	Sotogrande	303	121,17	2.135	38,55
Telefónica (c)	402.010	-2,91	2.906.021	5,70	Vallehermoso (c)	10.017	24,70	52.247	21,56
Trasmediterránea (c)	3.321	2.143,92	43.100	11,00					

Notas
(c). Beneficios consolidados antes de impuestos. / BAI. Beneficios antes de impuestos.
VAR %. Variación en porcentaje.

Figura 6.8. Resultados de las principales empresas cotizadas en Bolsa (España) (Fuente: *La Vanguardia*. 8, marzo 1999)

Criterios favorables

– Endeudamiento:
Acciones de sociedades cuya deuda no supere a su valor neto.

– Recursos propios:
Acciones que ofrezcan una rentabilidad superior al 15% sobre sus recursos propios.

– Rentabilidad de dividendos:
Acciones que ofrezcan dividendos de, al menos, dos tercios de la rentabilidad que se obtiene mediante activos sin riesgo, como las letras del Tesoro.

– Cash Flow:
  – Acciones cuya cotización sea inferior al cash flow que les corresponde multiplicado por seis.
  – Acciones cuyo ratio precio/cash flow sea inferior en un 30% a la media de los últimos años.

– Relación entre el precio de la acción y su valor contable:
  – Acciones cuya cotización sea inferior a los dos tercios de su valor contable.
  – Acciones cuyo ratio precio/valor contable sea un 30% inferior a la media de los últimos cinco años.

– PER:
  – PER inferior al 10%.
  – PER inferior en un 30% al PER medio de los últimos cinco años.
  – PER 40% inferior al PER más alto de los últimos cinco años.

Criterios desfavorables

En general, se rechazará la adquisición o mantenimiento de posiciones en acciones pertinentes a empresas que:

– Hayan tenido pérdidas en alguno de los últimos ejercicios.
– Su deuda supere a su valor neto (ratio de endeudamiento superior a 1).
– Hayan tenido más de dos bajadas de sus beneficios a lo largo de los últimos cinco años.
– Hayan tenido sólo dos descensos de beneficios a lo largo de los

últimos cinco años, pero que esos descensos hayan sido superiores al 5% en relación al ejercicio anterior.

En la figura 6.9 se presenta un resumen de los principales ratios utilizados en el análisis fundamental de los valores.

	FÓRMULA	VALOR IDEAL
Ratios de liquidez		
Liquidez	$\dfrac{\text{Activo circulante}}{\text{Pasivo circulante}}$	1,5 - 2
Tesorería	$\dfrac{\text{Realizable + Disponible}}{\text{Pasivo circulante}}$	1
Disponibilidad	$\dfrac{\text{Disponible}}{\text{Pasivo circulante}}$	0,3
Ratios de endeudamiento		
Endeudamiento	$\dfrac{\text{Total deudas}}{\text{Recursos propios}}$	0,4 - 0,6
Cobertura de gastos financieros	$\dfrac{\text{BAII}}{\text{Gastos financieros}}$	Elevado
Ratios de eficiencia		
Precio/ventas	$\dfrac{\text{Precio de la acción}}{\text{Ventas por acción}}$	
Margen bruto	$\dfrac{\text{Ventas} - \text{Coste de las ventas}}{\text{Ventas}}$	
Ratios de rentabilidad		
Rendimiento	$\dfrac{\text{B.A.I.I.}}{\text{Activo total}}$	Elevado
Rentabilidad	$\dfrac{\text{B}^\circ \text{ neto}}{\text{Recursos propios}}$	Elevado
Ratios de inversión		
PER	$\dfrac{\text{Precio por acción}}{\text{B}^\circ \text{ por acción}}$	> o = 7
Multiplicador del *Cash Flow*	$\dfrac{\text{Precio por acción}}{\text{Cash flow por acción}}$	> o = 7
Precio/valor contable	$\dfrac{\text{Precio por acción}}{\text{Valor contable de la acción}}$	1
Rentabilidad por dividendo (*yield*)	$\dfrac{\text{Dividendo por acción}}{\text{Precio por acción}}$	Elevado

Figura 6.9. Ratios utilizados en el análisis fundamental de los valores

6.2.2.3. Procedimiento en la aplicación del análisis fundamental

Se podría resumir el proceso a seguir en la aplicación del análisis fundamental de los valores con los siguientes pasos:

- Predicción sobre el comportamiento global de la economía. El inversor deberá establecer sus criterios sobre las previsiones de la economía: ciclos económicos, evolución del empleo, de la inflación, de los tipos de interés, datos de cierre y creación de empresas, índice de producción industrial, etc.
- Análisis de ratios de empresa y de sectores económicos. Determinado el sector más favorable para la inversión, y dentro de él, las empresas consideradas como potenciales objetos de inversión, el inversor deberá analizar los ratios de los datos económicos de esas empresas. Una vez analizados, deberán compararse con los de las otras empresas del sector y con los de la misma empresa en ejercicios anteriores, para así tener una visión de la evolución de los mismos.
- Análisis de beneficios y dividendos. Esta etapa consiste en examinar qué beneficios ha repartido la empresa a lo largo de los últimos años y hacer una predicción de cuál será su evolución en el futuro. Para todo ello se pueden utilizar los datos del pasado y hacer extrapolaciones sencillas, o bien hacer uso de programas informáticos.
- Predicciones basadas en la relación precio/beneficio. Se pretende estimar cómo el mercado va a pagar por el crecimiento esperado de los beneficios. Se trata de pronosticar el comportamiento del mercado y no limitarse a reforzar el criterio de quién hace el análisis.
- Determinar el modelo de valoración ideal para la inversión a realizar. Sólo decir que existen numerosos modelos a aplicar.

Además de conseguir y analizar toda esta información, el inversor debe preguntarse día a día cuáles son los títulos que se están vendiendo a un precio inferior al que los analistas dicen que deberían tener. Para poder conseguir esta información se precisa de un trabajo constante y diario de análisis de los valores del mercado, así como el sondeo de informes y opiniones procedentes de la prensa especializada y asesores de inversiones. Otros consejos hacen referencia al precio de los valores y a las noticias que pueden afectar a los mercados financieros:

– Respecto al precio. Se puede considerar que este es la clave de la compra del inversor. El objetivo del inversor consiste básicamente en comprar un valor sólo cuando se pueda pagar por él menos de lo que hoy vale, y, naturalmente, si se tiene la expectativa de que posteriormente aumentará de precio. La investigación sobre un valor debe hacerse a fondo. Para decidir si su compra merece o no la pena se deberá expresar en términos de PER, ingresos esperados en comparación con el coste de la acción y todos los demás ratios que se han visto en los apartados anteriores.

– En referencia a la interpretación de las noticias. El criterio global consiste en comprar cuando se produzcan malas noticias y vender cuando tengan lugar las buenas. Esta actitud significa

Indicadores económicos internacionales

Sectores	Valores	Razones
Automoción	Volkswagen	Crecimiento del 22% en el beneficio por acción (BPA) para 1999 y de un 13% en ventas
	BMW	Reestructuración de su filial Rover
	Peugeot	Mejora por reducción de costes. Se perfila como uno de los grandes de Eurolandia
Bancos	Argentaria	Incremento del volumen de negocio y mejora del ahorro. No exposición a mercados emergentes
	Banco di Roma	Fuerte exposición local con amplio margen para reducir costes
	Lloyds Group	Crecimiento de beneficios del 12,5% para los próximos 3 años
Material Construcción	CRH	Cotiza con un elevado descuento. Precio objetivo por acción: 13 libras irlandesas
	BPB	Cash-flow potente. Recompra de acciones
Alimentación Distribución	Casino	Crecimiento del beneficio del 19% muy seguro. Mayor cuota de mercado
Seguros	ING	Crecimiento del BPA del 17%. Positiva reestructuración
	Munich Re	Reestructuración mejorará márgenes
Farmacia	Smithkline Boecham	BPA crecerá el 15% en 1999 y el 20% en el 2000. Nueva gama de productos
	Roche	BPA pasará del 3% actual al 16% en 1999 y el 17% en el 2000
Eléctricas	Endesa	BPA creciendo a un ritmo del 13%. Reducción de costes y crecimiento en mercados exteriores
	National Power	Las nuevas adquisiciones equilibran su negocio entre generación y distribución
Telecom.	Telecom Italia	Precio objetivo de 20.000 liras
	Téll. Italia Mobile	Seguridad en cash-flows
Serv. financieros	Cap Gamini	Crecimiento del BPA del 40% hasta el 2000. Posibles adquisiciones

Figura 6.10. Cartera europea de valores recomendados
(Fuente: *El País*, Negocios. 10, enero 1999)

apartarse del resto de los inversores, quienes en su mayoría harán exactamente lo contrario. Pero una de las reglas para ganar consiste en no hacer lo que el resto haga. Otro aspecto a considerar es la evaluación de la base de la información. Las perspectivas de futuro de un sector y de un determinado valor se determinarán siempre mediante el análisis riguroso de ambos. No podemos tomar la decisión de invertir solamente conforme al dato de las cotizaciones del mercado bursátil ya que se trata de una evidencia que está al alcance de cualquiera.

En la figura 6.10 se presenta un ejemplo de cartera europea de valores recomendados según técnicas del análisis fundamental.

6.3. Análisis técnico

El análisis técnico engloba el segundo gran grupo de herramientas (junto al análisis fundamental) que los analistas bursátiles utilizan para intentar comprender el mercado y prever sus movimientos futuros. En la figura 6.11 se presenta una tabla donde a partir de las técnicas de este tipo de análisis, que se estudiarán a lo largo de este apartado, se llega a unas previsiones de la evolución de distintos valores de la Bolsa española. El análisis técnico se basa en el hecho de que es el propio mercado el que proporciona la mejor información sobre la evolución futura que tanto él como los títulos que lo integran pueden tener. Se centra pues, en el estudio del mercado en sí mismo y se aplica no sólo a los títulos sino también a los índices, mercaderías y divisas.

Se inició en el siglo pasado cuando las empresas no estaban obligadas a proporcionar información financiera a los accionistas y prácticamente la única información disponible era la del propio mercado (precios, volúmenes de contratación, etc.). El objetivo: anticiparse a un cambio de tendencia que provocará una decisión que se mantendrá hasta que se anticipe otro nuevo cambio de tendencia.

El análisis técnico parte de las siguientes hipótesis:

– El mercado ofrece la información suficiente para poder predecir sus tendencias.

¿Qué hacer para empezar a operar en bolsa?   183

EL BOLSÍMETRO Buen momento para tomar posiciones en BBV y BCH, que se encuentran al comienzo de un tirón de alza

Máximo/mínimo año ajustado	Último precio	Valor	Evolución volumen	RSI 14 Dato	RSI 14 Evol.	Macd 9:13-26 Dato	Macd 9:13-26 Evol.	Tendencias a corto	Soportes a corto	Resistencias a corto	Previsión	Indicaciones técnicas a corto
12,20/10,82	12,00	B. Vasconia	Mínimo	59,90*	Neutral	0,02 *	Indefinido, horizontal	Estrecha banda lateral	11,76/ 11,51	12,08/ 12,29	Seguir horizontal	Sin interés por falta volumen
29,50/25,24	26,25	B. Zaragozano	Concordante	41,21*	Inicio repunte en neutral	-0,18 *	Bajista	Canal alcista	26,04/ 25,28	26,87/ 27,70	Fin reacción técnica, lateral	Mantener y esperar
12,00/10,53	11,39	Banesto	Mínimo	54,87*	Al alza en neutral	0,02 *	Alcista, horizontal	Banda lateral	11,11/ 10,62	11,72/ 12,00	Seguir lateral	Esperar
33,36/27,00	32,50	Bankinter	Concordante alcista	54,99*	Neutral	0,12*	Reciente corte positivo	Canal alcista	32,38/ 30,97	33,38/ 33,99	Continuar tirón alcista	Seguir la subida
34,75/27,74	30,23	Barón de ley	Divergencia bajista	48,44*	Neutral	-4,30 *	Bajista	Alcista primaria	30,07/ 29,54	30,96/ 31,63	Seguir recorte a directriz	Esperar
38,00/31,90	33,00	Bayer. Ag	Bajista	30,41*	Al alza desde mínimos	-0,21 *	Bajista, hacia horizontal	Bajista	31/86/ 31/27	33,04/ 33,77	Lateral entre 31,86 y 33,77	Vender sobre 33,77
15,07/11,42	12,99	BBV	Divergencias bajistas	39,05*	Inicio repunte en neutral	-0,12 *	Hacia corte alcista	Alcista	12,78/ 12,35	13,30/ 13,90	Inicio tirón alcista	Tomar posiciones
11,10/8,46	10,03	BCH	Concordante	45,55*	Inicio repunte en neutral	-0,03 *	Bajista	Alcista	9,78/ 9,47	10,11/ 10,64	Intento tirón alcista	Tomar posiciones
12,02/9,80	10,70	Befesa	Concordante	42,52*	Horizontal en neutral	0,06 *	Alcista	Alcista, dentro canal bajista	10,60/ 10,60/ 10,35	10,86/ 11,02	Alza a la directriz bajista	Seguir la subida hasta 11,26
11,99/11,25	11,55	Bo. Riojanas	Concordante, mínimo	38,32*	Inicio alza, neutral	-0,04*	Hacia corte alcista	Banda lateral	11,10/ 10,84	11,58/ 12,03	Hacia techo banda:12,03	Mantener el valor

Figura 6.11. Ejemplo de indicaciones técnicas a corto plazo
(Fuente: *La Gaceta del Sábado*, Mercados. 30, enero 1999)

– Los precios oscilan siguiendo unos determinados movimientos o pautas.
– El pasado determina el futuro.

Los elementos más usados en este tipo de análisis son los gráficos o *charts* y los indicadores estadísticos. A continuación se exponen los más usados.

6.3.1. Gráficos

Los gráficos o *charts* son uno de los pilares del análisis técnico. Algunos analistas técnicos, los chartistas, se basan exclusivamente en el uso de los gráficos para sus previsiones y comentarios del mercado. Destacar que para obtener una predicción fiable a través de un gráfico se precisa de datos sobre la evolución del mercado o de un título determinado por un plazo de tiempo considerable. Si un título lleva poco tiempo cotizando no se puede realizar el análisis gráfico por falta de perspectiva. Otra consideración a tener en cuenta es que, generalmente, una variación de precio será relevante cuando supere al menos el 3% del precio anterior (variaciones significativas).

6.3.1.1. Tipos de gráficos

Gráficos de puntos

Este tipo de gráficos se elabora a partir de las cotizaciones de cierre de cada sesión bursátil. En el eje vertical se sitúan dichas cotizaciones y en el horizontal se van reflejando las distintas bajadas y subidas del precio del título o del índice de un conjunto de valores a lo largo del tiempo. Cuando se produce una subida significativa se anota una cruz (o una estrella) y cuando haya una bajada se anota un círculo. Mientras el título vaya experimentando subidas/bajadas se irán anotando cruces/círculos en la misma línea vertical hasta que se produzca un cambio de tendencia. Cuando esto suceda, se refleja en otra columna a la derecha.

Características de este tipo de gráficos:

- Sólo se tienen en cuenta los precios o los índices, no se consideran los volúmenes de negociación.
- Se desprecian las variaciones inferiores al 3%.
- Resumen sólo la información relativa a variaciones, dejando de lado otra información relevante.
- No informan de la variable tiempo. Se observa cómo se suceden las subidas o bajadas pero no se tiene constancia de la duración de las mismas.
- Las figuras que se forman permiten detectar líneas de tendencia, líneas de soporte y líneas de resistencia. La línea de soporte se confecciona uniendo dos o más mínimos y proporciona una señal de venta cuando el precio del título la pasa a la baja (penetración), indicando que una tendencia puede estar finalizando. Contrariamente, la línea de resistencia se confecciona uniendo dos o más máximos y proporciona una señal de compra cuando el precio de un título la traspasa. Se detectan cuando un valor al ir ascendiendo rebota hacia abajo al llegar a ese nivel debido a que una parte de los inversores cree que ese nivel es ya demasiado alto y cuando el título se acerca a él, venden. Si a pesar de la presión vendedora el precio sigue subiendo y sobrepasa la línea de resistencia se reducirá la presión vendedora. Por esta razón, cuando el título franquee esta línea se producirá una subida libre. Lo contrario podría decirse de las líneas de soporte. A destacar el denominado *pull-back*: se trata de la misma línea que primero es resistencia (soporte), se rompe y luego pasa a convertirse en soporte (resistencia). Las figuras 6.21 y 6.22 muestran ejemplos de líneas de resistencia y soporte, así como del fenómeno del *pull-back*.
- Figuras que pueden obtenerse:
    - Crestas o picos: anuncian señales de venta.
    - Valles o fondos: avisan de señales de compra.
    - Triángulos ascendentes: anuncian señales de compra.
    - Triángulos descendentes: anuncian señales de venta.

Gráficos lineales

En este tipo de gráficos se sitúan los precios o la evolución de los índices en el eje vertical y el tiempo en el horizontal. Presentan la evolución que tiene un título o un índice de títulos a lo largo de un determinado período de tiempo: días, semanas o incluso meses. La línea se obtiene uniendo los precios de cierre del título o los valores del índice en cada período.

Características de este tipo de gráficos:

- Al especulador a corto plazo le interesará el análisis de períodos cortos (días), mientras que al inversor a largo plazo le puede convenir más estudiar una tendencia de períodos más largos (semanas, meses).
- La forma de operar siguiendo el análisis de este tipo de gráficos, se denomina sistema de filtros. En este método se considera que la tendencia alcista comienza cuando el precio de un activo sube más que un determinado porcentaje, por ejemplo un 3%, en una sola sesión. En el caso de que el precio de un activo baje más de un porcentaje similar, y también en una sola sesión, se identifica una tendencia bajista. Así pues, los inversores a corto plazo suelen comprar cuando se produce una subida superior al 3% de la cotización y vender cuando se producen bajadas que superan ese mismo porcentaje.

Gráficos de barras

El gráfico de barras se elabora para cada título que se quiere analizar. Se confecciona teniendo en cuenta los tres precios más significativos producidos en un determinado período (sesión, semana, mes o año): la cotización más alta, la más baja y el precio de cierre del período. También puede informarse de la cotización de apertura (ver figura 6.12).

Características de este tipo de gráficos:

- Se usan como complemento de los gráficos lineales o de puntos.
- Pueden predecir cambios de tendencia cuando tras una larga subida o bajada se produce una sesión con mucha negociación y con un precio de cierre alto, tras una fase bajista, o bajo, tras una fase alcista. En este tipo de sesiones la barra formada por el precio más alto y más bajo es más larga que la de la sesión anterior (mayor diferencia entre ambos precios) y el precio de cierre está por encima o por debajo de la barra del día anterior.

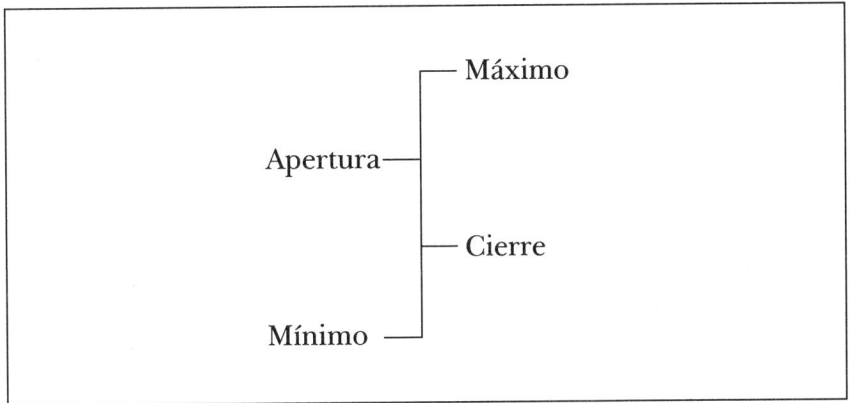

Figura 6.12. Gráfico de barras

Mencionar sólo los denominados huecos o saltos, muy claros de distinguir en este tipo de gráficos. Se producen cuando el alto de un día es menor que el bajo del día anterior, o cuando el bajo de un día es mayor que el alto del día anterior. Se trata pues de un espacio en el que no ha habido transacciones. En la figura 6.23 se presenta un ejemplo.

Gráficos de volúmenes de contratación

Este tipo de gráficos se confeccionan con dos ejes. En el eje vertical se sitúan los volúmenes de contratación de un título, o de un conjunto de títulos, y en el horizontal se presenta el tiempo en días, semanas, meses o años. Se define el volumen de contratación como el número de acciones negociadas en una sesión. Este tipo de gráficos suelen estudiarse conjuntamente con los lineales o con los de barras (ver figuras 6.13-6.23).

Para la interpretación del volumen contratado hay que tener en cuenta las siguientes características:

– Es de esperar que un incremento en la cotización de un valor que va acompañado de un aumento de volumen signifique que la tendencia alcista continuará. El dato del volumen aporta información sobre la fortaleza o debilidad de la tendencia predominante. Así, por ejemplo, una tendencia bajista tiene mucha más fuerza si va acompañada por un aumento de volumen.

- Contrariamente, si los movimientos del mercado van acompañados por un volumen escaso, significará que además de ser movimientos de pequeña magnitud, también serán de duración reducida.
- Cuando el volumen es escaso y el precio toca al nivel de soporte, es símbolo de que están disminuyendo las operaciones de venta y que se está iniciando un movimiento alcista. A esta situación, en la que el volumen va con la tendencia, se la denomina volumen concordante.
- Si hay poco volumen y el precio se aproxima al nivel de resistencia, quiere decir que hay pocos inversores que se animen a comprar. Como consecuencia se inicia una tendencia bajista.

Bajo estos supuestos, la forma de operar que se utiliza es el denominado sistema de precio-volumen: se han de comprar aquellos títulos cuya cotización ha registrado alzas con elevados volúmenes de contratación y no hay que venderlos cuando se produzcan descensos con bajos volúmenes de contratación. Contrariamente, hay que vender aquellos títulos cuya cotización disminuye con fuertes volúmenes de contratación y no comprarlos cuando las subidas de cotización van acompañadas de volúmenes débiles de contratación.

6.3.1.2. Interpretación de los patrones de los gráficos

Se denomina patrón, o formación gráfica, a las figuras particulares que pueden presentar los precios de los valores cuando son representados en un gráfico. Los patrones pueden ser de dos tipos, atendiendo a su potencial de predicción en referencia a cómo van a evolucionar las cotizaciones: figuras de continuación de tendencia y figuras de cambio de tendencia.

- Figuras de continuación de tendencia: tienen la capacidad de predecir una continuación de la tendencia que ha sido dominante en el mercado hasta el momento. Es el caso de: los triángulos, banderas, banderolas o banderitas y las cuñas.
- Figuras de cambio de la tendencia: se interpretan como señal de un cambio de tendencia. Es el caso de: el doble y triple techo, el doble y triple suelo, suelos y techos redondeados, cabeza y hombros.

Dobles y triples techos

Ante una tendencia alcista, un techo doble es el que tiene lugar mediante la formación de dos alzas máximas de precios entre las que se puede observar un valle. Por su parte, el triple techo es la sucesión de tres máximos de los precios, separados por sus correspondientes valles. Observar que hasta que no se haya rebasado el mínimo anterior, en una tendencia alcista, no se habrá confirmado la figura del doble techo, y lo mismo para el triple techo. Interpretación:

- Cuando el precio alcanza un máximo nivel y después desciende, la interpretación más lógica es que el precio alcanzado resulta excesivo para el mercado: existen más fuerzas vendedoras que compradoras, lo que hace que el precio retroceda.
- Cuantas más veces el precio alcance un determinado alto, y no lo supere, más fuerte será la resistencia para que pueda superarla. Ello anticipa una reacción del mercado que lo más probable es que consista en una vuelta a la tendencia.
- Si el doble techo se ha formado durante un largo período, es muy probable que el mercado reaccione con un gran movimiento, con una disminución del precio.
- Si la figura se ha formado a lo largo de un período de tiempo corto, el mercado reacciona con pequeños movimientos.
- La distancia mínima que recorrerá el precio después de la formación de un techo doble será igual a la distancia entre el mayor alto y el bajo del valle de la figura.

Dobles y triples suelos

Se denomina suelo doble al que tiene lugar mediante dos bajas mínimas del precio, que se encuentran separadas por una reacción al alza. Y suelo triple a la constitución de tres mínimos separados por sus respectivas reacciones alcistas. Observar que hasta no rebasar el anterior máximo, no se confirmará la figura del doble suelo, en una tendencia bajista, y lo mismo para el triple suelo. Interpretación:

- Cuando el precio alcanza un nivel mínimo y después asciende, la interpretación más lógica es que el precio alcanzado resulta

bajo para el mercado: existen más fuerzas compradoras que vendedoras, lo que hace que el precio avance.
- Cuantas más veces el precio alcance un determinado suelo, y no lo pase, lo más probable es que consista en una vuelta a la tendencia anterior.
- Si el doble suelo se ha formado durante un largo período, es probable que el mercado reaccione con un gran movimiento, con un aumento del precio.
- Si la figura se ha formado en un período de tiempo corto, el mercado reaccionará con pequeños movimientos.
- La distancia mínima que recorrerá el precio después de la formación de un techo doble será igual a la distancia entre el mayor bajo y el alto del valle de la figura.

Suelos y techos redondeados

Un techo redondeado o platillo superior es el que se forma al final de una tendencia alcista. Se forma a lo largo de una curva convexa en forma de U. Por otra parte, un suelo redondeado o platillo inferior se forma al final de una tendencia bajista cuando el precio describe una curva cóncava.

Interpretación: en ambos casos, la interpretación más común es que cuando se completa la forma del platillo va a tener lugar un cambio de tendencia.

Cabeza y hombros

Es quizás la figura que con más éxito predice los cambios de tendencia y también la más conocida de las formaciones gráficas. Se suele asociar al final de una tendencia alcista y al posible comienzo de una tendencia bajista. Puede definirse como la sucesión de tres puntos que son máximos relativos. El segundo de ellos suele ser mayor que el primero, y el tercero, menor que el segundo. La línea del cuello es la que une el punto más bajo del descenso del primer hombro con el punto más bajo del descenso de la cabeza. Interpretación:
- Se recomienda esperar que la bajada del segundo hombro tras-

pase en un 3% o 5% la línea del cuello para tener una confirmación.
- La distancia mínima que recorrerá el precio después de completar esta figura será igual a la distancia que hay entre la parte superior de la cabeza y la línea del cuello. Pese a todo, la caída del precio suele ser mucho mayor.
- Al final de una tendencia alcista, cuya debilitación viene señalada por el primer máximo (hombro izquierdo), que marca el precio, este empieza a bajar en un movimiento de corrección. Esto podría ser un indicador de que los niveles alcanzados empiezan a ser considerados excesivos por el mercado.

Si la figura de cabeza y hombros permite la anticipación de bajadas, la misma figura pero invertida, cabeza y hombros invertidos, facilita la anticipación de subidas al final de una fase bajista. Consiste pues en la sucesión de tres mínimos consecutivos, donde el segundo es más bajo que el primero, y el tercero, más alto que el segundo. Al igual que en el caso anterior, la subida que se ha de producir al final de la figura será como mínimo igual a la distancia que hay entre la línea del cuello y la parte inferior de la cabeza. De nuevo, la clave de la interpretación de esta figura está en la ruptura de la línea del cuello.

Cuñas

Es la formación gráfica de los precios que adquiere forma de triángulo pudiendo unir las sucesivas altas y bajas mediante dos líneas convergentes. A diferencia de los triángulos, las dos líneas que pueden tratarse tienen la misma dirección.

Interpretación: los precios seguirán la dirección contraria a aquella que señala la cuña. Las cuñas suelen ir acompañadas de un descenso en el volumen durante su formación, pero una vez completada la figura, el volumen suele aumentar.

Se pueden distinguir dos tipos de cuñas:

– *Cuñas ascendentes:* señalan una tendencia bajista.
– *Cuñas descendentes:* señalan una tendencia alcista.

En la interpretación de las cuñas hay que tener en cuenta en qué fase del mercado se producen. Si una cuña descendente tiene lugar en una fase intermedia de una tendencia alcista, significa que el precio continuará subiendo una vez completada la cuña. En cambio, si se produce al final de una tendencia bajista, es bastante probable que el mercado comience una tendencia alcista. En las cuñas, las cotizaciones continúan en la dirección contraria al final de las mismas.

Triángulos

A diferencia de las cuñas, los triángulos son las formaciones gráficas que se producen cuando el precio oscila en movimientos ascendentes o descendentes, pero siendo esas oscilaciones de una intensidad cada vez menor. Suelen tardar varias semanas en formarse. La formación de un triángulo va acompañada de un descenso en el volumen de contratación. Hay cuatro tipos de triángulos:

– *Triángulos ascendentes*. Se forman a partir de dos líneas de tendencia convergentes en las que la línea inferior es ascendente, mientras que la superior es plana. Interpretación: la línea superior plana actúa como un nivel de resistencia, lo que impide que el precio se dispare hacia arriba. Cuando el precio se aproxima a esa línea de resistencia, el mercado reacciona con órdenes de venta, lo que hace que el precio tienda a disminuir. Es razonable deducir en este caso que los compradores estén tomando posiciones en previsión de una subida del mercado, de manera que aprovechan cualquier descenso de los precios para comprar. Cuando la fuerza vendedora se reduce, debido a que los que vendían se han quedado sin más valores que vender, se impone el empuje comprador, el precio consigue romper la resistencia y acaba subiendo.

– *Triángulos descendentes*. Están formados por dos líneas de tendencia convergentes en las que la línea superior, en este caso, es descendente, mientras que la inferior es plana. Interpretación: la línea inferior plana impide que el precio pueda bajar. Cuando el precio se aproxima a ella, el mercado reacciona con órdenes de compra y el precio aumenta. Cuando la fuerza compradora disminuye, el precio acaba bajando.

– *Triángulos simétricos*. A diferencia de los anteriores, en estos no existen líneas de tendencia planas. La línea superior es descen-

dente y la inferior es ascendente. Interpretación: esta figura denota una situación momentánea de equilibrio entre las fuerzas compradoras y vendedoras. Son figuras poco fiables en el sentido de que no aportan información útil respecto a lo que está sucediendo, es decir, si el precio sigue una evolución alcista o bajista. Lo que sí está claro, al igual que en los otros tipos de triángulos, es que el volumen de contratación va descendiendo a medida que el triángulo se forma. La incertidumbre llega porque cuando el precio rompe la formación, se dispara hacia arriba o hacia abajo. Este tipo de triángulos se consideran figuras de continuación de tendencia, si el triángulo se ha estado formando dentro de una tendencia alcista, una vez que se haya acabado de formar seguirá subiendo, mientras que si se formaba durante una tendencia bajista, acabará bajando.
– *Triángulos invertidos.* Aparecen tras una serie de tres o más variaciones del precio. Los altos y bajos sucesivos se conectan con dos líneas de tendencia que son divergentes. Interpretación: al igual que con los triángulos simétricos, en este otro tipo también se da una cierta incertidumbre. Una vez formada la figura, suele acompañarse de una ruptura violenta hacia arriba o hacia abajo, unida de un gran volumen.

Banderas

Esta figura refleja una pausa en una fase alcista o bajista. Las líneas que contienen las alzas y las bajas de los precios se muestran paralelas. Van normalmente acompañadas de descensos en el volumen de negociación, independientemente de que se produzcan en una fase alcista o bajista y se forman, aproximadamente, en un punto medio de dicha fase. Interpretación: al final de la bandera, la evolución seguirá siendo como antes de su formación, es decir, alcista o bajista. Son signos de que el mercado se encuentra consolidado y que continuará la tendencia predominante.

Banderolas

Se forman mediante una serie de recuperaciones y alzas máximas convergentes en forma de banderín. Son una interrupción intermedia entre una fase alcista o bajista. La principal diferencia con las banderas es que estas se forman dentro de un rectángulo mientras que las banderolas se forman dentro de un triángulo. Las banderolas se diferencian de los triángulos en que estos indican cambios de tendencia. Interpretación: la formación de las banderolas acostumbra a venir acompañada de descensos en el volumen de contratación, que suele aumentar cuando ya se han formado. Al igual que las banderas, son signos de que el mercado se encuentra consolidado y que continuará la tendencia predominante.

Las figuras 6.13-6.23 muestran ejemplos reales de todas las figuras descritas.

Notas de las figuras 6.13-6.23
– Sobre los gráficos hay información referente al período de tiempo entre el cual se ha seguido el valor en cuestión, el nombre del valor, la nacionalidad y el tipo de gráfico.
– El gráfico superior es siempre del tipo de barras (*bar chart*) y debajo se presenta un gráfico de volúmenes (*volume histogram*).
– *Moving Averages*. Medias móviles (ver 6.3.2).
– *SMAVG*. Medias móviles estimadas.
– *MLN*. Millones (moneda local).

¿Qué hacer para empezar a operar en bolsa?

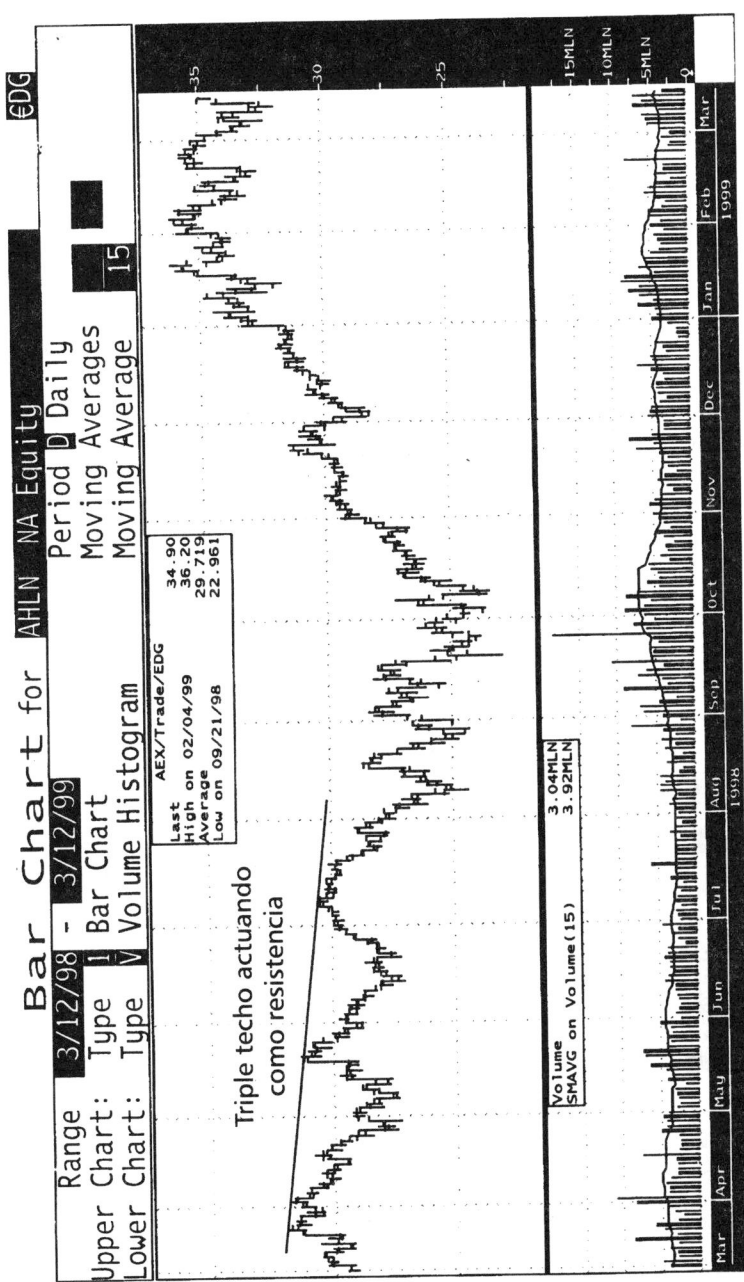

Figura 6.13. Triple techo actuando como resistencia
(Fuente: *Bloomberg*. Empresa: Ahold; sector: supermercados; país: Holanda)

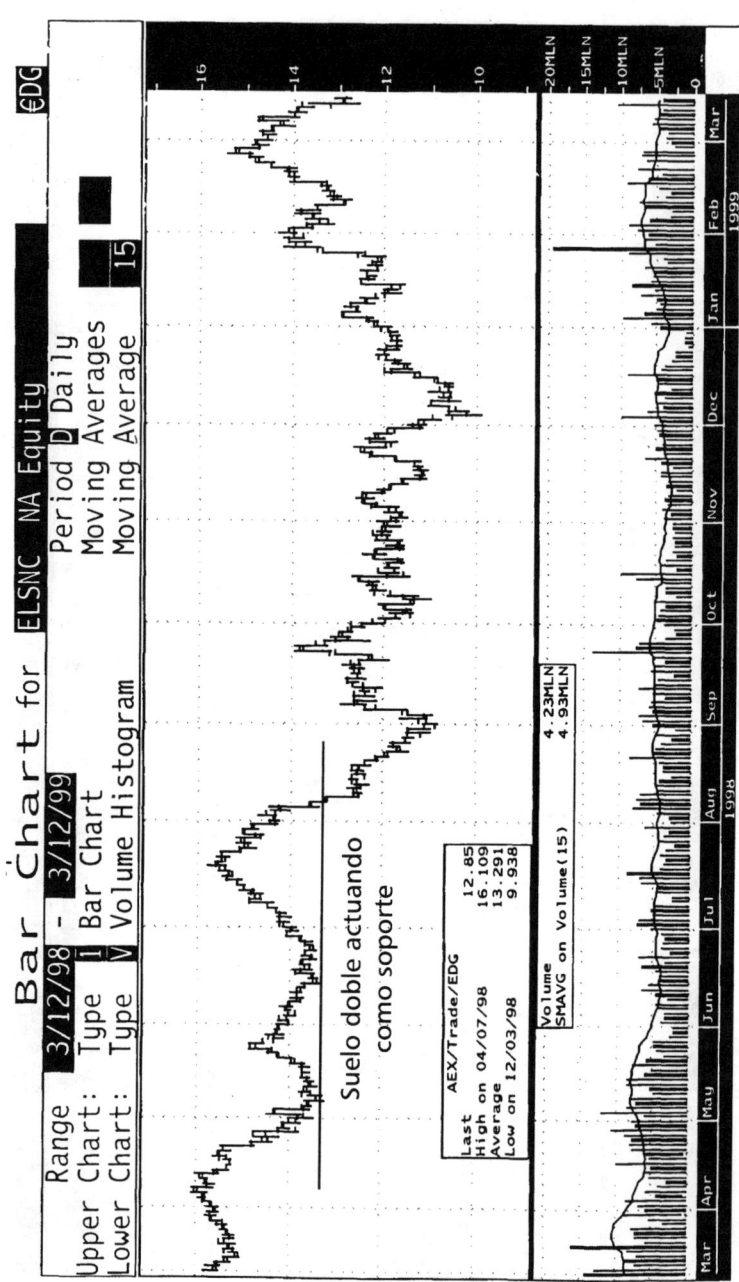

Figura 6.14. Suelo doble actuando como soporte.
(Fuente: *Bloomberg*. Empresa: Elsevier; sector: mass media; país: Holanda)

¿Qué hacer para empezar a operar en bolsa? 197

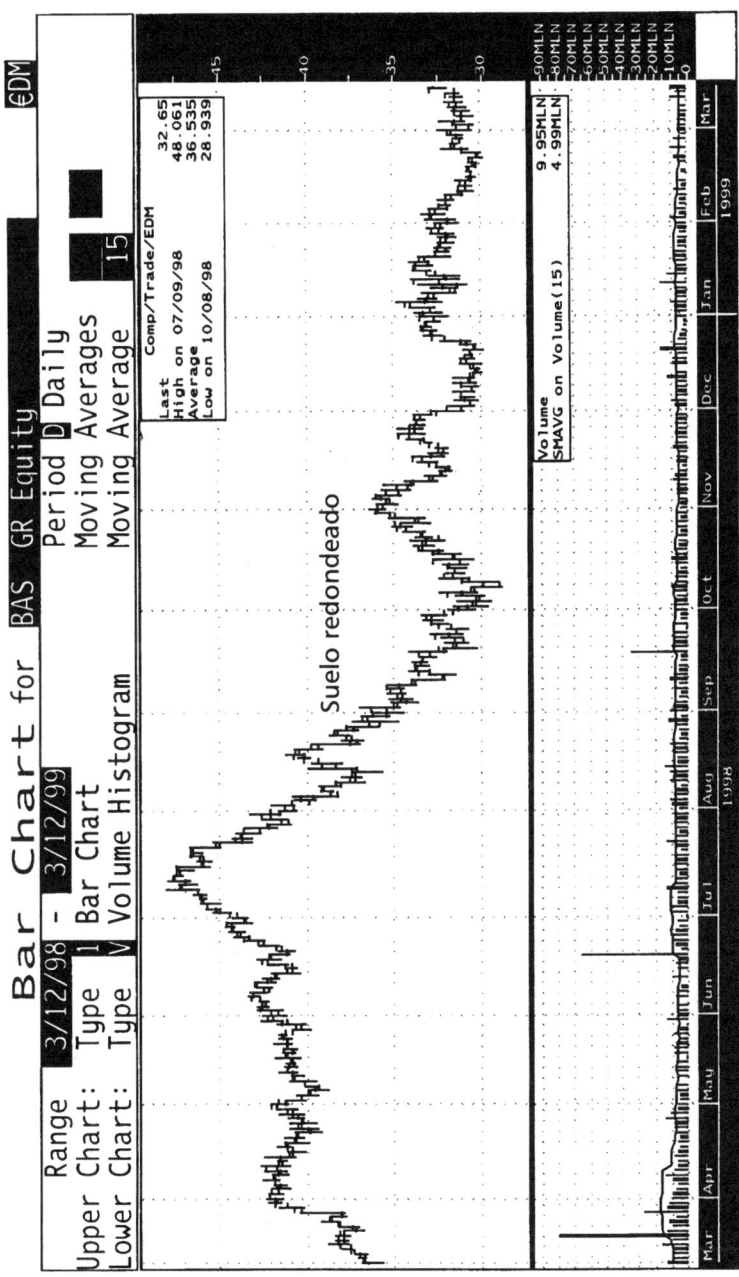

Figura 6.15. Suelo redondeado.
(Fuente: *Bloomberg*. Empresa: BASF; sector: químico; país: Alemania)

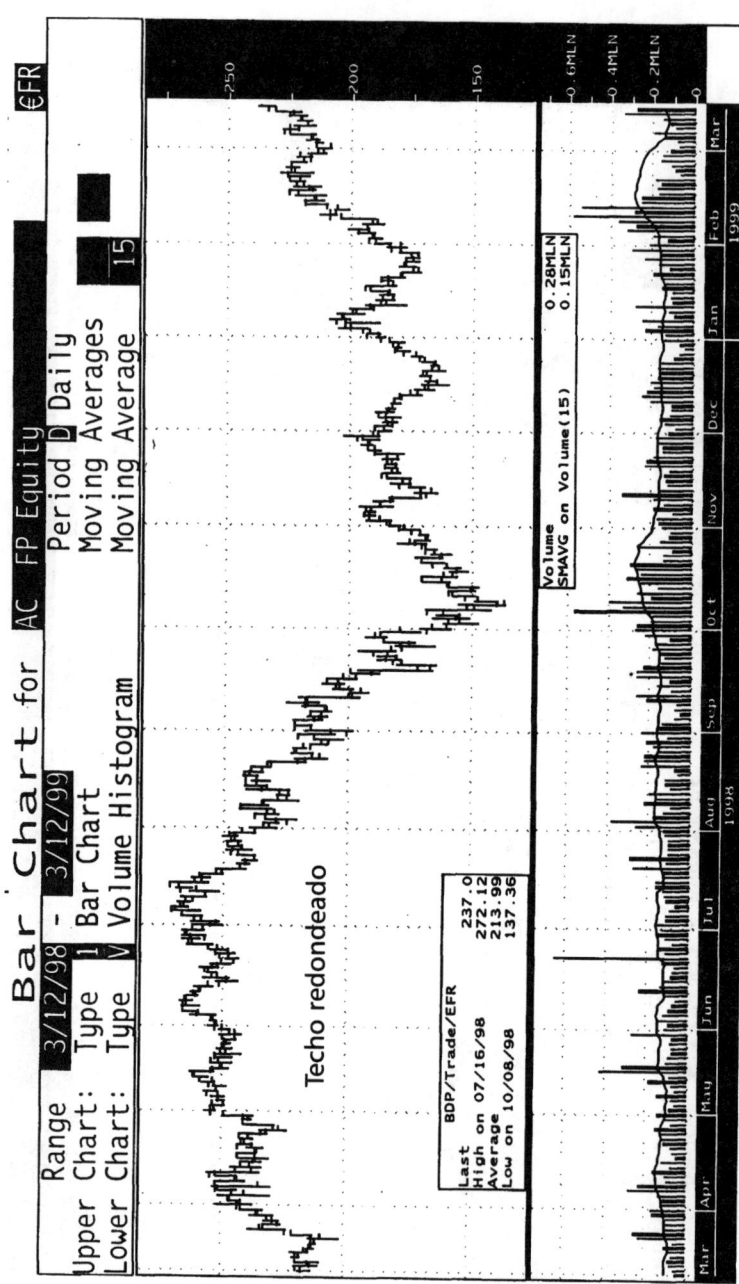

Figura 6.16. Techo redondeado
(Fuente: *Bloomberg*. Empresa: Accor; sector: hotelero; país: Francia)

¿Qué hacer para empezar a operar en bolsa?

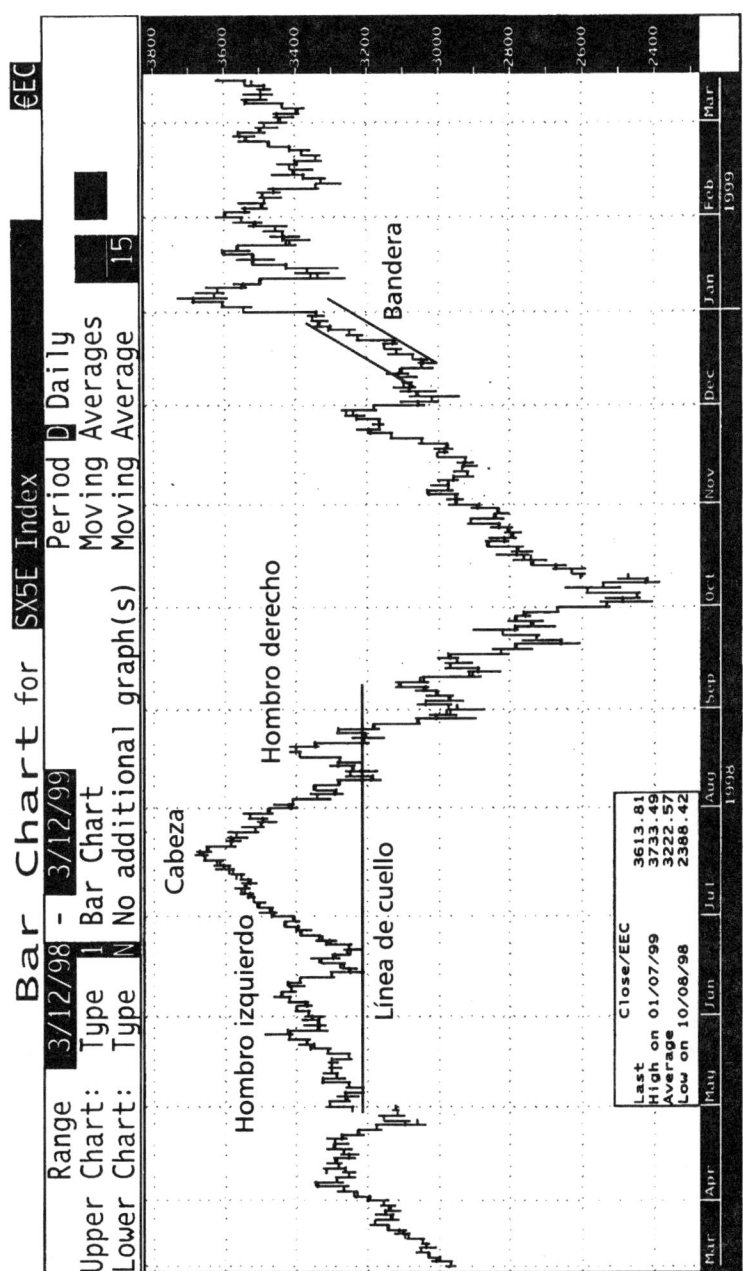

Figura 6.17. Hombro-Cabeza-Hombro
(Fuente: *Bloomberg*. DJ Euro Stoxx 50, índice euro)

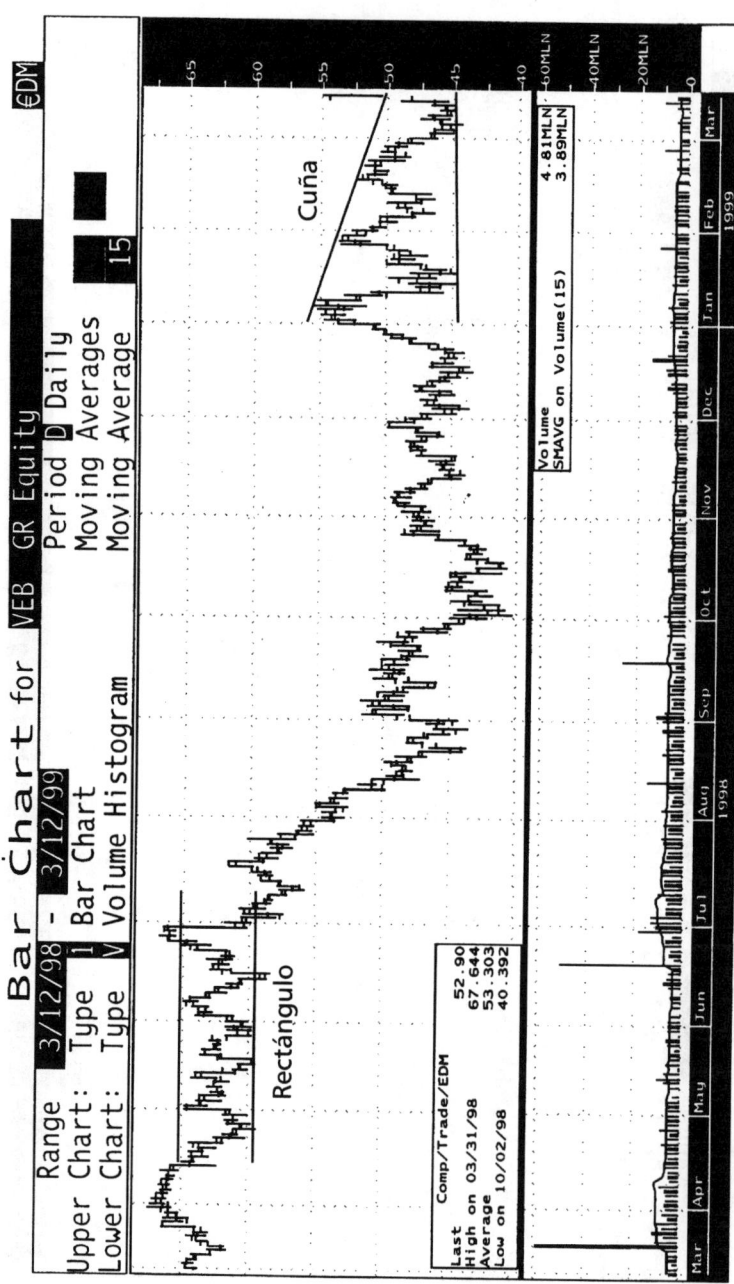

Figura 6.18. Rectángulo; Cuña
(Fuente: *Bloomberg*. Empresa: Veba; sector: eléctrico; país: Alemania)

¿Qué hacer para empezar a operar en bolsa? 201

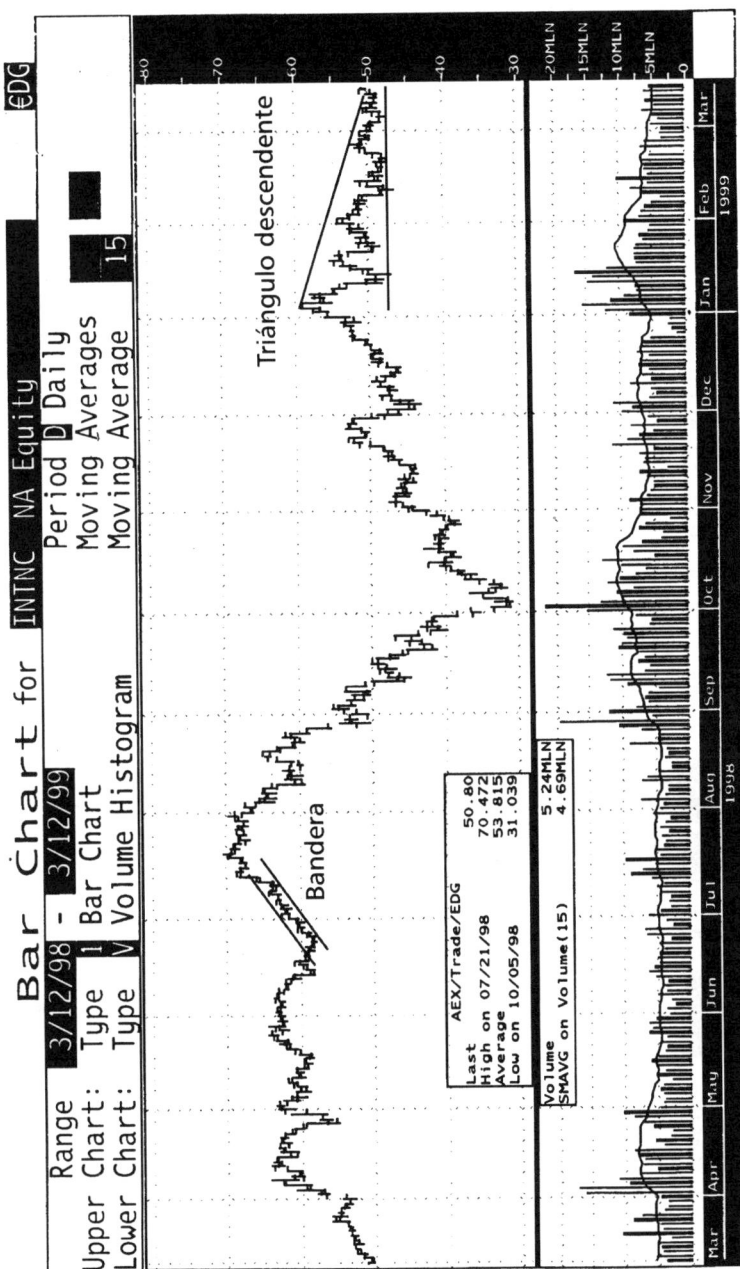

Figura 6.19. Bandera; Triángulo
(Fuente: *Bloomberg*. Empresa: ING; sector: bancario; país: Holanda)

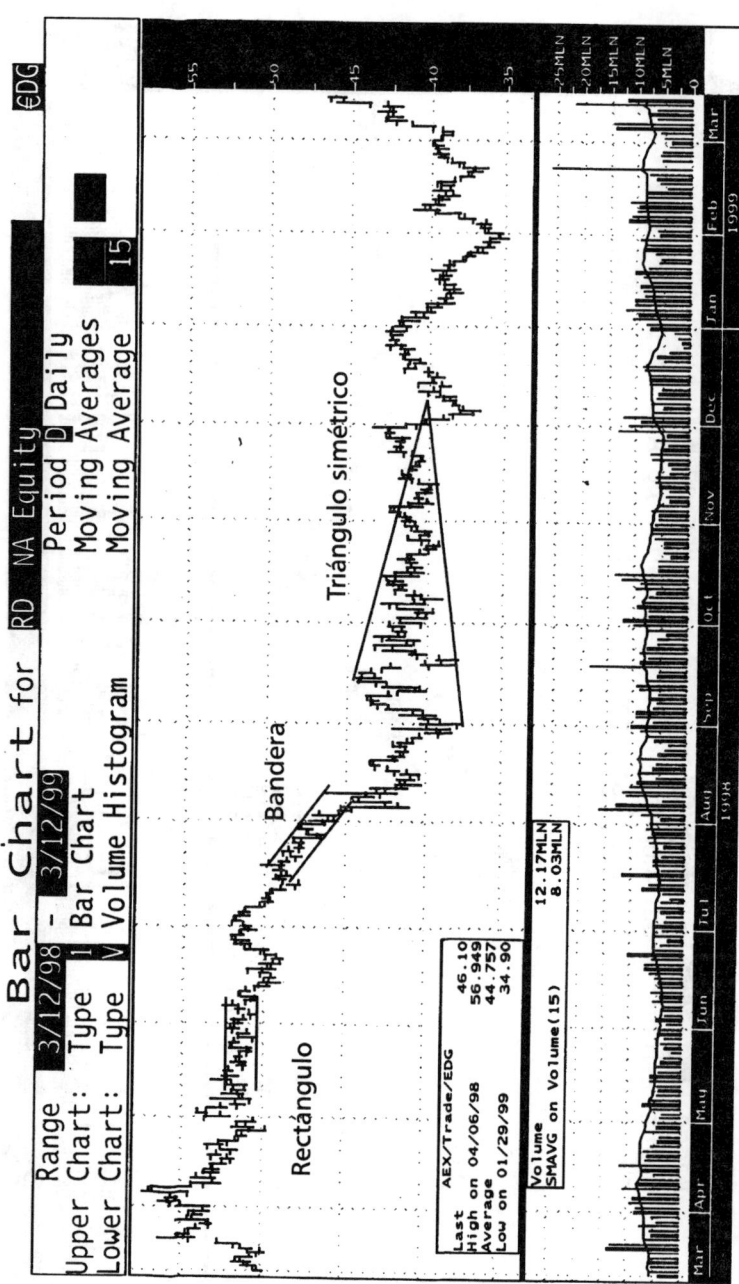

Figura 6.20. Rectángulo; Bandera; Triángulo
(Fuente: *Bloomberg*. Empresa: Royal Dutch; sector: petrolero; país: Holanda)

¿Qué hacer para empezar a operar en bolsa?   203

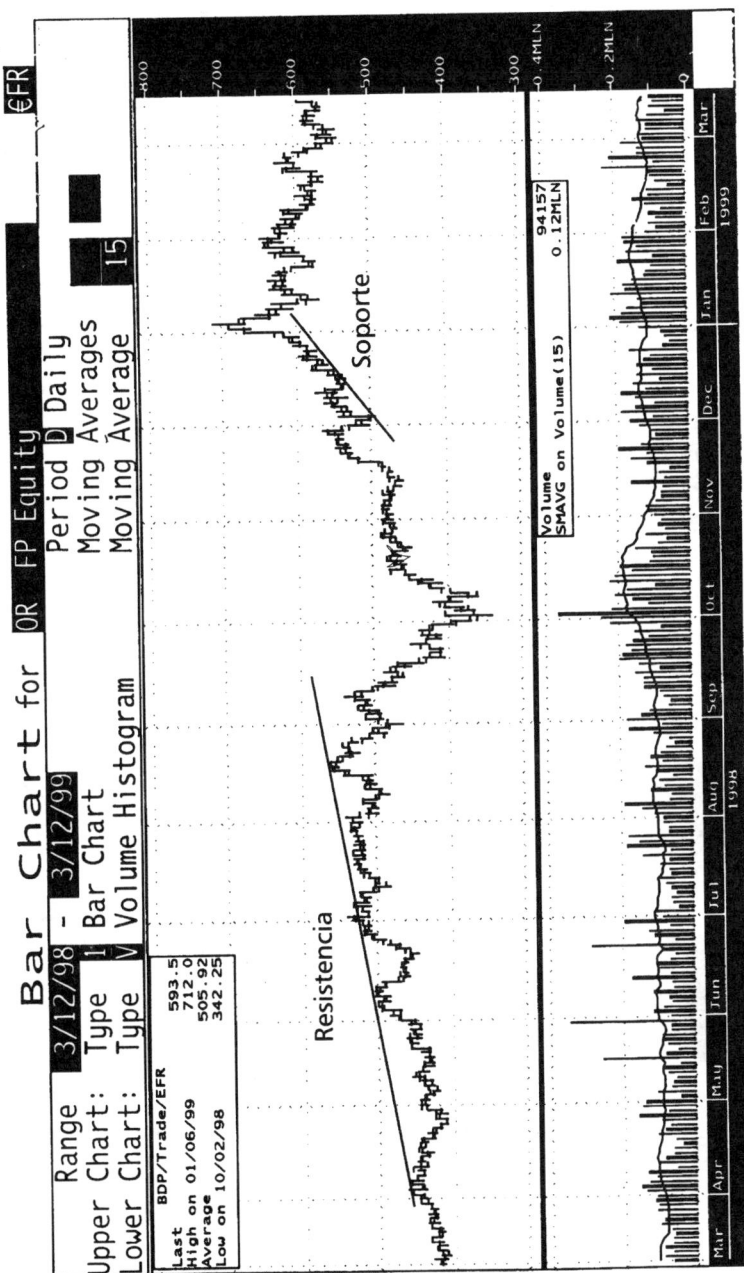

Figura 6.21. Líneas de resistencia y soporte
(Fuente: *Bloomberg*. Empresa: L'Oreal; sector: cosméticos; país: Francia)

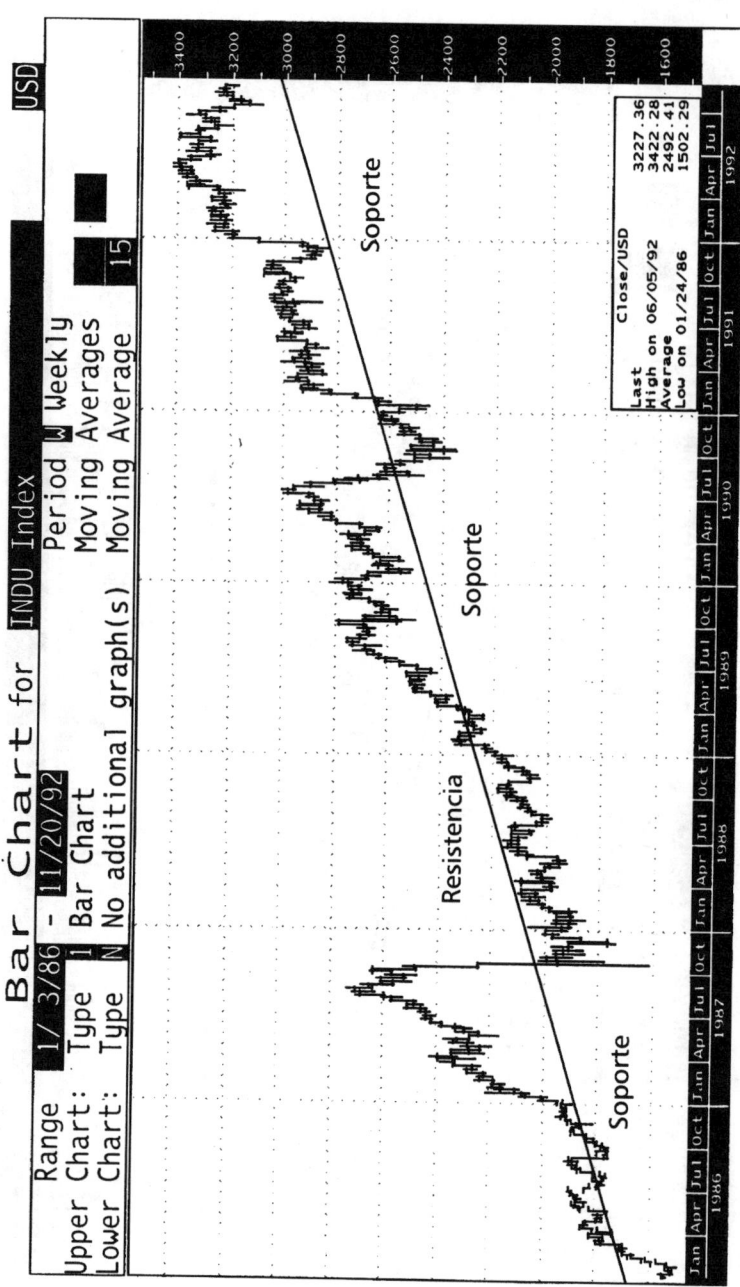

Figura 6.22. Pull-back
(Fuente: *Bloomberg*. Índice Dow Jones)

¿Qué hacer para empezar a operar en bolsa?   205

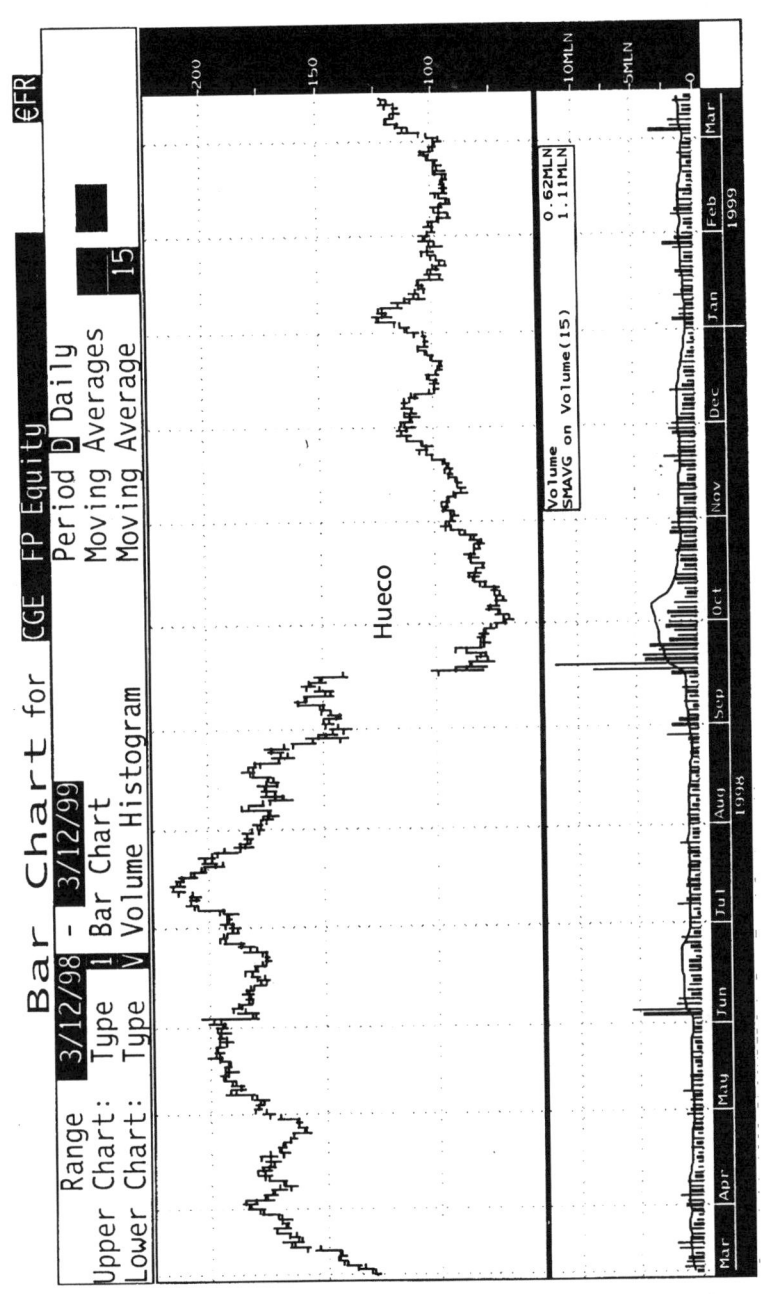

Figura 6.23. Hueco
(Fuente: *Bloomberg*. Empresa: Alcatel; sector: tecnológico; país: Francia)

6.3.2. Indicadores estadísticos

Los indicadores estadísticos son, junto a los gráficos de precios, el otro gran grupo de herramientas que se utilizan para el análisis técnico. Se basan también en datos facilitados por el mercado. Destacan: las medias móviles, los osciladores, las rectas de regresión, el momento, los volúmenes, la anchura, etc.

Medias móviles

Este tipo de indicadores atenúan las fluctuaciones de los títulos (consecuencia en muchos casos de la estacionalidad) ayudando a identificar la tendencia y los posibles cambios de dirección. Las medias móviles se pueden calcular de índices de un conjunto de títulos o bien de cotizaciones de un único título.

Características de las medias móviles:

- Son líneas de resistencia al alza o a la baja.

- Para que el franqueo de la media no se trate de una falsa alarma ha de superar un 3% como mínimo.

- Las señales de franqueo de la media es conveniente que vengan confirmadas por un cambio de tendencia en la propia media suficientemente significativo.

- El plazo de cálculo de las medias puede ser corto (datos de 10 sesiones como máximo), medio (datos de 50 o 70 sesiones) o largo (datos de unas 200 sesiones). Cuanto mayor sea el plazo más relevantes serán las señales.

- Se recomienda trabajar con más de una media móvil al mismo tiempo. Cuando las medias a más corto plazo franquean a las medias con plazo superior, las señales de compra o venta se pueden confirmar.

- Existen tres tipos de medias móviles: simples, ponderadas y exponenciales. En las primeras, todos los precios del período tienen la misma consideración, mientras que en las ponderadas y las exponenciales priman los precios recientes.

Osciladores

Se trata de índices que fluctúan alrededor de una banda de referencia. Avisan de los cambios de tendencia antes que las medias y las líneas de resistencia. Uno de los osciladores con mayor poder de predicción es el RSI (*Relative Streght Index*) o índice de fuerza relativa.

Oscilador RSI

Este oscilador se utiliza para obtener señales de venta o de compra ya que detecta cuándo una acción está sobrevalorada (sobrecomprada) o infravalorada (sobrevendida). Toma datos referentes a los incrementos y decrementos de precios que ha habido en relación a los precios de salida, de unas 10 o 15 sesiones. Se hace el promedio de los incrementos producidos en las sesiones en que ha habido un precio de cierre mayor que el de salida y el promedio de los decrementos en las sesiones en que ha habido un precio de cierre inferior al de apertura. Para su cálculo se utiliza la fórmula siguiente:

$$RSI = 100 - \frac{100}{1 + \frac{PI}{PD}}$$

donde

PI: promedio de incremento de precios de cierre en relación a la sección anterior.

PD: promedio de descenso de precios de cierre.

Para la interpretación del RSI: cuando su valor supere el 60 o 70 indica que el título está sobrecomprado y por lo tanto en zona de venta y cuando está por debajo de 40 o 30 el título está sobrevendido y en zona de compra. La banda intermedia es zona neutra.

En la figura 6.24 se presentan unos ejemplos de la Bolsa de Madrid donde se calcula el valor del RSI además del volumen de contratación y los gráficos de barras. Obsérvense los canales alcistas marcados.

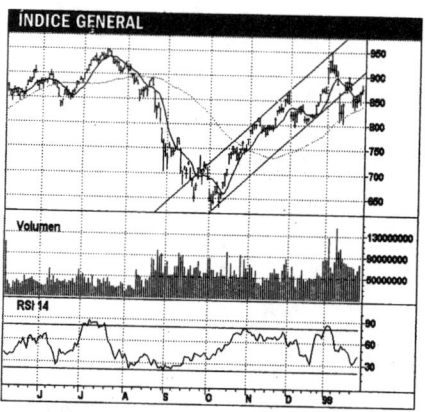
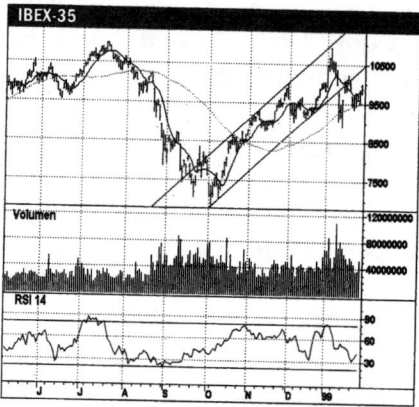

Figura 6.24. Oscilador RSI
(Fuente: *La Gaceta del Sábado*, Mercados. 30, enero 1999)

Rectas de regresión

Mediante esta técnica estadística se obtiene la previsión de las cotizaciones de la empresa. Obtenida la recta de regresión correspondiente, la forma de actuar es la que sigue: comprar el título cuando la cotización esté por encima de la recta y venderlo cuando esté por debajo. Esta forma de operar sólo será correcta si la regresión toma la misma orientación en el futuro; en caso de cambio de tendencia se pueden producir grandes errores en la toma de decisiones y consecuentemente grandes pérdidas para el inversor.

Momento

Se trata de un indicador de velocidad en las bajadas o subidas de la cotización. Sirve para detectar sobrevaloraciones o infravaloraciones y, por tanto, también proporciona señales de venta o compra. Para su cálculo utiliza los datos de los últimos precios de cierre de las sesiones correspondientes (normalmente 5 o 10 sesiones). La evolución del momento puede analizarse conjuntamente con la cotización del título. En general, el momento más elevado se da al inicio de una fase alcista y cuando el momento empieza a bajar es una señal de que se va a acabar dicha fase. Cuando vuelve a subir, hay otra señal de compra.

Volúmenes

El volumen es un indicador de la fortaleza del mercado, entendiéndose por volumen el número de títulos negociados en un determinado período. Cuando el volumen sube en una fase alcista o cae en una fase bajista, el mercado es fuerte (ver figuras 6.13-6.24). Existen varios indicadores de volumen.

Anchura

Se calcula a partir del cociente entre la suma de las alzas y bajas de los títulos que han variado durante una semana y los que no han variado durante dicho período. Si el valor del cociente está alrededor de 1 o 0,9, o más bajo, es señal de cambio de tendencia en el mercado.

6.4. Análisis técnico versus análisis fundamental

El análisis técnico y el análisis fundamental constituyen, como se ha dicho al iniciar el capítulo, los dos grandes grupos de herramientas utilizados por los analistas para intentar prever el movimiento de los mercados. El uso de uno u otro dependerá del tiempo, los datos y los conocimientos de que se disponga, así como de los objetivos que se persigan. A grandes rasgos se podría decir que para efectuar predicciones a corto plazo, el análisis técnico es el más apropiado (aunque también se utiliza para la perspectiva a largo plazo), mientras que para predicciones a largo plazo, el análisis fundamental (análisis económico-financiero, análisis de ratios bursátiles y análisis del sector económico al que pertenece la empresa estudiada) es el más conveniente. Con el análisis a corto plazo se trata de obtener pequeñas plusvalías en un período de tiempo corto (días, semanas); en cambio con el análisis a largo plazo se intenta obtener mayores plusvalías en un plazo de tiempo mayor.

Respecto al análisis técnico y a diferencia del análisis fundamental destacan las siguientes características a modo de resumen:

- Utiliza información de precios, volúmenes y toda aquella información proporcionada por el mercado para la elaboración de los distintos gráficos e indicadores estadísticos. Esta información debe ser, como mínimo, de varios meses, con la finalidad de que los resultados obtenidos sean representativos.
- Hace uso de las líneas de soporte y resistencia para detectar señales de venta o de compra ante los cambios de tendencia previstos.
- Las señales de compra o de venta con variaciones de más de un 3% o un 5% deben confirmarse con la utilización de varias medias móviles y con el análisis del volumen de contratación.
- A través de los distintos gráficos: de puntos, de barras, lineales y de volumen pueden obtenerse diferentes tipos de figuras que proporcionan señales de compra, venta o espera.

- Las figuras son mucho más fiables cuanto mayor es el período de tiempo que han precisado para formarse.
- Si se hace uso de los indicadores estadísticos se debe tomar una decisión cuando la mayoría de los indicadores coincidan en sus resultados. Ante informaciones que se contradigan es mejor esperar.
- Los indicadores estadísticos y los gráficos de precios y volúmenes se complementan si la perspectiva de análisis es de corto plazo. Ante un análisis con una perspectiva a largo plazo, los indicadores estadísticos no son útiles, por lo que deben utilizarse los gráficos y el análisis fundamental.

A modo de conclusión se pueden señalar las principales ventajas y limitaciones del análisis técnico versus el análisis fundamental como sigue.

Ventajas

- El uso de los gráficos facilita el análisis y la comprensión de la evolución del mercado.
- El análisis técnico no precisa de tanto tiempo como el análisis fundamental en su recopilación de datos, elaboración y estudio.
- La decisión a adoptar es bastante objetiva y concreta.
- Es prácticamente el único método a adoptar para el estudio de decisiones del inversor a corto plazo.

Limitaciones

- Basa sus predicciones futuras en los datos del pasado.
- Existe una falta de base científica en la mayoría de las herramientas que usa, de manera que su utilidad sólo se puede demostrar comprobándola a posteriori.
- Para poder obtener los diferentes gráficos y los indicadores estadísticos hay que tener las fuentes suministradoras necesarias: empresas especializadas en ofrecer la información, bases de datos, etc. y paquetes informáticos que traten dicha información calculando los indicadores estadísticos y dibujando los gráficos correspondientes.

7
Índices bursátiles

Una de las informaciones más relevantes para todo inversor es el denominado índice bursátil, que incluye valores convenientemente seleccionados y ponderados. A lo largo de este capítulo se presenta de forma general una aproximación a la elaboración y clasificación de tan útiles instrumentos para el inversor, así como de los más utilizados a nivel internacional.

7.1. ELABORACIÓN DE UN ÍNDICE BURSÁTIL

Los índices bursátiles intentan reflejar lo que ha sucedido en el mercado. Se trata de un indicador de las principales acciones que cotizan en la Bolsa.

En términos generales, el número índice es un instrumento que compara, en el tiempo y el espacio, el comportamiento de una magnitud. En el caso del mercado bursátil, este índice pretende reflejar la evolución de las cotizaciones en el transcurso del tiempo.

En la figura 7.1 se presenta la evolución de distintos índices bursátiles durante el transcurso de una semana (25-30, enero 1999): Francfort, índices *Dow Jones* sobre valores de los países de la Unión Monetaria, París, Milán, Bruselas, Amsterdam y Lisboa.

Para elaborar un índice bursátil:

– Primero se deben seleccionar los títulos que van a componer una muestra representativa del mercado. La selección se realiza generalmente en función de la importancia de la capitalización de los títulos en dicho mercado (valor de la empresa según la cotización de sus acciones en la Bolsa), de la frecuencia

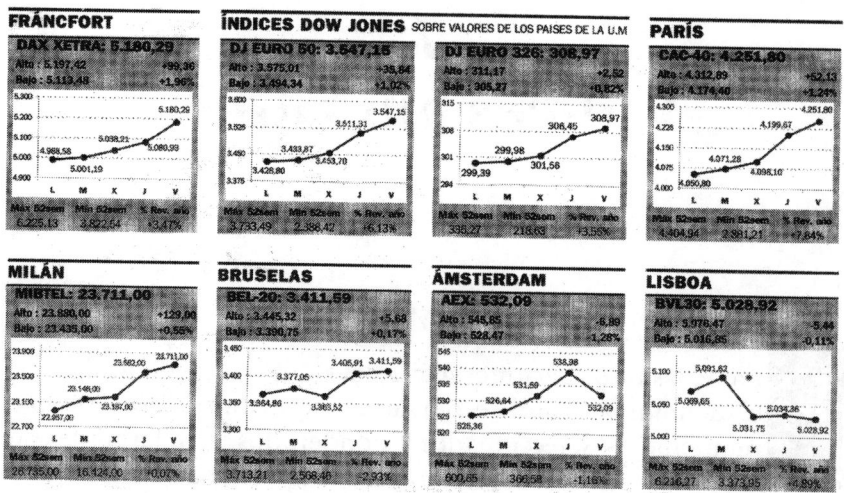

Notas
- Alto. Informa sobre el valor más alto que ha presentado el índice.
- Bajo. Informa sobre el valor más bajo que ha presentado el índice.
- Máx. 52 sem. Informa sobre el valor máximo en las últimas 52 semanas.
- Mín. 52 sem. Informa sobre el valor mínimo en las últimas 52 semanas.
- % Rev. año. Porcentaje de revalorización en lo que va de año.

Figura 7.1. Bolsas internacionales, índices bursátiles
(Fuente: *La Gaceta del Sábado*, Mercados. 30, enero 1999)

de contratación y de los volúmenes que alcanza dicha contratación. A través de esta muestra se obtienen los mismos resultados que si se llevase a cabo un análisis exhaustivo de todos los valores cotizados en la Bolsa.
- En segundo lugar, se fija la ponderación que se dará a cada uno de los valores. Debido a la gran variedad de empresas (según tamaño, volumen, frecuencia de contratación, etc.) es preciso equilibrar o compensar los distintos títulos. Con este paso se pretende adecuar la influencia de cada uno de los títulos elegidos a la significación que tienen en el mercado. Los tipos de ponderación más utilizados son la capitalización bursátil (que puede ser el capital admitido a cotización o el capital total de la sociedad) y el volumen de contratación (que puede ser el nominal o el efectivo).
- Como último paso, se definirá su formulación, reflejada mediante una expresión matemática. Se pueden usar medias

LOS 35 DEL IBEX

	Precio de Cierre Pesetas	Precio de Cierre Euros	Variación %	Volumen medio diario títulos	Volumen medio semanal	Desv. media sem/anual %	Peso en el IBEX	Variación anual %	Capitalización bursátil	Divid. últ. 12 meses	Rentabilidad dividendos %	Beneficios (I) 1998	BPA* 1998	BPA* 1999	Pay-out* 1997 %	PER 1998	PER* 1999
Acciona	9.259	55,65	(2,25)	(3,89)	119.390	946.998	(36,96)	1,61	(20,11)	3.686,2	0,56	1,00	100.988	2,50	3,20	32,60	22,20	17,59
Aceralia	1.739	10,45	0,22	2,15	303.074	1.505.204	0,68	0,57	22,45	1.306,3	0,45	4,30	246.257	1,97	3,30	43,50	5,30	3,10
Acerinox	4.193	25,20	(0,41)	(1,60)	198.238	1.280.534	(22,60)	0,64	26,87	1.473,7	0,48	1,90	67.212	-1,15	1,10	21,90	21,90	21,90
Acesa	2.153	12,94	(0,18)	(1,37)	517.416	2.235.535	15,73	1,36	(8,77)	3.110,0	0,45	3,50	150.120	0,62	0,50	72,70	20,70	25,70
ACS	5.451	32,76	(1,25)	(3,68)	184.687	1.110.711	(16,86)	0,68	(2,66)	1.565,8	0,33	1,00	64.646	1,35	1,50	32,30	24,20	21,60
Aguas Barna.	9.567	57,50	(0,20)	(0,35)	66.007	353.268	(6,58)	1,15	0,71	2.626,9	0,59	1,00	79.451	1,76	1,80	40,50	32,70	32,80
Amper	3.183	19,13	0,13	0,68	48.715	559.936	(56,50)	0,12	(2,96)	267,0	0,51	2,70	11.639	0,83	0,80	23,40	22,90	32,90
Argentaria	3.700	22,24	(0,93)	(4,01)	2.565.399	11.366.444	12,85	4,76	0,69	10.897,6	0,44	2,00	439.626	0,90	0,90	57,30	24,80	25,80
Aumar	3.644	21,90	(0,09)	(0,41)	224.088	721.224	55,35	0,64	(8,22)	1.461,3	0,54	2,50	40.056	0,60	0,50	100,00	36,50	40,10
Banco Bilbao Vizcaya	2.141	12,87	(0,14)	(1,08)	6.481.729	43.901.528	(26,18)	11,49	(3,76)	26.297,0	0,16	1,30	985.767	0,48	0,50	42,50	26,70	25,30
Banco Central Hispano	1.684	10,12	(0,16)	(1,56)	2.906.286	19.295.174	(24,69)	4,85	(0,07)	11.101,7	0,12	1,20	378.395	0,34	0,40	49,50	29,30	23,20
Banco de Santander	2.787	16,75	(0,34)	(1,99)	3.916.577	25.533.131	(23,30)	8,57	(1,17)	19.604,6	0,30	1,80	832.232	0,71	0,70	52,80	23,60	22,40
Banco Popular	10.000	60,10	(1,90)	(3,06)	328.877	2.039.164	(19,36)	2,91	4,99	6.657,6	1,77	3,00	410.766	3,71	3,10	49,60	16,20	19,40
Bankinter	5.491	33,00	0,61	213.068	1.045.137	1,93	1,13		2.581,1	0,75	2,30	24.510	1,49	1,30	54,30	22,20	25,40
Cofir	1.807	10,86	(0,64)	(5,57)	523.344	2.177.484	20,17	0,39	(12,50)	890,5	0,00	0,00	62.116	0,31	0,60		34,70	19,50
Continente	4.334	26,05	0,85	3,37	201.516	903.947	11,46	1,09	(9,89)	2.500,8	0,25	0,90	107.686	0,65	0,50	38,50	40,30	49,70
Corporación Alba	20.499	123,20	(6,30)	(4,86)	21.215	153.567	(30,93)	0,74	(13,51)	1.685,8	0,11	0,10	-80.888	1,12	0,90	9,60	109,80	138,80
Corporación Mapfre	3.459	20,79	10,21	(1,00)	79.918	734.938	(45,63)	0,55	10,15	1.258,1	0,53	2,50	72.506	1,34	1,10	39,40	15,60	19,40
Dragados	5.790	34,80	0,67	1,96	343.743	1.182.740	45,32	0,87	10,71	1.998,6	0,54	1,60	110.766	1,26	1,30	54,10	27,60	25,90
Endesa	3.863	23,22	0,27	1,18	4.102.729	19.839.778	3,40	9,69	2,75	22.170,6	0,46	2,00	1.074.493	1,03	0,90	48,00	22,50	25,80
FCC	9.667	58,10	(1,85)	(3,09)	133.851	1.019.424	(34,35)	1,52	(8,37)	3.489,0	0,25	0,40	346.386	1,63	1,60	17,80	35,70	37,00
Gas Natural	14.525	87,30	(2,80)	(3,11)	180.548	1.073.827	(13,14)	5,69	(5,98)	13.030,3	0,46	0,50	94.729	2,32	2,20	22,70	37,60	40,10
Hidrocantábrico	7.639	45,91	(1,01)	(2,15)	71.438	316.588	12,83	0,76	(2,81)	1.732,3	1,29	2,80	683.286	2,51	2,10	52,50	18,30	22,30
Iberdrola	2.471	14,85	(0,30)	(1,98)	1.965.728	12.090.255	(18,71)	5,85	(6,94)	13.388,0	1,29	8,70	683.286	0,76	2,10	65,80	19,60	21,30
Pryca	3.516	21,13	(0,87)	(3,95)	373.711	2.093.828	(10,76)	1,75	(20,10)	3.998,8	0,45	2,10	116.049	0,61	0,70	64,90	34,50	46,20
Puleva	95	0,57	0,02	3,64	8.911.854	25.847.034	72,40	0,21	(0,18)	483,9	0,42	73,80	19.880	0,02	0,50		24,30	27,00
Repsol	8.035	48,29	0,40	0,84	1.800.401	6.588.328	36,64	6,33	6,14	14.487,0	1,28	0,00	894.734	2,98	1,00	47,60	16,20	16,50
Sol Meliá	5.266	31,65	2,00	6,75	237.881	568.608	109,18	0,43	6,39	981,2	0,30	3,80	41.584	1,34	2,90	22,80	23,60	23,40
Tabacalera	3.353	20,15	(0,87)	(4,14)	935.437	4.784.178	(2,24)	1,62	(6,35)	3.710,0	0,30	1,30	140.826	0,76	1,40	54,40	26,30	22,90
Telefónica	6.747	40,55	0,87	2,19	4.516.560	26.194.629	(13,79)	18,16	6,92	41.558,8	0,31	0,80	1.315.817	1,28	0,90	50,40	31,60	34,20
Telepizza	1.236	7,43	(0,99)	(11,76)	1.902.641	3.460.550	174,90	0,70	(8,43)	1.594,9	0,56	7,60	22.131	0,10	1,20		72,10	56,90
Unión Fenosa	2.577	15,49	0,80	5,45	749.316	4.162.148	(9,98)	2,06	4,98	4.719,5	0,01	0,00	149.380	0,49	0,10	72,70	31,60	36,50
Uralita	1.514	9,10	(0,43)	(4,51)	320.066	1.548.923	3,32	0,20	(4,17)	462,3	0,44	3,70	25.205	0,50	0,40	46,70	18,30	20,30
Vallehermoso	1.857	11,16	(0,39)	(3,38)	382.270	1.412.866	35,28	0,63	(8,53)	1.440,3	0,21	1,90	38.581	0,30	0,40	43,60	37,30	38,00
Viscofán	4.517	27,15	(0,80)	(2,86)	99.888	692.178	(27,85)	0,29	(1,58)	662,9	0,11	0,40	39.489	1,62	0,30	8,40	16,80	12,10

Figura 7.2. El IBEX 35
(Fuente: *El País*, Negocios. 14, febrero 1999)

Notas (Figura 7.2)

– (*) Estimaciones a partir de los datos de la Bolsa de Madrid.
– Rentabilidades por dividendo. Porcentaje de los dividendos pagados en los últimos 12 meses sobre el precio de cierre del día.
– BPA. Beneficio por acción en euros.
– *Pay-out*. Porcentaje del beneficio neto destinado al pago del dividendo.
– PER. Veces que el precio de cierre contiene el BPA.
– (1) Beneficios en millones de euros.

geométricas o medias aritméticas. Los índices más comunes son:

- Índice de Laspeyres: para calcular las variaciones de los títulos compara el valor efectivo anual de los mismos con el valor efectivo del momento que se toma como base, ponderándolo en función de la cifra de negocio del momento base.
- Índice de Paasche: pondera en función de la cifra de negocio del momento en que se calcula el índice.
- Índice de Fisher: pondera tomando una media de ambas cifras de negocio: la del momento que se toma como base y la del momento en que se calcula el índice.

En la figura 7.2 se acompaña un ejemplo de índice bursátil, el IBEX 35 (Bolsa española), como ilustrativo de este apartado. En la tabla se ofrece información sobre el volumen medio diario y semanal de los títulos seleccionados y sobre su peso en el índice, además de presentar otra información relevante para los inversores (beneficios, rentabilidad de los dividendos, PER, etc.).

7.2. TIPOS DE ÍNDICES BURSÁTILES

Existen muchos tipos de índices bursátiles que difieren básicamente en los siguientes aspectos:

- Muestra de los valores que toma el índice. Por ejemplo, en la Bolsa de Nueva York destacan el índice *Dow Jones* y los *Standard & Poors*. El primero engloba las cotizaciones de las 30 empresas norteamericanas más importantes. Entre ellas están: Coca-Cola, ATT, General Motors, IBM, McDonald's, etc. Los

segundos se confeccionan con 100 o con 500 títulos. En cambio, los índices de las bolsas españolas se elaboran con unos 70 títulos aproximadamente. El índice español más conocido es el IBEX-35, que está integrado por las 35 acciones más líquidas del mercado (ver figura 7.2). En el punto 7.3 se describen algunos de los índices bursátiles más importantes a nivel mundial.
- Tipo de ponderación que se da a cada título dentro del índice (ver 7.1). En principio los índices pueden ser simples o ponderados pero en los últimos años se han impuesto los segundos. Como consecuencia de la ponderación, el índice puede decantarse hacia un sector u otro. Por ejemplo, si los bancos representan más de un 50% del mismo podemos hablar de un índice bancario y de la misma manera podemos encontrar índices en los que predomine el sector industrial, el sector servicios o el sector telecomunicaciones, por citar algunos casos.
- Fórmula matemática utilizada para calcular el índice (ver 7.1).
- Fecha de referencia. Las bolsas suelen calcular un índice con base 100 a principios de cada año pero también pueden publicar índices a fechas de una antigüedad superior a la anual.

Atendiendo a todas estas características de los índices bursátiles existen distintas clasificaciones posibles de los mismos. A continuación se presentan algunas de ellas.

Según los valores

- Parcial o sectorial: muestra las fluctuaciones de los valores que engloban a un sector.
- General: representa una media de la variación de todos los títulos que cotizan en la Bolsa.

Según el momento de referencia

- De base fija: cuando se refiere a un momento fijo en el tiempo.
- De base variable: cuando se relacionan cotizaciones en momentos consecutivos.

Según hayan sido construidos

- Corto o general diario: su vigencia es anual y se trata de aquel que empieza y termina con el año natural. Toma su base en las cotizaciones de la última sesión bursátil del ejercicio anterior.
- Largo normal: se trata de un índice de niveles de cotización. Su misión es corregir las ampliaciones de capital en las que se venden derechos suficientes como para acudir a la suscripción sin desembolsar cantidad alguna. Por lo tanto, el inversor, al percibir los dividendos acude a las ampliaciones con operaciones de coste cero.
- Largo total: es un índice de niveles de cotización pero también de rendimientos. Su finalidad es corregir dividendos y ampliaciones de capital. Aquí se añade para el inversor la repercusión de los rendimientos obtenidos: se reinvierte el dividendo y se tienen en cuenta las ampliaciones de capital. Su valor presente muestra la evolución de las cotizaciones y de la rentabilidad obtenida.

En función del objeto

- De precios: miden la variación de la cotización de los valores mobiliarios en general y de las acciones en particular. Normalmente son los índices cortos, aunque también los largos pueden serlo.
- De rendimientos: engloba cotizaciones y dividendos percibidos. Lo son casi siempre los índices largos.

7.3. ALGUNOS ÍNDICES BURSÁTILES

A pesar de las diferencias marcadas en el apartado anterior, la mayoría de los índices bursátiles suelen ser fieles representantes de la evolución del mercado bursátil al que hacen referencia. Su publicación suele realizarse al final de la sesión para evaluar la marcha del mercado e intentar predecir la evolución futura.

Ejemplos de índices son:

- El *Dow Jones*. Es el índice más conocido de la evolución de la Bolsa de Nueva York. Existen distintas versiones del índice: el *Dow-Jones Industrial Average* (DJIA), integrado por los 30 valores industriales más importantes, es el índice al que con más frecuencia se suele hacer referencia; el *Dow Jones Transportation Average* (DJTA), formado por las 20 acciones de compañías de transporte más destacadas, y el *Dow Jones Utilities Average* (DJUA), formado por las 15 principales empresas de servicios públicos cotizadas.

En la figura 7.3 se presenta la evolución del Dow Jones desde febrero hasta diciembre de 1998.

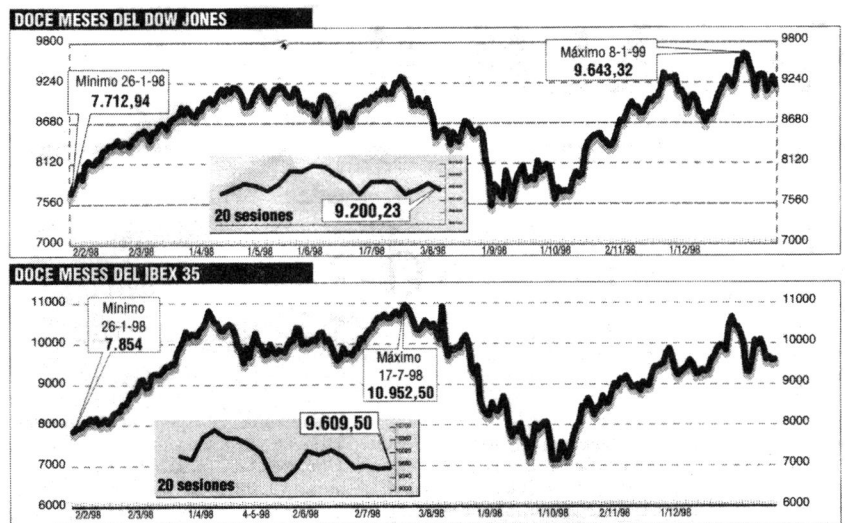

Figura 7.3. Evolución del *Dow Jones* y el IBEX 35 (febrero-diciembre 1998) (Fuente: *Cinco Días*. 28, enero 1999)

- El *Standard & Poors*. Es otro índice de la Bolsa de Nueva York con base en 1943, formado por los 500 valores más representativos de dicha bolsa.

En la figura 7.4 se acompaña un extracto de periódico con los 141 valores con más peso en el *S&P 500*.

- El índice ordinario de la Bolsa de Nueva York. Es un índice compuesto integrado por todos los valores que cotizan en la

LOS 141 VALORES CON MAYOR PESO EN EL S&P 500

Valor	Sector	Cierre	Dif.%	Máx.52s	Mín.52s	Valor	Sector	Cierre	Dif.%	Máx.52s	Mín.52s	Valor	Sector	Cierre	Dif.%	Máx.52s	Mín.52s
3Com	T	47,438	2,43	51,125	22,938	Dow Chemical	B	87,875	-0,21	101,063	74,688	Mobil	E	87,938	-0,07	91,250	62,438
Abbott Labs	A	46,375	0,95	50,063	34,750	Du Pont	B	51,438	-2,37	84,438	51,000	Monsanto	F	47,063	0,53	63,938	33,750
Airtouch Comm	T	96,250	-1,09	98,875	42,000	Duke Energy	U	61,000	-1,51	71,000	53,875	Morgan JP	F	105,625	0,96	148,750	72,125
Alcdsignal	T	38,125	-2,71	47,5563	32,625	Eastman Kodak	B	66,000	3,84	88,938	60,000	Morgan Stanley	F	88,250	4,83	97,500	36,500
Allstate	F	38,000	3,23	52,375	35,000	Elec. Data System	T	53,063	0,12	54,000	30,438	Motorola	T	72,688	0,26	72,938	38,375
Altel	U	64,313	1,53	66,500	38,250	EMC	I	109,313	2,22	109,438	29,188	National City	F	70,813	0,35	77,500	57,000
Alluminium	B	83,500	-0,30	90,125	59,09	Emerson Bec	I	57,813	2,32	67,438	54,500	Northern Telecom	T	63,000	0,30	69,250	26,813
Amer. Express	F	102875	2,43	118,625	67,000	Enron	E	65,938	1,15	67,125	40,375	Oracle	T	55,375	3,14	55,875	18,188
Amer. General	F	70,625	1,80	79,000	52,563	Exon	E	70,938	0,09	77,313	59,000	Pepsico	A	39,188	-1,57	44,813	27,563
Amer. Home	A	57,375	0,33	58,750	43,750	Fannie Mae	F	72,500	0,78	76,188	49,563	Pfizer	A	127,500	-0,05	128,938	79,438
Amer. Intl Group	F	101,000	2,60	107,938	64,875	Fith Third Banc	F	68,000	-0,09	75,438	47,500	Pharm.& Upjohn	A	57,813	0,87	59,563	36,500
Amer. On Line	T	175,563	0,65	177,000	22,938	First Union	F	52,063	0,60	65,938	40,938	Philip Morris	A	48,000	-1,41	59,500	34,750
Ameritech	U	66,000	2,82	69,375	40,000	Firstar Corp.	F	88,625	2,53	93,938	54,188	Pitney Bowes	T	68,375	4,79	68,938	42,438
Amgen	T	127,813	6,90	129,750	49,250	Fleet Finl Group	F	44,313	2,90	46,813	30,000	PNC Bank	F	51,000	1,37	66,750	38,750
Anheuser Busch	A	70,875	1,34	71,000	43,188	Ford Motor	C	61,375	-1,70	66,500	32,997	Procter & Gamble	A	90,438	2,92	94,813	65,125
Assoc. First Cap	F	40,313	0,94	45,188	22,656	Freddie Mac	F	61,750	1,65	66,375	38,688	Raytheon	B	56,563	1,12	60,750	40,688
AT&T	U	90,500	0,63	96,125	48,375	Gannett	C	64,625	1,97	75,125	47,625	Royal Dutch Pet	E	40,000	-1,99	60,375	39,563
Atlantic Rich	E	57,000	0,11	84,688	55,875	Gap	C	64,375	1,68	64,938	25,500	Safeway	A	55,875	0,68	62,438	32,094
Automatic Data	T	40,875	1,55	42,156	29,750	Gen. Electric	I	104,625	1,15	104,875	69,000	Sara Lee	A	25,563	-0,73	31,813	22,156
Banc One	F	51,875	2,60	65,625	36,063	Gen. Motors	C	91,688	0,41	93,563	47,063	SBC Comm	U	54,875	1,62	59,938	35,000
Bank New York	F	35,000	1,27	40,688	24,000	Gillette	A	59,125	3,61	62,656	35,313	Schering-Plough	A	54,188	-0,23	57,875	35,250
Bankamerica	F	66,625	2,70	88,438	44,000	Goodyear	C	49,750	1,14	76,750	45,875	Schlumberger	E	45,750	-1,48	86,750	40,063
Baxter Intl	A	70,313	0,72	71,000	50,750	GTE	U	67,563	-0,55	71,813	46,563	Sears Roebuck	C	40,313	-1,68	65,000	39,063
Bell Atlantic	U	58,750	-0,11	61,188	40,438	Guidant	A	59,875	4,02	60,188	29,750	Southern	U	26,938	-1,15	31,563	23,938
Bellsouth	U	44,875	2,57	50,000	27,750	Heinz HJ	A	55,875	1,25	61,750	48,500	Sprint	T	85,875	0,60	85,313	51,392
Boeing	A	34,438	-1,25	56,250	29,500	Hewlett Packard	T	77,188	4,22	82,375	47,063	Sun Microsyst	T	109,938	0,57	115,750	37,625
Bristol Myers Sq	A	128,000	-0,05	136,000	88,313	Home Depot	C	60,938	1,35	62,000	30,063	Suntrust Bank	F	69,125	-0,27	87,750	54,000
Campbell Soup	A	46,375	-1,33	62,875	43,375	Household Intl.	F	43,688	0,14	53,688	23,000	TeleComm	C	68,250	0,83	71,563	26,250
Carnival	C	48,375	1,58	48,500	19,000	Intel	T	139,875	1,96	143,688	65,656	Texaco	E	46,938	1,08	65,000	45,500
Caterpillar	B	43,438	-2,25	60,750	39,063	Intl. Bus Machine	T	182,813	2,34	199,250	95,875	Texas Instr	T	100,813	5,29	102,813	45,375
CBS	C	34,438	1,47	36,625	18,000	Intl. Paper	B	40,813	1,71	55,250	35,500	Time Warner	C	63,125	-2,60	67,063	31,594
Cendant	A	21,813	3,25	41,688	6,500	Johnson & Johnson	A	86,125	1,62	89,750	66,125	Tyco Intl.	I	77,313	3,17	79,188	40,250
Charles Schwab	F	70,375	1,72	71,438	18,500	Kimberly-Clark	A	49,313	1,28	59,438	35,875	U.Carbide	B	39,938	0,47	55,750	36,750
Chase Manhatan	F	76,250	3,56	78,250	35,563	Lilly	A	91,938	-0,27	92,875	57,688	Unilever	A	76,688	-3,92	88,250	55,625
Chevron	E	74,375	-1,81	90,188	73,000	Lockheed Martin	T	35,375	-1,74	58,750	34,750	United Tech	I	119,750	2,40	119,938	71,750
Citigroup Inc.	F	56,063	1,01	73,500	28,500	Lowes	C	58,000	2,88	58,750	23,875	US Bancorp	F	33,000	3,13	47,313	25,625
Cigna	F	82,250	4,69	86,438	56,000	Lucent Tech	T	112,438	-0,88	120,000	42,188	US West	T	61,438	2,72	66,000	46,188
Cisco Systems	T	109,750	0,80	110,000	39,792	MBRA	F	27,500	2,33	27,875	13,500	Viacom	C	83,938	-1,25	85,000	40,625
Coca Cola	A	65,688	0,67	88,938	53,625	McDonalds	C	79,563	1,84	80,750	46,750	Wachovia	F	88,563	1,80	96,813	72,875
Colgate-Palmolive	A	80,625	2,22	98,875	65,063	MCI Worldcom	T	79,563	-0,39	80,125	33,813	Walgreen	C	61,313	1,76	61,438	32,500
Columbia,Health	A	18,250	0,34	34,625	17,000	Mediaone Group	C	56,000	0,56	56,938	27,000	Wal-Mart	C	86,188	1,03	86,438	39,500
Comcast	C	67,000	-2,19	70,750	17,938	Medtronic	A	79,375	4,53	80,375	47,938	Walt Disney	C	33,188	-0,93	42,792	22,500
Compaq Computer	T	47,625	0,93	51,250	22,938	Mellon Bank	F	67,000	1,61	80,375	45,000	Warner-Lambert	A	72,375	0,35	85,938	48,23
Computer Assoc.	T	50,563	1,89	61,938	26,000	Merck & Co	A	14,313	1,32	161,750	111,500	Washington Mut.	F	41,063	-1,05	51,667	26,750
CVS	C	54,313	3,33	56,000	32,281	Merrill Lynch	F	76,500	3,38	109,125	35,750	Waste Mngmt.	I	49,938	1,78	58,188	34,438
Dayton Hudson	C	62,688	-0,59	64,500	31,438	Microsoft	T	172,875	-0,65	174,813	72,750	Wells Fargo	F	35,125	-1,23	43,875	27,500
Dell Computer	T	100,000	6,17	100,375	24,094	Minnesota Mining	I	75,625	0,25	97,875	65,625	Xerox	T	125,313	4,70	126,000	78,000

Figura 7.4. Los 141 valores con más peso del *S&P* 500
(Fuente: *La Gaceta del Sábado*, Mercados. 30, enero 1999)

Índices bursátiles

Notas (Figura 7.4)
– Cotizaciones en dólares.
– Valor. Nombre del título.
– Sector. T (telecomunicaciones), A (alimentación), F(financiero), etc.
– Cierre. Precio de cierre.
– Dif %. Diferencia en porcentaje respecto al precio de cierre del día anterior.
– Máx. 52s. Precio máximo en las últimas 52 semanas.
– Mín. 52s. Precio mínimo en las últimas 52 semanas.

Bolsa de Nueva York, ponderados según su capitalización bursátil. Tiene base 50 en 1965.

- El DAX. Es el índice de la Bolsa de Francfort, con base 1.000 en 1987, formado por los 30 valores más negociados y con mayor capitalización bursátil de dicha bolsa.

- El CAC-40. Es el índice de la Bolsa de París, con base 1.000 en 1987, formado por los 40 valores más representativos de dicha Bolsa.

- El *Nikkei*-225. Es el índice de la Bolsa de Tokio, con base en 1947, fomado por los 225 valores más contratados de dicha bolsa.

- Índice general de la Bolsa de Madrid. Es el índice de la Bolsa de Madrid, con base 100 en 1969, formado por las acciones admitidas a cotización en dicha bolsa y ponderadas según su capitalización bursátil.

- Índice IBEX 35. Es el índice oficial del mercado continuo de las bolsas españolas, con base 3.000 en 1989, formado por las 35 acciones más líquidas negociadas en dicha bolsa. Sobre este índice se negocian contratos de futuros y opciones en el Mercado Español de Futuros Financieros (MEFF).

En la figura 7.3 se presenta la evolución del IBEX 35 desde febrero hasta diciembre de 1998.

Finalmente, en la figura 7.5 se acompaña una relación de los principales índices europeos y españoles junto a otros relevantes a nivel mundial (*Dow Jones, Nikkei, S&P 500*, etc.). La información es referente a la cotización de cierre de una sesión bursátil, a la variación respecto al día anterior y al PER en los últimos doce meses (fecha enero 1999).

ÍNDICES ESPAÑOLES		Cierre	Var. %	PER (t)	ÍNDICES EUROPA		Cierre	Var. %	PER	OTROS ÍNDICES		Cierre	Var. %	PER
S61.200	Índice General	853,6	+0,31	25,75	S61.200	Londres (FT-SE 100)	5.876,4	-0,16	25,03	S61.400	Dow Jones	M 9.385,9		
	Ibex 35 máximo	9.747,5			S61.300	Francfort (DAX XETRA)	5.038,2	0,74	25,13			C 9.200,2	-1,33	24,31
	Cierre	9.609,5	+0,21	27,32		París (CAC 40)	4.098,1	0,66	24,23			M 9195,3		
	Mínimo	9.596,5				Milán (Mib 30)	33.749,0	-0,17	nd.		Nesdaq	2.407,5	-1,07	72,45
	Apertura	9.737,0				Zürich (SMI)	7.030,2	-0,63	nd.		S&P 500	M 1.262,6		
	Medio	9.669,0				Amsterdam (AEX)	531,6	0,94	18,95			C 1.243,2	-0,73	32,6
	Volumen m. confinuo (M pta)	131.523				Bruselas (Bel 20)	3.363,5	-0,40	22,79			M 1.242,8		
	Volumen m. bloques (M pta)	-				Copenhague (KFX)	218,5	0,17	22,28		Toronto (TSE 300)	6.673,0	-0,14	27,78
	N.º acciones contrat (millones)	58,9				Estocolmo (OMX)	-700,2	1,08	22,01		Tokio (Nikkei)	14.450,1	0,47	220,81
	Ibex utilities	17.686,6	-0,58	26,41		Oslo (OBX)	525,3	1,62	12,88		Hong Kong (HSI)	9.719,7	2,21	11,81
	Ibex financiero	8.237,9	0,91	26,53		Helsinki (HEX)	6.128,2,	2,59	25,42		Johanesburgo (All Share)	5.592,2	0,20	nd.
	Ibex indust. y varios	6.804,0	0,82	23,28		Viena (ATX)	1.059,7	1,53	14,43		Sao Paulo (Bovespa)	7.687,1	0,55	nd.
	Ibex complem.	7.123,4	0,40	23,96		Lisboa (BVL 30)	5.031,8	-1,18	27,58		Buenos Aires (Merval)	368,4	1,84	nd.
	Futuro del Ibex 1 vencim.	9.551,0	-0,08			Eurotob 100	2.729,2	0,20	26,99		S. de Chile (IGPA)	3.527,8	0,71	18,3
	Futuro del Ibex 2 vencim.	9.660,0	-1,97			Eurotob 300	1.191,1	0,30	27,51		México (Mexbol)	3.825,3	0,58	14,53
S61.200	Bolsa de Barcelona	701,8	+0,92	nd.		DJ Euro Stoxx 50	3.453,7	0,58	26,17		Caracas (IBVC)	4.095,7	2,60	5,69
S61.200	Bolsa de Bilbao	1.328,1	-	nd.		DJ Stoxx 325	301,6	0,53	25,39					
S61.200	Bolsa de Valencia	694,6	+0,89			DJ Stoxx 665	282,5	0,34	nd.					

Figura 7.5. Ejemplos de índices bursátiles
(Fuente: *Cinco Días*. 28, enero 1999)

8
El perfil del inversor en bolsa

En los capítulos precedentes se ha discutido la inversión bursátil en general: aproximación al mercado de valores, activos que en él se pueden negociar, así como las principales operaciones con estos, agentes que participan y el proceso de contratación que dichas operaciones conllevan. Ahora, después de analizar el tipo de información necesaria para poder comenzar a operar en la bolsa y como tema final del libro, la idea es definir el perfil del inversor en el mercado presentado, intentando coordinar las necesidades, expectativas y recursos de este con el tipo de activos que en él se negocian. Se parte primero de una visión general de la situación financiera del agente para centrarse luego en la inversión en Bolsa y posteriormente en la definición del perfil del mismo.

8.1. PREPARACIÓN DE LA INVERSIÓN EN BOLSA

Para desarrollar su estrategia inversora el agente debe conocer cuáles son sus activos y pasivos:

– ¿Cuánto dinero posee para poder invertir?
– ¿Cuánto riesgo puede soportar con sus recursos?
– ¿Qué deudas u obligaciones tiene?

Activos y pasivos están interrelacionados y eventualmente unos afectan a los otros. La figura 8.1 muestra esta relación. Para poder coordinar dichos activos y pasivos, con la ayuda (generalmente) de los correspondientes consejeros o intermediarios (*broker*, agente de seguros, contable, apoderado, etc.), el agente debe entender cómo están relacionados pudiendo así casar sus activos e inversiones con sus recursos y pasivos y alcanzar de esta forma sus objetivos financieros. La inversión, y en particular la inversión en el mercado bursátil, es sólo una pieza del total de la situación financiera del agente. Dentro del plan financiero de este entran en juego, entre otras, las siguientes partidas:

- Productos de inversión del sector privado.
- Productos de seguros.
- Activos financieros del Estado.
- Exposición a las tasas impositivas.
- Productos bancarios (préstamos, hipotecas, etc.).

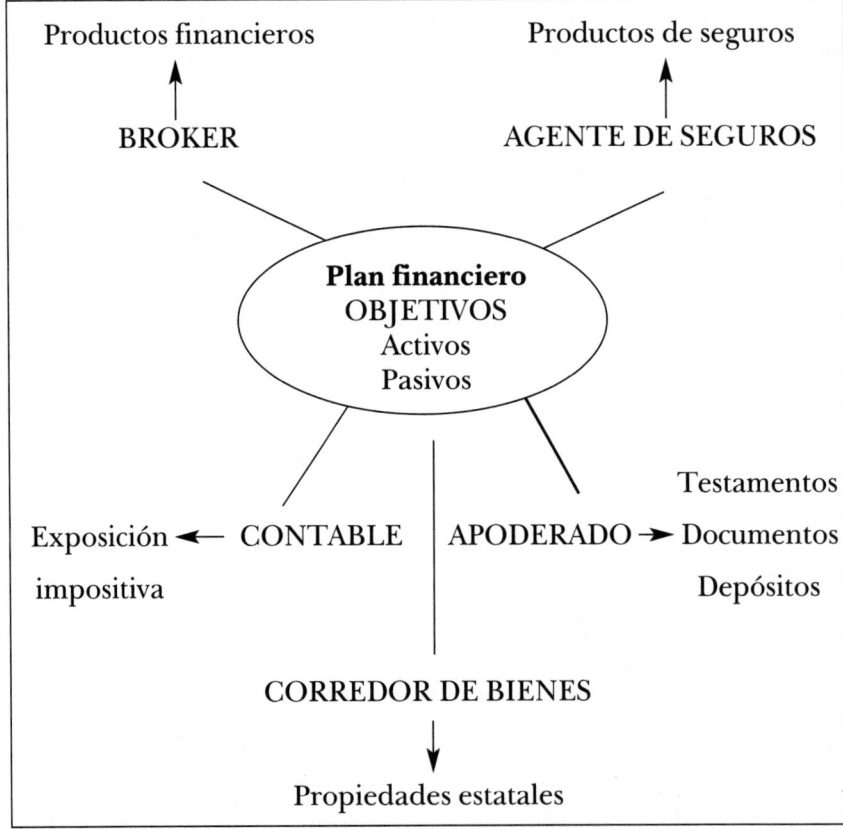

Figura 8.1. La inversión es sólo un aspecto del plan financiero
(Fuente: Victor L. Harper, *Handbook of Investment Products and Services*, 2.ª ed.)

El perfil del inversor en bolsa

Nuestro interés a nivel bursátil está en el primer grupo pero no hay que olvidar que el resto de partidas condiciona la acción que sobre dicho grupo el inversor va a tomar, de manera que su consideración no debe ser despreciada. Aclarado este punto, el resto del capítulo intenta tipificar al inversor en Bolsa. La conclusión es que no existe una imagen única del individuo como inversor porque los condicionantes (plan financiero) que rodean a los agentes son distintos en cada caso.

La figura 8.2 muestra cómo las familias españolas distribuyeron sus ahorros en 1997 y 1998 atendiendo a los distintos activos financieros presentes en el mercado. Observar que la partida más abultada es la correspondiente a los depósitos de ahorro a plazo que ofrecen bancos y cajas de ahorros, con 34,5 billones de ptas., seguido por los fondos de inversión, con 31 billones de ptas., cifra que ya se

ACTIVOS FINANCIEROS DE LAS FAMILIAS ESPAÑOLAS
En miles de millones de pesetas

Producto	1997	1998(e)	Diferencia año anterior	Cuota sobre total ahorro 1998	Variación en %
Billetes	7.901	8.000	99	6,3%	1,3%
Depósitos a la vista	6.386	6.770	384	5,3%	6,0%
Depósitos ahorro/plazo	35.558	34.500	-1.058	27,1%	-3,0%
Valores corto plazo	847	500	-347	0,4%	-40,1%
Obligaciones	2.099	2.100	1	1,6%	0,0%
Acciones	16.384	21.500	5.116	16,9%	31,3%
Fondos de inversión	23.235	31.000	7.765	24,3%	33,4%
Fondos de pensiones y reservas vida	14.725	16.500	1.775	13,0%	12,1%
Otros	6.249	6.500	251	5,1%	4,0%
Total activos financieros	113.384	127.370	13.986	100%	12,3%
PIB	77.786	82.400	4.614		
Activos/PIB %	145,76%	154,57%	8,81%		

(e) estimación

Notas
–La primera columna describe el tipo de producto, todos ellos activos financieros.
–Las dos siguientes columnas ofrecen el volumen, en miles de millones de ptas., que las familias españolas poseen de cada uno de los activos descritos, para 1997 y 1998. Los datos de 1998 son estimados.
–La tercera columna muestra la diferencia entre ambos años. Destacar que en la mayor parte de los casos es positiva.
–Finalmente se ofrece la cuota sobre el total del ahorro en 1998 y la variación en porcentaje.

Figura 8.2. Activos financieros de las familias españolas
(Fuente: *El País*, Negocios. 20, diciembre 1998)

ha superado actualmente. Así pues, el ahorrador español está ligando cada vez más el futuro de sus inversiones a la marcha de los mercados financieros.

8.2. EL PERFIL DEL INVERSOR EN BOLSA

Como ya se ha avanzado en el punto anterior, es imposible definir el prototipo de inversor en Bolsa puesto que no existe una imagen universal de este. Su perfil es muy amplio y en principio cualquier persona puede invertir en ella. En el campo de acción del mercado bursátil intervienen:

- Tanto sujetos grandes como pequeños.
- Sujetos adversos o amantes del riesgo.
- Inversores a corto o largo plazo, etc.

Que su acceso sea tan abierto no significa que a todo el mundo le convenga acudir al mercado de valores. Por ejemplo, las personas que no tengan sus necesidades básicas cubiertas (vivienda, plan de pensiones, etc.) no es conveniente que lo hagan, porque siempre que se acuda al mercado bursátil se debe acceder con una cierta capacidad excedentaria de ahorro y casi nunca (salvo en el caso de inversores muy profesionales) acudir a fondos de subsistencia o fuentes de financiación externa como los préstamos bancarios. Nunca se sabe cómo pueden reaccionar los valores en el mercado, incluso los más estables están sujetos a riesgo de bajadas inesperadas.

Remarcar que aunque en principio el perfil del inversor en Bolsa sea tan general, tampoco significa que la estrategia inversora sea la misma para todos ellos. Existen diferentes opciones de colocación de los ahorros según la capacidad (situación financiera personal) y las pretensiones del inversor, como ya se ha comentado en el punto 8.1. Actualmente cotizan varios centenares de acciones diferentes y para todos los gustos: a corto o a medio plazo; en títulos de alto riesgo o de bajo, de inversión individual o colectiva, etc. (ver capítulo 3). Como norma general:

- En el caso de personas jóvenes o de edad media, aquellas con necesidades familiares reducidas, o las que cuentan con un ele-

vado patrimonio, pueden invertir en cualquiera de las alternativas mencionadas.
- Gente de edad avanzada (en especial los jubilados), personas de bajos ingresos y patrimonios, o aquellos con amplias necesidades familiares, sólo deberán acceder a modalidades de inversión de menor riesgo.

Esta es una aproximación general al intento de definir el perfil del inversor en Bolsa en el siguiente punto se presenta una tipología más precisa.

8.3. TIPOS DE INVERSORES

8.3.1. Según su forma de operar

Una posible manera de clasificar a los inversores en el mercado bursátil es distinguiéndolos según el tipo de valores con los que operen (más o menos arriesgados) y según la finalidad de su inversión (más o menos especulativa). Distinguimos entre:

Inversores estables

Las características principales de este tipo de inversores son:

- Operan siempre con valores que les proporcionan una elevada rentabilidad por dividendo a cambio de un riesgo bajo.
- Efectúan operaciones de ampliación de cartera y rentabilidad (colocaciones estables), no compran y venden de continuo. De esta manera se encuentran inmunes a las subidas y bajadas de los precios que las acciones puedan tener en un día.
- No tienen grandes ganancias, propias de situaciones alcistas.
- El inversor medio es aquel con capacidad de gasto media y que no quiere asumir riesgos excesivos (adverso al riesgo). Coherentemente con ello, elige sociedades solventes y líquidas que distribuyen dividendos de forma regular y que desarrollan su actividad en sectores económicos con perspectivas de futuro.

Como conclusión, se pueden definir los tipos de activos que compran como activos financieros que les proporcionan:

- Un crecimiento del valor de su inversión (en compañías cuyos beneficios han aumentado en el pasado y se espera que continúen haciéndolo en el futuro).
- Una mayor rentabilidad (en empresas que reparten buenos dividendos).
- Seguridad (principalmente invierten en obligaciones de alta calidad, acciones preferentes, o acciones ordinarias de empresas más seguras). Se tiende pues a la inversión en valores de renta fija o renta variable segura.

Inversores especulativos

Entre los puntos que les distinguen destacan:

- Su inversión se centra en valores donde tanto es posible ganar mucho dinero como perderlo. Están pues, generalmente, dentro del grupo de la renta variable.
- Buscan comprar a un precio dado y vender a un precio superior de forma rápida con la intención de obtener el mayor beneficio posible.
- Se decantan por el corto plazo y los movimientos especulativos.
- Siguen de cerca la evolución diaria de los mercados.
- Cuentan con la suficiente capacidad de maniobra como para actuar con gran rapidez.
- Se trata de inversores amantes del riesgo.

Esta categoría de inversores han pasado de ser considerados «parásitos», por su juego en el mercado, a convertirse en individuos que ayudan a favorecer el buen funcionamiento de los mercados financieros, ya que sus frecuentes y oportunistas transacciones ayudan a aumentar la liquidez de dichos mercados.

8.3.2. Según su capacidad financiera y conocimientos

Entrar en la dinámica de la Bolsa exige poseer una cultura básica para comprender el papel que esta ejerce en el mundo financiero, así como el significado de los distintos productos bursátiles. Además de estos conocimientos fundamentales, es necesario obtener previamente la información necesaria para seleccionar los valores objeto de compra, cuándo adquirirlos y cuándo deshacerse de ellos. También resulta de interés para el inversor estar al día y conocer los nuevos mercados y productos que surgen de manera continuada.

Si no se poseen todos estos conocimientos se puede invertir en Bolsa de forma indirecta haciendo uso de la figura del gestor de carteras. Contratando sus servicios se busca orientación en el campo bursátil. A los que vayan por libre, los expertos les recomiendan que se dejen asesorar por profesionales y que huyan de los «soplos» de aquellos que aparentan conocer el mercado.

Atendiendo a la clasificación podemos distinguir entre:

Inversores potentes

- Se trata normalmente de organizaciones (compañías de seguros, fundaciones, bancos comerciales, etc.) que invierten su propio dinero o el de otras instituciones o personas.
- Disponen de servicios de estudios, mucha información recibida rápidamente y sistemas de análisis y gestión (especialmente los inversores institucionales).
- Suelen tener grandes porcentajes de las sociedades cotizadas y operan con fuertes cantidades. Ante esto cuentan con la ventaja adicional de poder ejercer, en ciertas ocasiones, una influencia sobre el precio según les convenga.

Inversores pequeños y particulares

- Algunos carecen de instrumentos de ayuda y, generalmente, toman sus decisiones basándose en informaciones o rumores dudosos, o asesoramientos poco especializados.

- Sin embargo, no siempre es así, porque también hay otros que compran títulos seguros y clásicos en el mercado.
- Otros toman asesoramiento de profesionales expertos con una información mucho más rigurosa y especializada.

Glosario de términos

A

Acción. Título-valor que representa una parte proporcional del capital social de la empresa que lo ha emitido.

Activo financiero. Cualquier título o valor.

Activo subyacente. Activo físico o al contado sobre el que se define un contrato de futuros o una opción. Por ejemplo, una opción definida sobre una acción permite a su poseedor comprar o vender dicha acción bajo determinadas condiciones. La acción es por tanto el activo subyacente sobre el que se ha definido la opción.

Acuerdo de recompra (REPO). Operación a través de la cual se adquiere un título a corto plazo con pacto simultáneo de recompra por parte del vendedor en una fecha y a un precio estipulados de antemano.

Amortización. Reembolso gradual de una deuda mediante pagos parciales.

Anotación en cuenta. Sistema de registro de una transacción financiera que, en lugar de materializarse por medio de títulos, se lleva a cabo por medio de un apunte contable.

Arbitraje. Operación que consiste en comprar y vender de manera casi simultánea activos con la finalidad de obtener un beneficio aprovechando ciertas ineficacias del mercado. Las dos transacciones pueden tener lugar en diferentes mercados, con diferentes clases de activos, o bien con un mismo activo pero de distintos vencimientos.

B

Bolsa de valores. Es uno de los mercados del sistema financiero donde de forma organizada se reúnen profesionales periódicamente para la negociación de valores públicos o privados.

Bono. Activo de renta fija a largo plazo, emitido por una compañía o gobierno, con un determinado tipo de interés y unas fechas previstas de pago de los intereses y reembolso del principal. Los intereses de los bonos pueden pagarse periódicamente, al vencimiento del bono cupón cero, o al desembolso del bono, como en el caso de los bonos emitidos al descuento. El primero de los casos es el más general.

Bono con interés fijo. Bono que paga un tipo de interés fijo hasta su vencimiento.

Bono con interés variable. Bono indiciado a un tipo de interés variable. Sus cupones se fijan periódicamente con relación a un tipo de interés de referencia a corto plazo.

Bono con opción de recompra. Bono que incorpora el derecho de la entidad emisora a amortizarlo a un precio y en unas fechas preestablecidas.

Bono con opción de reventa. Bono que incorpora el derecho para su poseedor a revenderlo a su emisor a un precio y en unas fechas prefijadas.

Bono con vencimiento único. Bono en el que el total de la emisión es amortizado a un solo vencimiento final.

Bono nocional. Bono teórico, con unas características concretas: de plazo, de valor nominal y cupón, que no tiene existencia material en el mercado al contado, y que sirve únicamente a efectos de definir un activo subyacente estandarizado para los contratos de futuros sobre tipos de interés a largo plazo.

Bono simple. Bono que no es convertible en acciones y que paga un tipo de interés fijo.

Broker. Intermediario financiero que actúa comprando y vendiendo, siempre por cuenta ajena.

C

Call. Sinónimo de opción de compra.

Capitalización bursátil. Valor de una empresa según la cotización de sus acciones en el mercado bursátil.

Cartera. Hace referencia a la totalidad de los valores o activos financieros que posee una persona o institución.

Central de anotaciones en cuenta. Servicio que gestiona, por cuenta del Tesoro, las emisiones y amortizaciones de los títulos de deuda pública incluidos en el sistema de anotaciones en cuenta. Suele ser un servicio en manos del Banco Central de cada país.

Cierre. Período al final de la sesión durante el cual toda transacción que se realiza es considerada oficialmente por la bolsa como realizada al cierre. También se entiende por cierre el precio al que se cruza la última transacción en el mercado de valores.

Cobertura. Medida que se toma para reducir o eliminar el riesgo de pérdida debida a los movimientos adversos del precio de un activo.

Colocación de una emisión. Operación de oferta de los títulos de una emisión para su suscripción.

Comisión de cotización. Comisión que debe pagar una empresa al organismo regulador de un mercado bursátil para que sus acciones puedan cotizarse en él.

Comisión de gestión. Comisión que cobra una sociedad que gestiona fondos o carteras como retribución a su labor. Generalmente el valor de esta comisión es proporcional al patrimonio aportado por los inversores o a los beneficios generados al final de cada período establecido.

Comisión Nacional del Mercado de Valores (CNMV). Organismo supervisor de los mercados de valores en España. Básicamente cuida de la transparencia y el cumplimiento de las normas de conducta establecidas por parte de cuantos intervienen en operaciones relacionadas con el mercado de valores.

Compra de cobertura. Operación mediante la cual quienes han vendido previamente un activo en descubierto, lo recompran para cubrir su posición.

Contrato. Término usado para acordar el tamaño particular de cualquier activo contratado en un mercado de futuros, con un vencimiento y unas condiciones estandarizadas.

Contrato de *forward*. Contrato entre dos partes por el cual se conviene el intercambio de divisas de un tipo de cambio pactado ahora, pero con entrega en una fecha futura preestablecida. Este contrato no implica ningún desembolso inicial. La transacción se liquida al vencimiento del contrato en un único pago realizado por una de las partes con el objetivo de compensar las posibles oscilaciones en el tipo de cambio durante la vida del contrato.

Contrato de futuros. Contrato estandarizado mediante el cual las partes se obligan a comprar o a vender en una fecha futura, una determinada cantidad de un bien (activo subyacente) a un precio acordado previamente.

Corro. Área física en las bolsas y en los mercados de futuros y opciones que todavía funcionan con un sistema a viva voz (caso del NYSE, en Estados Unidos). Está reservada para la negociación de un determinado grupo de acciones o contratos.

Cotización. Precio de mercado de un valor dado.

Cotización *forward*. Precio que costará un activo cuya entrega y pago están fijados para una fecha futura.

Cotización *spot*. Precio de un activo aplicado para operaciones con entrega o liquidación inmediata.

Crédito al mercado. Sistema por el que un inversor puede comprar acciones desembolsando sólo una parte de su valor, y prestándole el resto su intermediario financiero.

Cubrir. Es sinónimo de liquidar una posición vendedora. Se refiere a la recompra de un contrato de futuros previamente vendido en descubierto.

Cupón. Certificado que acompaña a un bono. Su presentación da derecho a recibir los intereses devengados en las fechas establecidas para ello.

Cupón corrido. Es sinónimo de interés acumulado, de nuevo acompañando a un bono.

D

Demandantes de capital. Inversores. Engloban a las empresas privadas e instituciones públicas tales como: Estado, comunidades autónomas, ayuntamientos, diputaciones, empresas públicas, etc.

Depósito de garantía. Cantidad de dinero que debe depositarse por los compradores y los vendedores de contratos de futuros, y por los vendedores de opciones, como garantía del cumplimiento de sus correspondientes compromisos.

Descuento. Se pueden distinguir dos significados. Descuento, como la diferencia entre el precio de amortización de un bono y su precio corriente de mercado. Y descuento, como el cálculo del valor presente de una suma futura.

Deuda exterior. Deuda pública de un país emitida en moneda extranjera.

Deuda pública. Títulos de renta fija emitidos por los estados para financiar sus actividades.

Deuda subordinada. Deuda sobre la que otros tipos de deuda tienen preferencia en caso de liquidación de activos para hacer frente a un eventual impago del emisor.

Dividendo activo. Es el que la junta general de accionistas decide pagar a los accionistas (el acordado).

Dividendo a cuenta. Es el que se paga antes de la junta general de accionistas.

Dividendo complementario. Es la diferencia entre el dividendo acordado y el pagado a cuenta.

Divisa. Moneda extranjera que engloba tanto los billetes de los bancos extranjeros como los saldos bancarios denominados en moneda extranjera.

Duración del contrato. Período entre el primer y el último día de negociación de un contrato de futuros o de una opción.

E

Ejercicio anticipado. Ejercicio de una opción antes de su fecha de vencimiento.

Ejercicio de una opción. Operación mediante la cual el propietario de una opción de compra o de una opción de venta realiza la transacción de compra o de venta, respectivamente, a que su opción da derecho.

Emisión al descuento. Emisión de títulos por la cual estos se venden por debajo de la par. Se amortizan generalmente a su vencimiento por su valor nominal. El descuento implica un pago anticipado de intereses.

En dinero (*in the money*). Situación en la que una opción tiene un valor intrínseco positivo.

Entrega. Acción mediante la cual se hace entrega física del activo que constituye el activo subyacente de un contrato de opción o de un contrato de futuros, en el momento del ejercicio del primero o del vencimiento del segundo.

Euroacción. Acción que se emite en una eurodivisa y se coloca en los mercados internacionales.

Eurobono. Obligación emitida en una de las diferentes eurodivisas y colocada en los mercados financieros internacionales.

Euromercado. Mercados financieros donde se intermedian depósitos denominados en divisas, pertenecientes a residentes de países diferentes a los de dichas divisas.

Exposición. Riesgo de cambio o riesgo de tipos de interés relacionado con las operaciones financieras inadecuadamente cubiertas.

F

Fecha de ejercicio. Fecha después de la cual una opción ya no puede ser ejercitada.

Fecha de pago. Fecha en la cual una obligación financiera resulta exigible.

Fecha de vencimiento. Fecha a partir de la cual un contrato de futuros o una opción pasan a ser nulos.

FIAMM. Acrónimo de fondo de inversión en activos del mercado monetario.

FIM. Acrónimo de fondo de inversión mobiliaria.

Fondo de dinero. Fondo de inversión cuyos activos están formados por activos monetarios.

Fondo de inversión. Patrimonio perteneciente a un conjunto de inversores que acreditan su posesión mediante unos certificados representativos de las participaciones que poseen en el mismo. Como remuneración les corresponde la parte de los rendimientos producidos por el patrimonio común proporcional a su número de participaciones. La gestión de los fondos de inversión se lleva a cabo a través de entidades especializadas denominadas sociedades gestoras de inversión colectiva.

Fondtesoro. Se trata de un fondo de inversión cuyos activos están formados de manera exclusiva por títulos de deuda pública.

Fórmula documental. Denominación de los activos financieros cuando estos se emiten sobre un papel.

Fórmula registral. Denominación de los activos financieros cuando su emisión conlleva la inmaterialidad de los títulos (anotaciones en cuenta).

***Forward* simple.** Contrato de *forward* que normalmente se realiza entre un banco y un cliente comercial, y que no implica ninguna transacción al contado. En este tipo de contrato, la fecha o plazo de entrega de las divisas está prefijado.

Fuera de dinero (*out of the money*). Situación en la que una opción no tiene ningún valor intrínseco, y su ejercicio supondría una pérdida. Si tratamos una opción de compra, el precio de ejercicio de una opción fuera de dinero es superior al precio del activo subyacente. En el caso de una opción de venta, su precio de ejercicio es inferior al precio del activo subyacente.

Futuros financieros. Contratos de futuros sobre activos intangibles, tales como los tipos de interés, las divisas o los índices bursátiles.

Futuros sobre divisas. Contratos de futuros que permiten comprar o vender una cantidad normalizada de divisas.

Futuros sobre índices bursátiles. Contratos de futuros cuyo precio varía con el movimiento de un índice bursátil.

Futuros sobre tipos de interés. Contratos de futuros sobre activos financieros cuyo valor depende directamente de los niveles de los tipos de interés vigentes.

G

Gestor de carteras. Persona o sociedad que gestiona inversiones por cuenta de terceros.

H

Horizonte de inversión. Período de tiempo que un inversor toma en consideración a la hora de decidir su estrategia de inversión.

Hueco. En un gráfico de precios, hace referencia a un espacio vertical vacío situado entre un período de operación y otro. Tiene lugar cuando el precio más bajo de un período de operación específico está por encima del nivel más alto del período de operación anterior, o cuando el precio más alto de un período de operación específico está por debajo del precio más bajo del período de operación anterior.

I

Índice bursátil. Índice representativo del conjunto de valores cotizados en una bolsa y que normalmente se construye tomando los principales valores de la misma, ponderándolos según su volumen de negociación.

Institución de inversión colectiva. Sinónimo de fondo de inversión.

Instrumento del mercado monetario. Título a corto plazo, con gran liquidez y poco riesgo.

Instrumentos derivados. Productos financieros que ofrecen un derecho o implican una obligación referida a un activo al contado, denominado activo subyacente. Es el caso de los contratos de futuros y opciones.

Intermediarios. Actúan como puente de enlace entre las ofertas de los vendedores de valores y las demandas de los compradores.

L

Letra del Tesoro. Títulos de deuda del Estado a corto plazo. Están emitidas al descuento y tienen un plazo de vencimiento que generalmente es de un año o inferior.

Liquidación. Cierre de una posición abierta en un mercado de futuros mediante la ejecución de una operación contraria, es decir, vendiendo si se había comprado, y comprando si se había vendido. Ello elimina la obligación de hacer entrega del activo subyacente en la fecha de vencimiento del contrato de futuros.

M

Mercadería. Producto agrícola, mineral u otro activo tangible que se negocia en los mercados al contado o en los mercados de futuros y opciones.

Mercado a plazo. Mercado formado por aquellas operaciones en las que la entrega del activo objeto de la transacción se realiza en una fecha futura aplazada.

Mercado al contado. Mercado en el que se negocian activos financieros o mercaderías con entrega inmediata.

Mercado bancario. Es aquel donde bancos y cajas de ahorros constituyen el mecanismo mediante el cual se traspasan los recursos de los ahorradores a los inversores.

Mercado de cambios. Mercado de compraventa de divisas entre instituciones financieras.

Mercado de capitales. Mercados financieros donde se negocian especialmente títulos a largo plazo, tal como acciones u obligaciones privadas y del Estado.

Mercado de derivados. En este tipo de mercados los activos objeto de negociación son los productos derivados tales como: futuros, opciones, etc.

Mercado de deuda pública anotada. Mercado donde se negocia deuda pública representada por anotaciones en cuenta.

Mercado de divisas. Los activos objeto de negociación en estos mercados están denominados en moneda distinta a la nacional, e incluso las divisas, monedas extranjeras, son objeto directo de negociación.

Mercado de futuros. Mercado en el que se negocian contratos de futuros sobre diversos activos (activo subyacente).

Mercado de opciones. Mercado en el que se compran y se venden contratos de opciones sobre ciertos activos (activo subyacente).

Mercado de renta fija. Tiene como objeto de negociación los activos de renta fija, títulos que representan deudas y tienen una retribución constante, fijada o no de antemano.

Mercado de subasta. Mercado financiero poseedor de mecanismos centralizados para la publicación de las órdenes de compra y venta, y en el que en cada momento existe un único precio.

Mercado de valores. Sinónimo de bolsa de valores.

Mercado interbancario. Mercado telefónico en el que se desarrollan las operaciones de compraventa, depósitos, operaciones de dobles, etc., en moneda local o en divisas, entre las entidades financieras de un país. El tipo de interés de estas operaciones se toma frecuentemente como referencia para fijar las condiciones de otros tipos de operaciones financieras.

Mercado monetario. Mercado telefónico donde los intermediarios financieros negocian activos públicos o privados a muy corto plazo.

Mercado no oficial (*over the counter market*). Mercado que no está oficialmente regulado ni posee una ubicación física concreta. En él se negocian valores financieros directamente entre sus participantes.

Mercado no organizado. Sinónimo de mercado no oficial.

Mercado primario. Mercado donde se negocian los títulos de nueva emisión.

Mercado secundario. Mercado donde se negocian títulos emitidos anteriormente y que ya están en circulación.

N

Nivel de resistencia. Nivel de precios donde las cotizaciones tenderán a reaccionar a la baja o a iniciar una fase de consolidación.

Nivel de soporte. Nivel de precios en el cual la demanda tiende a aumentar sosteniendo así la cotización.

O

Obligaciones convertibles. Este tipo de obligaciones incorporan el derecho a ser intercambiadas por un número determinado de acciones del emisor, en unos plazos y condiciones fijadas de antemano.

Obligaciones con *warrant*. Obligación que incorpora el derecho de adquirir acciones o nuevas obligaciones de la compañía emisora a un determinado precio y en unas condiciones fijadas de antemano.

Obligaciones cupón cero. Son las que se emiten con un gran descuento, es decir, con un precio muy inferior a su precio de amortización, y no pagan ningún cupón. Únicamente se hace entrega del nominal en la fecha de vencimiento.

Obligaciones indiciadas. Son aquellas cuyos cupones varían tomando como referencia un índice o parámetro: el coste de la vida, el de la Bolsa, etc. Este se toma como referencia para poder calcular el interés de dichos activos.

Obligaciones internacionales. Son las emitidas en un país por un prestatario extranjero, normalmente una entidad gubernamental de la máxima solvencia, en la moneda del país local, y vendidas íntegramente en dicha nación.

Obligación del Tesoro. Título de deuda pública emitido por el Estado y que con carácter general presenta un vencimiento a diez años o mayor.

Obligaciones subordinadas. Son obligaciones sobre las que otros tipos de deuda tienen preferencia en caso de liquidación de los activos de la sociedad emisora para hacer frente a un eventual impago de la misma.

Oferentes de capital. Ahorradores. Empresas o particulares interesados en colocar sus excedentes líquidos con la finalidad de obtener una determinada rentabilidad.

Oferta de adquisición hostil. Oferta pública de adquisición de acciones de una empresa que se hace sin conocimiento o con la oposición de sus actuales gerentes.

Oferta pública de adquisición. Oferta pública para la compra de las acciones de una empresa por parte de un grupo de inversores que pueden o no contar con el apoyo de la actual gerencia de la empresa.

Oferta pública de venta. Oferta pública de venta de acciones con ánimo de enajenar una parte significativa de una sociedad.

OPA. Acrónimo de oferta pública de adquisición.

Opción. Contrato que ofrece el derecho, no la obligación, de comprar o vender una cantidad específica de un determinado activo en, o antes de, una fecha futura, denominada fecha de vencimiento del contrato, a un precio fijado de antemano, a cambio del pago de una prima.

Opción americana. Opción que puede ejecerse en cualquier momento previo a la fecha de vencimiento.

Opción de compra (*call option*). Instrumento financiero que confiere el derecho a comprar el activo subyacente durante un período dado y a un precio determinado.

Opción de venta (*put option*). Instrumento financiero que confiere el derecho de vender el activo subyacente durante un período determinado y a un precio convenido.

Opción europea. Opción que únicamente puede ejercerse en la fecha de su vencimiento.

Operaciones a crédito. Operaciones en las que un comprador o vendedor de títulos bursátiles sólo tiene que desembolsar un porcentaje de lo contratado, prestándole el resto la sociedad de intermediación a través de la que opera.

Orden al mercado. Orden de comprar o vender al mejor precio posible en el momento en que es recibida en un mercado de valores.

Orden por lo mejor. Orden de comprar o vender al mejor precio disponible en ese momento.

Orden *stop*. Orden de compra u orden de venta en la que se fija un precio que, en caso de ser alcanzado, transforma la orden en una orden de compra al mercado o en una orden de venta al mercado, respectivamente.

P

Pagaré del Tesoro. Se trata de un instrumento de deuda a corto plazo emitido por el Estado.

Participación de un fondo de inversión. Título que representa el derecho de propiedad de cada inversor o partícipe en el patrimonio común colectivo de un fondo de inversión. Todas las participaciones de un fondo de inversión deben tener las mismas características, y su valor es el resultado de dividir el patrimonio del fondo por el número de participaciones en circulación.

PER. Acrónimo inglés de ratio precio/beneficio.

Petición competitiva. Modalidad de puja en una subasta de letras del Tesoro u otros activos financieros en la que los suscriptores deben hacer constar el volumen deseado y el precio ofrecido.

Petición no competitiva. Modalidad de participación en una subasta de activos financieros, en la que los suscriptores sólo hacen constancia del volumen que desean suscribir.

Por debajo de la par. Activo cuyo valor es inferior a su valor nominal.

Por encima de la par. Activo cuyo valor es superior a su valor nominal.

Posición. Mantenimiento de un contrato vivo en un mercado de futuros y opciones. Por contrato vivo se entiende un contrato que no ha vencido ni ha sido liquidado mediante la ejecución de la operación contraria.

Posición abierta. Posición de un comprador o de un vendedor de contratos de futuros u opciones cuando todavía no la ha cerrado ni vencido.

Posición cerrada. Situación en la que una posición abierta en un mercado de futuros ha sido compensada mediante una operación de signo opuesto, o bien mediante la entrega o recepción del activo subyacente.

Posición corta. Sinónimo de posición vendedora.

Posición descubierta. Posición compradora o vendedora de un activo que no está cubierta por la posesión de otros activos o pasivos que neutralicen el posible riesgo derivado de una fluctuación adversa en el precio de dicha posición.

Posición larga. Sinónimo de posición compradora.

Posición vendedora. Posición de un vendedor de contratos de futuros o de opciones.

Preapertura. En el sistema de negociación del mercado continuo, es el período previo al comienzo real de la contratación, en el que se muestran los precios indicativos que se determinarían si el mercado abriese en ese momento, según las órdenes de compra y venta que van introduciendo en el sistema los distintos intermediarios.

Precio de amortización. Precio al que se amortiza un bono u obligación a su vencimiento.

Precio de ejercicio. Precio por el que se puede comprar o vender el activo subyacente al que se refiere una opción.

Precio de emisión. Precio de una emisión de obligaciones, expresado como porcentaje del importe del principal.

Precio de liquidación. Precio de cierre de un contrato de futuros o cualquier otro activo financiero en una determinada sesión. Se calcula según las normas de cada mercado, y sirve para llevar a cabo la liquidación diaria de las pérdidas y ganancias, calcular los depósitos de garantía y determinar el precio de entrega del contrato en su fecha de vencimiento.

Prima. Existen tres posibles aplicaciones de este término. La primera, la prima es la diferencia entre el valor a la par y el precio de emisión de una obligación. La segunda, es la diferencia de precio entre dos contratos de futuros similares pero con diferentes vencimientos. Y finalmente, es la diferencia de precio entre dos contratos de futuros distintos o dos productos diferentes.

Prima de emisión. Cantidad que excede el valor nominal de una acción y que deben pagar los suscriptores de una nueva emisión de acciones.

Prima de riesgo. Rendimiento adicional que un inversor exige por soportar el riesgo inherente a una inversión.

Principal. Valor nominal o a la par de una obligación o de un préstamo.

Put. Sinónimo de opción de venta.

R

Ratio bursátil. Relación entre dos magnitudes relativas a una empresa que se utiliza para el análisis de la inversión en Bolsa.

Ratio precio/beneficio (PER). Relación entre los beneficios y el valor bursátil de una sociedad. Es un indicador del número de veces que la ganancia de una acción está contenida en su precio.

Realización. Venta de un activo.

Rendimiento de un bono. Tasa de rentabilidad de un bono expresada como porcentaje de su precio.

Rendimiento de una acción. Relación entre el dividendo anual que paga una acción y el precio corriente de mercado de la misma.

Renta fija. Cualquier instrumento de deuda cuyo pago de intereses está previamente fijado, de manera que no se hace depender de los resultados de la compañía que lo emite.

Renta variable. Cualquier acción de una sociedad anónima. Recibe este nombre porque la rentabilidad de las acciones no está fijada de antemano.

REPO. Acrónimo inglés de acuerdo de recompra.

Riesgo. Posibilidad de que el rendimiento efectivo que se obtiene de una inversión financiera sea menor que el rendimiento esperado.

Riesgo de cartera. Riesgo derivado de la posesión o mantenimiento de una cartera de valores, causado por la variabilidad de los precios de los activos que la componen.

Riesgo de mercado. Riesgo de que el valor de mercado de los activos de renta fija que se poseen descienda debido a un incremento de los tipos de interés.

Riesgo específico. Parte del riesgo total de una cartera que no se explica por los movimientos del mercado. Depende únicamente de los factores internos de cada empresa.

Ruptura. Aumento sustancial del precio por encima de un nivel de resistencia, o descenso por debajo de un nivel de soporte.

S

Segundo mercado. Mercado bursátil en el que se negocian acciones de medianas y pequeñas empresas.

Sistema de compensación y liquidación. Engloba el conjunto de normas y sistemas operativos que facilitan la compensación de los contratos de futuros u otros activos financieros negociados en un mercado de valores organizado.

Sistema de contratación por pantalla. Sistema de negociación de valores en el que los precios de oferta y demanda se publican en las pantallas de ordenador de los distintos operadores, y se cierran las operaciones de compra y venta a través de la misma pantalla.

Sistema de subasta competitiva. Negociación de valores en los mercados financieros en la que los precios se van formando a partir de la concurrencia de ofertas y demandas. Estas se concentran generalmente en una determinada localización física (parqué, corro).

Sociedad de cartera. Se trata de una sociedad cuya única función es la tenencia de acciones de otras sociedades, con fines de control o de inversión.

Sociedad de inversión mobiliaria. Sociedad anónima que tiene por objeto exclusivo la compraventa y la administración de valores mobiliarios y otros activos financieros.

Sociedad gestora de carteras. Sociedad anónima cuyo objeto exclusivo es la gestión y administración de las carteras de valores y otros activos financieros de sus clientes.

Suelo. En el análisis técnico, el menor de los precios representados en un gráfico dentro de una tendencia bajista.

Swap. Acuerdo entre dos partes para el canje de una corriente de pagos en la misma o en diferentes monedas. Entre dichas partes, que no tienen por qué conocerse entre sí, generalmente figura un banco, que es el que hace de intermediario entre ellas. El *swap* más corriente implica el intercambio del pago de intereses correspondientes a pasivos.

T

Tasa de rentabilidad. Rendimiento de un activo financiero, constituido por el dividendo o cupón repartido y la revalorización del precio de dicho activo.

Tenedor. Comprador de una opción.

Tipo de cambio. Precio de una divisa medida en unidades de otra.

Tipo de interés efectivo anual. Tipo equivalente al de una operación financiera con interés simple de una operación con interés compuesto.

Tipo de interés fijo. Tipo de interés de un activo, que permanece invariable a lo largo de toda la vida del mismo.

Tipo de interés nominal. Tipo de interés expresado en términos monetarios.

Tipo de interés real. Tipo de interés corregido con la inflación.

Tipo de interés variable. Tipo de interés que se ajusta a un tipo de referencia en los períodos señalados para ello.

Tipo marginal. Tipo de interés implícito en el precio mínimo aceptado en una subasta de bonos o letras del Estado, a partir del cual se rechazan las peticiones competitivas.

TIR. Acrónimo de tasa interna de rentabilidad.

Títulos a la orden. Son los que se emiten a favor de una persona determinada, como en el caso de los títulos nominativos, pero se pueden ceder a otra persona sin notificación expresa a la entidad emisora.

Títulos al portador. Su titular es el portador de los mismos.

Títulos de renta fija. Son aquellos que dan derecho a percibir un interés fijo calculado como un porcentaje sobre el nominal. Es el caso de los bonos, las obligaciones y la deuda del Estado.

Títulos de renta variable. Su retribución no es fija, depende del volumen de beneficios que obtenga la sociedad emisora. Es el caso de las acciones, cuya retribución son los dividendos y ganancias de capital. Las participaciones en fondos de inversión son también ejemplos de este tipo de títulos.

Títulos privados. Son los emitidos por las empresas privadas. Es el caso de las acciones, pagarés de empresa, pagarés de entidades de crédito y las participaciones en los fondos de inversión.

Títulos públicos. Son los emitidos por entes de la Administración pública. Las letras del Tesoro y las obligaciones son algunos ejemplos.

Títulos valores. Instrumentos financieros de renta fija o variable, públicos o privados y documentados mediante títulos físicos o como meros registros contables.

Toma de beneficios. Proceso que tiene lugar cuando los inversores venden acciones para la realización de beneficios después de una subida del mercado.

V

Valor actual. Valor descontado a una determinada tasa, de los flujos de caja que genere un determinado activo financiero.

Valor futuro. Valor final de una inversión que rinde un determinado interés compuesto anualmente.

Valor liquidativo. Valor monetario que se obtiene al liquidar una participación de un fondo de inversión.

Valor nominal. Existen dos definiciones posibles. Una, refiriéndose al valor facial de un título y que consta en el mismo. Otra, como valor de un indicador o medida económica, sin tener en cuenta la tasa de inflación.

Valor real. Valor de un indicador o medida económica después de ser ajustada a la tasa de inflación.

Valor residual. Valor de mercado de un activo al finalizar su vida útil.

Valor teórico de una opción. Valor de una opción de compra o de venta calculado según algún modelo de valoración de opciones.

Valor teórico de un contrato de futuros. Valor que tendría que tener un contrato de futuros si solamente tomase en cuenta el pecio del activo subyacente y el coste neto de financiación.

Vencimiento. Fecha en la que el valor de una obligación, o cualquier otro activo, pasa a ser exigible.

Venta con entrega aplazada. Venta de mercaderías en la que se aplaza la entrega de las mismas hasta una fecha futura preestablecida.

Venta de opciones en descubierto. Venta de una opción de compra o de una opción de venta sobre un activo subyacente que el vendedor no posee en el momento de dicha venta.

Venta en descubierto. Venta de un activo que no se posee, con la esperanza de poder recomprarlo más barato antes de la fecha de entrega.

Volatilidad. Medida de la variabilidad de los precios o las rentabilidades de un activo financiero.

Volumen. Número de acciones o de contratos de futuros negociados en una sesión.

W

Warrant. Instrumento financiero incorporado a ciertos bonos pero negociable separadamente de ellos. Confiere a su tenedor el derecho a comprar un determinado número de acciones de la compañía emisora de dichos bonos a un precio y en unos plazos prefijados.

Bibliografía

Amat, O., *Análisis de estados financieros, fundamentos y aplicaciones*, Ediciones Gestión 2000, S.A., 1994, Barcelona. Y *La Bolsa, funcionamiento y técnicas para invertir*, Ediciones Deusto, Bilbao, cuarta edición actualizada.

Amat, O. y Puig, X., *Análisis técnico bursátil*, Ediciones Gestión 2000, S.A., 1996, Barcelona.

Banco de España, *Cuentas financieras de la economía española 1988-1997*.

Bartolomé, R., *La Bolsa en el mundo. Organización y funcionamiento de todas las bolsas existentes*, Ediciones Deusto, 1980, Bilbao.

Bloomberg, gráficos de valores.

Brower, S. A., *Opciones*, Papeles de Economía Española, Suplementos sobre el Sistema Financiero, n.º 10.

Charters, D., *Charters on Charting, how to improve your stockmarket decision-making*, B.T. Batsford LTD, 1998, Londres.

Chicago Mercantile Exchange, *Manual sobre opciones*, edición en castellano.

Chicago Mercantile Exchange, *Futuros y opciones*, edición en castellano.

Cuervo García, A.; Rodríguez Saiz, L. y Parejo Gamir, J. A., *Manual de sistema financiero español*, 5.ª edición actualizada y revisada: Editorial Ariel, S. A., noviembre 1992, Barcelona.

Dalton, J., *How the Stock Market Works*, 2.ª edición, New York Institute of Finance, 1993, Estados Unidos.

Ezquiaga, I., *El mercado español de deuda del Estado, estructura y formación de precios*, Editorial Ariel, S.A., 1991, Barcelona.

Fernández, J., *La bolsa: su técnica y organización*, Ediciones Deusto, 1969, Bilbao.

Fondevila, E., *Las operaciones bursátiles a plazo. Principios y técnicas*, Bolsa de Barcelona, 1977, Barcelona.

Freixas, X., *Futuros financieros*, Alianza Editorial, 1990, Madrid.
Hull, J. C., *Options, Futures and other Derivative Securities*, Prentice-Hall, 1993, Englewood Cliffs.
Kolb, R., *Understanding Futures Markets*, Kolb Publishing Company, 1991, Miami.
«La Caixa», Servicio de Estudios, *Informe mensual*, diciembre 1998.
Martín, M.; Martín, J. L.; Oliver, M.ª D. y De la Torre, A., *La operativa en los mercados financieros: casos prácticos*, Editorial Ariel, S. A., 1995, Barcelona.
Mascareñas Pérez-Íñigo, J. y López Pascual, J., *Renta fija y fondos de inversión*, Ediciones Pirámide S.A., 1996, Madrid.
Mishkin, F. *The Economics of Money, Banking and Financial Markets*, 3.ª edición, Harper Collins, Nueva York, 1992.
Pring, M. J., *Technical analysis explained*, McGraw-Hill, 1985, Nueva York.
Stigum, M., *The Money Market*, 3.ª edición, Richard D. Irwin, INC, 1990.
The New York Institute of Finance, *Guide to investing*, 2.ª edición, 1992, Estados Unidos.

WARREN BUFFET. Estrategias del inversor que convirtió 100 dólares en 14 billones de dólares

Autor: Robert Hagstrom **Formato:** 16,5x23 **Páginas:** 304 **ISBN:** 8480882476

Esta obra explica los secretos de las estrategias de inversión de Warren Buffett con las que se ha convertido en el financiero más rico del mundo. De Warren Buffett se ha dicho que «es el hombre más inteligente de Wall Street», así como que es «el mejor inversor de todos los tiempos» según Peter Lynch. Cuando termine de leerlo, usted estará de acuerdo en que «Sin duda, es el mejor libro sobre la inversión en bolsa que se ha escrito hasta hoy».

ÍNDICE: Prólogo. Prefacio. El acontecimiento Five-Sigma. Dos hombres sabios. El Sr. Mercado y los lemmings. La compra de una empresa. Inversiones permanentes. Rentafija. Renta variable no permanente. Otras inversiones interesantes. Un hombre poco razonable. Apéndices.

ORIOL AMAT. Un nuevo enfoque para optimizar la gestión, motivar y crear valor

Autor: Oriol Amat **Formato:** 16,5x23 **Páginas:** 168 **ISBN:** 8480883642

El EVA (Economic Value Added o Valor Añadido Económico) está revolucionando el mundo de los negocios, ya que permite a las empresas que lo implantan optimizar la gestión y aumentar la riqueza que generan. De acuerdo con la experiencia de empresas como Coca-Cola, Lilly, ATT, Endesa, Siemens, Unilever, Dun & Bradstreet, Marriot y muchas más, las principales ventajas de esta herramienta son:
–Puede calcularse para cualquier empresa, ya sea grande o pequeña, de forma rápida.
–Permite medir de una forma más precisa la riqueza que se obtiene, desde la perspectiva de los accionistas.
–Permite evaluar cualquier departamento, unidad o filial de una empresa.
–Es fácilmente comprensible por parte de cualquier directivo o empleado.
–Posibilita que la contribución de los empleados se plasme en incentivos realmente motivadores. De esta forma, los empleados pueden actuar como si fuesen accionistas de la empresa.
–Evita prácticas cortoplacistas que a largo plazo pueden perjudicar a la empresa.
Éste es un libro recomendado para directores generales y directivos de administración y finanzas interesados en aumentar el valor que genera su empresa.

ANÁLISIS TÉCNICO BURSÁTIL

Autor: Oriol Amat - Xavier Puig **Formato:** 16x22 **Páginas:** 104 **ISBN:** 8480880295

Los analistas bursátiles utilizan herramientas muy diversas para intentar comprender el mercado y preveer su futuro.

El análisis técnico se basa en que el mercado proporciona la mejor información sobre la evolución futura que puede tener el mismo y los respectivos títulos que lo integran. A través del análisis técnico se tratan de preveer los cambios de tendencia en el mercado, o de un título en particular, para poder tomar decisiones de compra o venta beneficiosas.

En este libro se exponen las principales herramientas del análisis técnico:
– Gráficos.
– Señales de cambio de tendencia.
– Señales de continuación de tendencia.
– Indicadores estadísticos.

LOS MERCADOS DE DERIVADOS

Autor: Merton H. Miller **Formato:** 16,5x23 **Páginas:** 250 **ISBN:** 8480883103

Este libro es una excepcional oportunidad para conocer las propuestas de uno de los más reconocidos expertos en finanzas de hoy en día. Ofrece una visión accesible de los derivados, la revolución que han creado y los desastres que supuestamente han causado.

Aunque algunos organismos reguladores y la prensa especializada los atacan de forma rutinaria, los derivados cuentan con el apoyo de un destacado grupo de usuarios, analistas y expertos encabezados por Merton Miller. Éste es famoso por haber demostrado repetidamente -a menudo con humor y siempre con gracia- el valor de los derivados para determinar precios, gestionar el riesgo financiero y diseñar un perfil del rendimiento que puede tener el riesgo.

Al contrario de lo que se sostiene generalmente, la llamada «revolución de los derivados» ha hecho que el mundo sea un lugar más seguro, no más peligroso, lo que explica el fenomenal crecimiento de los futuros financieros. Como Miller demuestra, los derivados permiten que las organizaciones hagan frente de forma efectiva a los riesgos que las han asolado durante décadas

VALORACIÓN DE EMPRESAS

Autor: Pablo Fernández **Formato:** 16x23 **Páginas:** 560 **ISBN:** 848088309X

Valoración de empresas proporciona las herramientas necesarias para analizar y valorar cualquier empresa, por compleja que sea. Para ayudar al lector en la asimilación de los conceptos, el libro contiene más de 100 ejemplos.
Este libro trata, entre otros, los siguientes temas:
- Tipos de flujos utilizados en la valoración
- Tipos de tasas de descuento utilizadas
- Determinación de la prima de riesgo a nivel nacional y en mercados internacionales
- Valoración de empresas utilizando la teoría de opciones
- Duración de acciones
- Volatilidades y betas de empresas
- Utilidad y limitaciones de las medidas de creación de valor para el accionista: EVA (Economic Value Added), beneficio económico y otras

DICCIONARIO DE MERCADOS FINANCIEROS

Autor: José Heras **Formato:** 16,5x23 **Páginas:** 180 **ISBN:** 8480882484

Esta es una obra de consulta indispensable para facilitar la comprensión de los mercados financieros, puede ser de gran ayuda a profesionales, estudiantes, inversores, especialistas y, en general, a todos aquellos interesados en las finanzas. En el contexto de la globalización, más de **1.500 definiciones** ponen a su alcance un lenguaje universal.
ÍNDICE: Prólogo. Introducción. Diccionario. Vocabulario inglés-español. Índice de siglas. Bibliografía